岩　波　現　代　文　庫

帝国の構造

中心・周辺・亜周辺

柄谷行人

Kojin Karatani

学術 470

岩波書店

目　次

第1章

ヘーゲルの転倒とは何か

1　なぜヘーゲルの批判か

『世界史の構造』(二〇一〇年)を刊行してから、私はそこでは十分に書けなかった事柄を取り上げてきました。この講義では、その一つ、帝国について取り上げます。その前に、『世界史の構造』で述べたことについて、あらためてお話ししたいことがあります。それはヘーゲルのことです。一口でいうと、『世界史の構造』は、ヘーゲル哲学を唯物論的に批判するものです。もちろん、ヘーゲルの哲学を唯物論的に批判した人がすでにいました。マルクスです。ただ、私の考えでは、マルクスによるヘーゲルの批判は十分ではなかった。それをもう一度徹底的にやり直す必要があるのです。

私がそのように考えるようになったのは、一九九〇年頃です。その時期、ヘーゲルが一般人の話題になったのです。アメリカの国務省の役人だったフランシス・フクヤマが「歴史の終焉」といった。これはヘーゲルにもとづく考えです。この言葉が、世界的に流行した。当時、私が驚いたのは、アメリカの政府高官らが、突然ヘーゲルの名を口にしたことです。しかし、すぐにわかったのですが、それは別に驚くべきことではなかった。アメリカのネオコンの代表的イデオローグは、もとトロツキストであり、このような方面に通じていたからです。

ただし、フクヤマはトロツキストではなかった。彼の祖父は日本の大学教授でマルクス主義に通じていたようですが、アメリカ育ちのフクヤマ自身は、日本語も知らないし、マルクス主義にも関知しなかった。彼がヘーゲルについて学んだのは、コーネル大学で、アラン・ブルームの学生として、です。そのブルームは、フランスのヘーゲル主義者アレクサンドル・コジェーヴから、ヘーゲルについて学んだ。コジェーヴは、ヘーゲルにもとづく「歴史の終焉」という概念を、さまざまに解釈して考えた人でした。そして、フクヤマは、この概念を、コミュニズム体制の崩壊とアメリカの勝利を意味づけるために用いたのです。

一九八九年頃には東欧の革命があり、それが九一年のソ連邦の崩壊につながった。そのあと、資本主義のグローバリゼーションが起こった。中国でいえば、一九八九年天安門の事件があり、その後、鄧小平の「南巡講話」によって、資本主義的発展が全面的に推進されるようになった。フクヤマがいった「歴史の終焉」という言葉が風靡したのは、この時期です。

フクヤマが「歴史の終焉」といったとき、彼が意味していたのは、一九八九年の東欧革命は「自由・民主主義」の勝利を示すものであること、またそれは最終的なもので、これ以後にもはや根本的な革命はないということです。当時でも、このような考えを嘲笑する人たちは、少なくなかった。しかし、ある意味でフクヤマは正しかったといわねばなりません。確かに、一九九〇年に起こったことが、アメリカの勝利であるというのなら、彼はまちがっていた。最初、アメリカの覇権が確立され、グローバリゼーションやニューリベラリズムが一旦勝利したように見えたけれども、二〇年後の現在、判明したように、それらはすべて破綻を来したからです。しかし、「歴史の終焉」という見方は、別にまちがっていません。現在の社会は、九〇年ごろの状態から、根本的に変わっていないからです。

一九九〇年代には、新自由主義が説かれた。が、それは、金融財政の危機や経済格差の拡大に帰結した。その結果、各国で、多かれ少なかれ、国家資本主義的ないし社会民主主義的政策がとられるようになりました。しかし、それによって、根本的に、新自由主義が否定されることになってはいません。たとえば、アメリカで大統領オバマが登場したとき、彼は盛んに「チェンジ」を強調した。しかし、彼がやっていることは、ブッシュのころと、基本的に変化していない。それはどこの国でも同じです。もちろん、多少の変化はあります。経済格差を解消するための政策がとられるようになった。しかし、このようなチェンジは、「歴史の終焉」という見方を覆すものではなく、むしろそれを証明するものです。

現在、どこでも、つぎのような体制ができあがっています。たとえば、資本主義的な市場経済が進むと、必ず階級格差などの諸矛盾が生じる。しかし、そのままで放置することはしない。それを、国家による規制や援助によって緩和しようとする。私はこのような体制を、資本＝ネーション＝ステートと呼んでいます。ネーション＝ステートという概念では、ネーションと国家《ステート》という異質なものがダブルハイフンでつながれている。私は、それに、資本主義経済を付け加えたわけです。

フクヤマが「歴史の終焉」といったのは、このような資本＝ネーション＝ステートのトライアードが最終的なもので、それ以上、根本的な変化はないということを意味します。実際、いろんな変化が起こっているように見えますが、それは、資本＝ネーション＝ステートというシステムの中での変化である。その場合、さまざまなヴァリエーションがありえます。資本が強いと新自由主義的になり、ネーション＝ステートが強いと国家資本主義的あるいは福祉国家的となる。しかし、いずれも、資本＝ネーション＝ステートというシステムを越えるものではない。したがって、それは「歴史の終焉」を越えるものどころか、まさにそのことを証明するものなのです。

ところが、人々には、そのことへの自覚がない。すなわち、資本＝ネーション＝ステートの回路の中に閉じこめられているという自覚がないために、人々はその中でぐるぐるまわっているだけなのに、歴史的に前進している、と錯覚しているのです。近年では「アラブの春」が革命的だといわれた。しかし、それらがもたらすのは、せいぜい資本

＝ネーション＝ステートであって、それを越えるものではありません。「歴史の終焉」という考えをたんに否定しただけでは、それを越えることはできない。「歴史の終焉」を越えるということは、資本＝ネーション＝ステートを越えるということにほかならないのです。しかし、そのためには、そもそも、資本＝ネーション＝ステートという三位一体のシステムを把握しなければならない。では、資本・ネーション・国家を、相互連関的な体系においてとらえた者がいたでしょうか。いた。それこそまさにヘーゲルなのです。

ヘーゲルの『法の哲学』(一八二一年)は、弁証法的な体系です。彼はそこで、フランス革命で唱えられた自由・平等・友愛を、理論的に統合しようとした。第一に、感性的段階として、市民社会あるいは市場経済が提示される。それはフランス革命でいう「自由」です。第二に、悟性的段階として、そのような市場経済がもたらす諸矛盾を是正して、「平等」を実現するものとして、国家(官僚)が見出される。最後に理性的段階として、「友愛」がネーションにおいて見出される。

このようにして、ヘーゲルは、自由・平等・友愛という三つの契機、あるいは、資本主義経済・国家・ネーションという三つの契機を、どれをも斥けることなく統合しようとした。いいかえれば、彼は、資本＝ネーション＝国家を、三位一体的な体系として弁証法的に把握したのです。

ついでにいうと、『法の哲学』に書かれているのは、ドイツ(プロイセン)の社会ではありません。それはむしろ、イギリスの社会をモデルにするものであった。たとえば、ヘーゲルは、政治的にイギリスの立憲君主制をモデルにして考えました。当時、ドイツの君主制は、せいぜい啓蒙専制君主制にすぎなかったのです。ヘーゲルはまた、経済的にも、イギリスをモデルにしていました。彼はアダム・スミスを読んでおり、さらにそれに対する批判も考えていた。ドイツではまだ産業資本主義が存在しないときに、彼はその克服を理論的に考えたのです。

『法の哲学』がとらえた世界、すなわち、資本＝ネーション＝ステートは、ドイツには事実上、まだ存在しなかったのです。ゆえに、この本はドイツの社会を肯定するものではない。それがとらえた世界は、当時のドイツになかっただけではない。ある意味では、現在でもまだ多くの地域で成立していないのです。

ヘーゲルの考えでは、資本＝ネーション＝ステートが確立されたのちに、もはや根本的な革命はない。もちろん、それが確立されるまでは、そこにいたるための革命が各地にあるだろう。しかし、この三位一体的な体制ができあがったところでは、本質的な変化はありえない。ゆえに、そこで歴史は終る、ということです。ヘーゲルの「歴史の終焉」という考えは、そういうことを意味するのです。

むろん、ヘーゲル以後にも革命はあった。たとえば、マルクス主義者によるロシア革命があった。同様に、中国にも革命があった。しかし、それらが行き着いたのは、資本＝ネーション＝ステートです。そして、資本＝ネーション＝ステートが確立されると、もはや根本的な革命はない。ただ、変化はあっても、マイナーな変化があるだけである。その意味で、『法の哲学』は今なお有効なのです。ゆえに、真に「歴史の終焉」を否定するのであれば、資本＝ネーション＝ステートを越えることが可能であるということを示さなければならない。そのためには、ヘーゲルの根本的な批判をする必要があるのです。

2 マルクスによるヘーゲル批判の盲点

マルクスはヘーゲルの批判から始めた。そして、マルクス主義者は、それによって、ヘーゲルの批判は終った、と考えています。しかし、今述べたように、現実には、ヘーゲルの見方が勝利したのです。マルクス主義者こそヘーゲルによって乗り越えられた。ゆえに、われわれはヘーゲルの批判をあらためて行う必要があるわけです。それは、マルクスによるヘーゲル批判を再検討することです。マルクスは、『経済学批判』の序言につぎのように書きました。

(a)

《わたくしをなやませた疑問を解決するために企てた最初の仕事は、ヘーゲルの法哲学の批判的検討であった、この仕事の序説は、一八四四年にパリで発行された『独仏年誌』にあらわれた。わたくしの研究が到達した結論は、法的諸関係および国家諸形態は、それ自身で理解されるものでもなければ、またいわゆる人間精神の一般的発展から理解されるものでもなく、むしろ物質的な生活諸関係、その諸関係の総体をヘーゲルは一八世紀のイギリス人やフランス人の先例にならって「ブルジョア社会」という名のもとに総括しているが、そういう諸関係にねざしている、ということ、しかもブルジョア社会の解剖は、これを経済学にもとめなければならない、ということであった》。

(b)

《わたくしの研究にとって導きの糸として役立った一般的結論は、簡単につぎのように公式化することができる。人間は、その生活の社会的生産において、一定の、必然的な、かれらの意志から独立した諸関係を、つまりかれらの物質的生産諸力の一定の発展段階に対応する生産諸関係を、とりむすぶ。この生産諸関係の総体は社会の経済的機構を形づくっており、これが現実の土台となって、そのうえに、法律的、政治的上部構造がそびえたち、また、一定の社会的意識諸形態は、この現実の土台に対応している。物質的生活の生産様式は、社会的、政治的、精神的生活諸過程一般を制約する。人間の意識がその存在を規定するのではなくて、逆に、人間の社会的存在がその意識を規定するのである》。

(c)《経済的基礎の変化につれて、巨大な上部構造全体が、徐々にせよ急激にせよ、くつがえる。このような諸変革を考察するさいには、経済的な生産諸条件におこった物質的な、自然科学的な正確さで確認できる変革と、人間がこの衝突を意識し、それと決戦する場となる法律、政治、宗教、芸術、または哲学の諸形態、つづめていえばイデオロギーの諸形態とをつねに区別しなければならない》。

(d)《大ざっぱにいって、経済的社会構成が進歩してゆく段階として、アジア的、〔古典〕古代的、封建的、および近代ブルジョア的生産様式をあげることができる。ブルジョア的生産諸関係は、社会的生産過程の敵対的な、といっても個人的な敵対の意味ではなく、諸個人の社会的生活諸条件から生じてくる敵対という意味での敵対的な、形態の最後のものである。しかし、ブルジョア社会の胎内で発展しつつある生産諸力は、同時にこの敵対関係の解決のための物質的諸条件をもつくりだす。だからこの社会構成をもって、人間社会の前史はおわりをつげるのである》。

(a)の部分で、マルクスは、若いときに、ヘーゲルの「法哲学」の批判的検討から始めたこと、そして、「ブルジョア社会の解剖」を経済学に求めたことを述べています。というのは、「法的諸関係および国家諸形態は、それ自身で理解されるものでもなければ、またいわゆる人間精神の一般的発展から理解されるものでもない」からです。つまり、ヘーゲルの「法哲学」は観念論的である。そこでは、国家やネーション、すなわち「法律的、政治的上部構造」が上位に置かれている。しかし、それらは「物質的生活」、すなわち経済的な土台に規定されているのだ、というのがマルクスの考えです。

(b)では、マルクスはこの見方を資本主義以前の社会史に広げます。しかし、このような拡張には問題があります。さらに問題があるのは、(c)の部分で述べられているように、国家やネーションを、芸術、宗教、哲学その他と並んで、イデオロギー的な「上部構造」に置いたことです。ネーションや国家は、観念一般とは違います。先に述べたように、ヘーゲルは『法の哲学』で、資本＝ネーション＝国家の三位一体的構造をつかんでいました。ヘーゲルの観念論的な考えを唯物論的に転倒しようとしたとき、マルクスはそれを見失ってしまったのです。ネーションや国家、あるいは政治的次元は、芸術などと並ぶ上部構造にすぎない、ということになるからです。

(c)からは、また、つぎのような見方が出てきます。一つは、経済的な構造が変われば、国家やネーションは自動的に消滅するという考えです。もう一つは、国家やネーションはイデオロギー、共同幻想、あるいは表象であるから、啓蒙によって解消できるというような考えです。

このような考えは、マルクス主義の運動に大きな躓きをもたらしました。マルクスは、プルードンらアナキストと同様に、共産主義を「国家の揚棄」と切り離せないと考えていました。そして、資本主義を廃棄すれば、国家は自動的に消滅するから、一時的に国家権力によって資本主義を廃棄することを肯定しました。しかし、それによって国家が消えるどころか逆に強化されることになる。実際、国家揚棄を掲げたロシア革命は国家社会主義(スターリン主義)に行き着いたのです。また、マルクスは、ネーション(民族)は資本主義的な階級対立に根ざしているので、それを解消すれば問題は消滅すると考えていた。しかし、そのようにネーションを軽視したために、マルクス主義の運動は、ネーションを掲げるナショナル社会主義(ファシズム)に敗北する結果に終ったのです。

このような敗北の経験は、マルクス主義者にとって大きな教訓となりました。そのため、彼らは、それまでの経済決定論的な考えを否定し、国家やネーションの相対的自律性を強調するようになった。その結果、史的唯物論の枠組を保持し、経済的下部構造を、上部構造を決定する最終審級と見なしつつも、実際には、下部構造を軽視するようになったのです。

彼らは国家やネーションの自律性を経済的な土台とは別の次元に見出そうとしました。たとえば、フランクフルト学派は、ウェーバーの社会学やフロイトの精神分析などを導入した。このように「上部構造の相対的自律性」を強調すると、どうなるでしょうか。結果的に、それは、経済的な次元を軽視することになります。また、国家やネーションを上部構造としてみることは、それらを表象や幻想と見なすことになります(ベネディクト・アンダーソン『想像の共同体』がそうであるように)。しかし、国家やネーションは、そのような啓蒙によっては解消できないものです。それらは、啓蒙によって取り除くことができないような、何か深い根をもっているのです。しかも、それは、人間の心にではなく、「経済的土台」に根ざしています。ただ、従来のような「経済的土台」論では、それをとらえられないだけです。私が交換様式ということを考えたのは、そのためです。最初に交換様式論を考えたのは、一九九〇年代の後半、『トランスクリティーク』においてで、それを一〇年かけてより綿密にしたのが、『世界史の構造』です。

3　生産様式論の限界

交換様式について述べる前に、マルクスの見方を再考してみましょう。マルクスは、社会構成体の歴史を「生産様式」から見ようとした。それは生産の仕方という意味ではなく、「生産関係」を意味します。もっと具体的にいうと、社会構成体の歴史を生産様式から見るということは、誰が生産手段を所有するかという観点から見ることです。資本主義社会では資本家が、封建制では領主が、生産手段を所有している。一方、氏族社会では生産手段が共有されている。そこで、来るべき共産主義社会では、生産手段の共有がなされるだろう、ということになります。しかし、このような観点では、多くの不備があるのです。

マルクスは(d)にあるように、生産様式という観点から、世界史の段階を「アジア的、(古典)古代的、封建的、および近代ブルジョア的生産様式」に分けました。しかし、これは、ヘーゲルが、『歴史哲学』で述べたことを、唯物論的に転倒したものにすぎません。

ヘーゲルは、アジアの国家を一人(専制君主)だけが自由である状態としてとらえました。世界史とは、一人だけが自由である状態から、幾人かが自由である状態を経て、万人が自由であるような状態への発展過程である。マルクスは、この過程を唯物論的に、つまり、「生産様式」の発展としてとらえなおしたのですが、それはあくまでヘーゲルが設定した枠組に従うものです。したがって、マルクスの歴史的段階論は、ヘーゲル的な、つまり、西洋中心主義的な段階論を受け継いでいます。

ただ、批判する前に説明しておくと、マルクスがここで述べたことは、あくまで、「経済学批判」、すなわち、『資本論』を書くための、「導きの糸として役立った一般的結論」でしかありません。現に、マルクスは「史的唯物論」というような言葉を生涯一度も使っていない。史的唯物論とは、マルクスの死後、エンゲルスが作ったものです。マルクスはヘーゲルのような体系的な仕事をしなかった。主要な仕事は、『資本論』だけです。つまり、経済学の理論しかないように見える。そこで、エンゲルスは「マルクス主義」を作るために、マルクスがやらなかったことを、ヘーゲルの体系にあわせて創造したのです。たとえば、ヘーゲルの論理学に対して唯物弁証法を作り、歴史哲学に対して史的唯物論を作り、さらに、自然哲学に対して自然弁証法を作った。さらに、のちのマルクス主義者はヘーゲルの美学に対して、マルクス主義美学を作ろうとしました。

エンゲルスは、マルクスはヘーゲルの観念論的哲学を唯物論的に転倒しようとしたのだから、ヘーゲル哲学の全領域にわたってそれを行い再構築すればマルクス主義哲学ができあがる、と考えたのです。しかし、それはマルクスとは無縁の話です。マルクスは、何よりも資本制社会の解明を目標とした。だから、彼は『資本論』に専念したのです。資本制以前の社会については、おおまかな見通ししかなかった。たとえば、資本制社会では、経済的な次元と政治的な次元は区別されます。そして、政治的な次元は、経済的な次元によって決定されている、といってよい。この原則は、おおざっぱにいえば、それ以前にもあてはまるだろう、とマルクスは考えました。彼の目的は、あくまで資本制の社会構成体を見ることであり、資本主義経済を解明することであったから。

ところが、それを資本制以前の社会にあてはめようとすると、困難が生じます。マルクス自身はきわめて慎重で、今から見ても無難なのですが、エンゲルスとなると問題が多い。しかも、彼は『家族・私有財産・国家の起源』など、資本制以前の社会について多くの仕事をしています。したがって、史的唯物論への批判や疑いは、主として、資本制以前の社会を扱う学問から出てきました。そもそも、経済的な下部構造と政治的な上部構造というマルクスの見方は、近代資本主義社会にもとづくものなので、それを資本制以前の社会に適用するとうまくいかないのは当然です。

たとえば、原始社会(部族的共同体)においては、そもそも国家がなく、また、経済的な構造と政治的構造の区別がない。このような社会は、マルセル・モースが指摘したように、互酬交換(贈与とお返し)によって特徴づけられる。これを「生産様式」(生産手段の共有)という観点では、十分に説明することはできません。原始社会も、遊動的な狩猟採集民のバンド社会と、定住した氏族社会とでは、大きな違いがあります。前者では互酬交換がない。純粋贈与(共同寄託)があるだけです。ところが、生産手段の共有という観点から見ると、これらを区別することができないのです。

古典古代(ギリシアやローマ)についていえば、マルクスは、それが奴隷制という生産様式にもとづいていた、といいます。しかし、たとえば、アテネの民主政は奴隷制によって生まれた、とはいえない。逆に、アテネの民主政こそが奴隷制を必要としたというべきでしょう。というのは、民主政は戦士=農民である市民が民会に行き兵役を務めることによって成り立つわけですが、それは労働を奴隷に任せることなしにはできない。だから、民主政が進むほど奴隷が増大したのです。一方、ローマ帝国の末期には、奴隷制が消滅しました。帝国の拡張が終り、奴隷が容易に手に入らなくて高くつくようになったからです。生産様式の観点では、ギリシア・ローマを特別に「段階」として扱う意味がありません。それでは、ギリシア・ローマの、今もわれわれにとって模範となるような側面を説明できないのです。

つぎに、「アジア的生産様式」はどうか。アジアの専制国家の機構は、経済的生産様式の上にある政治的上部構造だとはいえません。というのは、皇帝・王とそれを支える官僚層と被支配者の政治的関係は、それ自体経済的な関係だからです。そこでは、経済的な次元と政治的次元の区別がありません。同じことが封建制についていえます。たとえば、封建制において、領主が農民から年貢を取り立てるのは、政治的なことなのか、経済的なことなのか。その区別はできません。したがって、経済的下部構造＝生産様式という前提に立つと、資本制以前の社会を説明できない。

しかも、そのような見方では、資本制経済さえも説明できないのです。つまり、「生産様式」(生産手段をもつ資本家階級とそれをもたない労働者階級)という観点から見ると、資本制経済を十分に説明できません。資本制経済はそれ自体、「観念的上部構造」、すなわち、貨幣と信用にもとづく巨大な体系をもっています。だから、恐慌(危機)が生じるのです。したがって、生産様式で見るだけでは、資本主義経済は理解できません。

もちろん、マルクスは違います。彼は『資本論』において、生産様式ではなく、商品交換という次元から考察を始めた。資本主義的生産様式、すなわち、資本と労働者の関係は、貨幣と商品の関係(交換様式C。次節参照)を通して組織されたものです。そして、それが信用の体系を形成することは、特に『資本論』第三巻に書かれています。通常、マルクス主義の哲学者はここまで読まない。第一巻だけを読んで、生産関係の物象化がどうのと論じているのです。つまり、生産様式(資本家と労働者の階級関係)がいかに貨幣経済によって隠蔽されるかを論じる。彼らは『資本論』が資本制経済の全体系を解明しようとした本だということを無視してきたのです。

そのような見方では、『資本論』は、資本主義に対する道徳的批判の書だということになってしまう。だから、それは古くさいものとして片づけられる。ところが、金融恐慌(信用恐慌)が起こると、人々はマルクスに俄然、注目することになります。『資本論』が恐慌(危機)を把握しようとした本だということに気づくからです。恐慌は、根本的に、商品交換が成立することの困難に根ざしています。商品交換はむしろ最初から信用によって成立するのです。マルクスは、そのような交換の危うさから出発して、資本主義経済を考えた。スミス、リカードら古典経済学との違いはそこにあります。たとえば、スミスらの場合、こう想定されています。すべての商品には交換価値がふくまれる。そして、それは社会的な労働時間であり、貨幣はそれを表示するものである。しかしもしそうであるなら、「危機」は生じないでしょう[1]。

一方、マルクスは『資本論』で、商品交換から始めた。商品の価値といっても、現に交換されなければ成立しません。多くの場合、売れなかったものは廃棄されてしまう。また、物々交換と見えるような交換でも、実際は、ツケ(口約束・手形)などでなされる。生産物の多くは、季節によって限定されるので、同時に交換することはできないからです。それが信用です。したがって、信用は、原始的な段階からあるはずです。信用の問題を見ないなら、資本主義経済を理解できません。だから、マルクスは、それを理解するために、あるタイプの交換様式、すなわち商品交換から始めたのです。資本制以前の社会についても同じです。それは生産様式から見てもそれらを十分に把握できない。では、それを交換様式という観点から見直したらどうか。もちろん、それは商品交換とは異なるタイプの交換なのですが。

4　交換様式の導入

あらためていうと、「生産様式」という考えでは、社会構成体の歴史をうまく説明できない。そのため、経済的土台(下部構造)による決定論が疑われ、放棄されるようになりました。確かに、「生産様式」という考えではうまくいかないから、それを放棄すべきです。しかし、それは「経済的土台(下部構造)」という見方を放棄することを意味しません。たんに、生産様式にかわって、交換様式から出発すればよいのです。

もし交換が経済的な概念であるとしたら、すべての交換様式は経済的なものです。政治的関係も経済的なものです。つまり、「経済的」ということを広い意味で見るならば、「経済的下部構造」によって社会構成体が決定されるといってもさしつかえない。そこで、私は「交換様式」という観点から見ることを提起したのです。

交換様式という考えは、マルクス主義にはありません。しかし、ある意味で、若いころのマルクスにはあったのです。たとえば彼は「交通」という概念によって、さまざまなことを説明した。それは、彼の先輩であったモーゼス・ヘスの影響によるものです。交通は、交通、交易、戦争、贈与、などをふくみます。それはまた、物質代謝をもふくむ。たとえば、生産とは、人間と自然の間の交通である。つまり、それは広い意味での交換です。また、人間と自然の関係としての生産は、実際には、人間と人間の関係(交換関係)の下でなされる。ゆえに、交通＝交換を、基礎的なものとして見るべきです。それが経済的な土台なのです。

マルクス自身は、経済学研究に深入りするにつれて、「交通」という概念を(普通の意味でしか)使わなくなった。しかし、私は交通＝交換を広い意味で使いたいと思います。「交換様式」には四つのタイプがある。A互酬、B略取と再分配、C商品交換、およびそれらを越える何かとしてのD(図1)。

この中で、通常「交換」と考えられるのは商品交換、すなわち交換様式Cです。しかし、共同体の内部で見られるのは、そのような交換ではなく、贈与と返礼という互酬交換、すなわち交換様式Aです。

つぎに、交換様式Bは、一見すると交換とは見えないようなタイプの交換です。たとえば、被支配者が支配者に服従することによって保護を得るというような交換がそれです。国家はこのような交換様式Bにもとづいています。それは政治的な関係です。しかし、被支配者は支配者に対して、税ないし年貢を払います。その点で、これは経済的な関係です。この交換は暴力的強制によるわけですが、たんなる略奪ではない。支払った分の保護を受けるのだから、やはり交換です。また、被支配者は支配者によって強制的に課税されますが、それはある程度、公共事業・福祉などを通して「再分配」されるようになっています。ゆえに、これは服従＝保護という交換です。[2]

B　略取と再分配（服従と保護）	A　互酬（贈与と返礼）
C　商品交換（貨幣と商品）	D　　X

図1　交換様式

第三に、交換様式Cは、Bと違って、自由で対等な交換です。しかし、この交換が物々交換ではなく、貨幣と商品の交換となると、対等ではなくなります。貨幣と商品は異なるものです。たとえば、貨幣をもつといつでも商品を手に入れられるが、商品をもつと、貨幣と交換できるかどうかはわからない。したがって、貨幣をもつ者と商品をもつ者の関係は、非対称的です。とはいえ、このことは、通常の商品に関しては、別に問題になりません。需要供給次第によって、商品をもつ側が強く、貨幣をもつ側が弱い場合がありうるからです。しかし、労働力商品となると、違ってきます。貨幣で労働力を買う側は資本家であり、それを売る側は賃労働者です。資本は、この労働者に労働させることで、剰余価値を得るわけです。したがって、資本家と労働者という階級的関係が生じます。

しかし、これは、Bのそれとは異なるタイプの階級関係です。つまり、賃労働者は奴隷や農奴とは違います。ここで、資本が労働力商品を買うということは、通常の商品と同じく、双方の合意によるものであり、また、その価格は需要供給によって決まります。だから、資本が剰余価値を得るといっても、労働者を不当に強制するからではない。ここに謎があるのです。なぜいかにして資本は剰余価値を獲得できるのか。資本の蓄積は、生産様式の観点からでは、つまり、生産手段をもつ資本と生産手段をもたないプロレタリアの階級的関係というような見方によっては、理解できない。私の考えでは、産業資本の蓄積は、商人資本に遡って考える必要があります。

商人資本(M－C－M′)は、ある価値体系の中で買ってきた物を、それがより高い価値をもつ別の価値体系で売ることによって差額(剰余価値)を得ます。商人資本は、安いものを高く売るといって非難されるけれども、そうではない。それぞれの地域では、等価交換がなされる。ただ、両者を媒介することで、差額が得られるのです。原理的には、産業資本も、商人資本と同様に、価値体系の差異から差額を得るのです。ただ、商人資本と違って、異なる価値体系を遠隔地に求めるのではなく、いわば、時間的に創り出すのです。

そのことは、商人資本と違って、産業資本の蓄積が主として、特殊な商品にもとづいているということとつながっています。それは「労働力商品」です。産業資本とは、労働者に賃金を払って協働させ、さらに、彼らが作った商品を彼ら自身に買い戻させ、そこに生じる差額によって増殖するものです。どうして差額が生じるのか。産業資本は、協働や技術革新によって、相対的に労働力の価値を下げるのです。価値体系が時間的に差異化されるため、それぞれが等価交換であるのに、差額が生じます。産業資本主義になって、技術革新がかつてないほどに加速されたのは、そのためです。ただし、産業資本も、原料その他に関しては商人資本と同じようにふるまいます。たとえば、安い労働力を求めて、移民を招いたり企業を海外移転させたりする。また、金融から利潤を得ることもある。つまり、資本はどこから剰余価値を得ても構わないのです。

以上、交換様式Cから、産業資本主義経済がいかにして発生したかを説明しました。Cの浸透によって、国家も変化します。それはCのような形式を装うようになります。

たとえば、封建的あるいは経済外的な強制は否定される。国家は、全員の合意、社会契約によるものと見なされるようになります。これが近代国家の観念です。しかし、国家は根本的に交換様式Bであることに留意すべきです。

つぎに、ネーションについて述べておきます。交換様式Aは、交換様式Cの浸透、つまり、資本主義経済の発展の下で、解体されていきます。具体的にいうと、共同体が解体されてしまう。そして、それを想像的に取り戻すのが、ネーションです。ネーションにおいて、人々は平等であり相互扶助的であると「想像」されるのです。むろん、ネーションは、資本と国家を越えるものではなく、それらがもたらす矛盾を想像的に解決するものでしかありません。こうして、資本＝ネーション＝国家という三位一体的なシステムができあがります(**図2**)。

B 国家	A ネーション
C 資本	D X

図2　資本＝ネーション＝国家の構造

もしこれが最後であれば、ヘーゲルがいったように、歴史は終りです。しかし、それは最後ではない。最後に、交換様式Dがあるのです。それは、交換様式Aが交換様式B、Cによって解体されたのちに、それを高次元で回復するものです。いいかえれば、互酬原理によって成り立つ社会が国家の支配や貨幣経済の浸透によって解体されたとき、そこにあった互酬的＝相互扶助的な関係を高次元で回復するものが、Dです。

高次元というのは、Aあるいは共同体の原理を一度否定することを通して、それを回復することを意味します。そのままでAを回復すると、ネーションになってしまいます。Dに関して重要なのは、それがネーションと同様に想像的なものであるとしても、たんなる人間の願望や想像ではなく、むしろ人間の意志に反して課される命令＝義務として生まれてくるものだということです。以上の点は、交換様式Dが先ず普遍宗教において開示された、ということを示唆します。このように見ると、宗教(普遍宗教)を、たんなる上部構造あるいは幻想として片づけることはできないということがわかります。

カントは、内なる理性に道徳法則があると考えました。それは、「各人は他者をたんに手段としてのみならず同時に目的として扱え」というものです。目的として扱うとは、自由(自発的)な存在として扱うことです。カントがいうのは、いわば、自由の相互性です。このような義務は、当然、自発的なものでなければならない。が、宗教では、それが他律的なものになっています。ゆえに、カントは、「宗教とは、私たちの義務すべてを神の命令として認識することである」というのです(『カント全集10　たんなる理性の限界内の宗教』)。しかし、われわれは逆に、次のようにいうこともできるでしょう。哲学とは、神の命令を、理性の道徳法則として受けとることである、と。

では、神の命令とも内なる理性の法則ともいわないでこれを唯物論的に説明するにはどうすればよいか。交換様式Dといえばよいのです。それは、抑圧された自由の相互性の強迫的な回帰であり、高次元での回復です。

5　社会構成体と交換様式

どんな社会構成体も四つの交換様式の接合からなっています。ただ、それらはどの交換様式が支配的であるかによって違ってくる。たとえば、国家以前の氏族社会では、交換様式Aが支配的です。そこには交換様式BやCの要素も存在するのだが、Aによって抑えこまれているのです。つぎに、国家社会では、交換様式Bが支配的であるが、ここにも交換様式AやCが存在します。たとえば、農村共同体が存在し、都市には商工業が発達する。

ただ、それらは交換様式B、すなわち専制国家ないし封建的国家によって統制されています。つぎに、近代資本制社会では交換様式Cが支配的となるが、それまでの交換様式A・Bも存続します。ただし、変形されたかたちで。すなわち、封建国家における賦役貢納は、近代国家において兵役や課税に変形され、解体された農業共同体は「想像の共同体」としてのネーションに変形される。かくして、資本＝ネーション＝国家という接合体が形成されるのです。それが現在の社会構成体です(図2)。もちろん、それが最後の形態なのではない。この先に、Dがあるからです。

マルクスは『資本論』で、交換様式Cからいかなるシステムが形成されるかを考えた。その場合、彼はあえてAやBをカッコに入れて考えたのです。そのことに関して、マルクスの理論的欠如をいうべきではない。マルクスがCに関してやったのと同様のことを、AやBに関して行えばよい。それは、われわれの仕事です。

B　世界＝帝国	A　ミニ世界システム
C　世界＝経済（近代世界システム）	D　世界共和国

図3　世界システムの諸段階

ここまで、社会構成体が複数の交換様式によって形成されているということを述べてきましたが、それは、一つの社会構成体を考察するものでした。現実には、社会構成体は単独で存在するのではなく、他の社会構成体との関係において、つまり「世界システム」において存在します。したがって、社会構成体の歴史は、世界システムの歴史として見なければならない。しかし、世界システムの歴史も、社会構成体と同様に、交換様式から理解することができます。つまり、それは四つの段階に分けられる（**図3**）。

第一に、交換様式A（互酬）によって形成されるミニ世界システム。第二に、交換様式B（略取と再分配）によって形成される世界＝帝国。第三に、交換様式C（商品交換）によって形成される世界＝経済。世界＝経済は古代ギリシアにもあったが、特に近代のそれを、ウォーラーステインにならって「近代世界システム」と呼ぶことにします。そこでは、社会構成体は、資本＝ネーション＝国家というかたちをとります。最後に、それを越える新たなシステムが考えられる。それは、交換様式Dによって形成される世界システムです。カントが「世界共和国」と呼んだものはこれだ、と私は考えています。

以上で、ヘーゲルが『法の哲学』で把握した、資本・国家・ネーションの体系を、唯物論的に転倒しつつ、なお、それらの構造的連関を見失わないためには、交換様式という観点が必要だということが納得していただけると思います。

6　前後の転倒

私は、マルクスがヘーゲルの「法哲学」の観念論的体系を唯物論的に転倒しようとしたときに生じた問題について述べました。しかし、それはもっと複雑な問題をはらんでいるのです。通常、この転倒は上下の転倒としてイメージされます。したがって、上部構造と土台あるいは下部構造として語られる。私はこの転倒における不備を、交換様式をもちこむことで解消しうると考えました。今まで述べてきたのは、そのことです。

しかし、ヘーゲルの「法哲学」の唯物論的転倒は、たんに上下の転倒にとどまりえないのです。それは、いわば前後の転倒でもある。ヘーゲルにとって、物事の本質は結果においてあらわれます。すなわち、すでに完了した状態においてのみ。これを転倒するならば、われわれは、物事を事前から見る立場に立つことになるはずです。むろん、マルクスもそうしたのです。たとえば、共産主義社会は未来に想定される。しかし、問題がここに生じます。現在から、共産主義社会が必然的であるといえるだろうか。

この点に関しては、マルクスよりも、ヘーゲルの前にいたカントを参照すべきです。カントは、物事を事前から見る立場に立っています。未来に関して、われわれはたんに予想したり、あるいは、信じることができるだけです。ゆえに、カントにとって、理念は仮象(幻想)です。しかし、カントはそれをたんなる仮象として片づけなかった。仮象にも二つのタイプがあります。第一に、感覚によって生じる仮象。これは理性によって訂正し除去できます。第二に、理性によって生じる仮象。これは理性によって取り除くことはできない。それは理性が必要とし、理性が創り出したものだから。われわれはそれなしにやっていけないのです。たとえば、同一的な「自己」というのは仮象ですが、これがなければ、統合失調症になります。カントは、このような仮象を超越論的仮象と呼んだのです。

たとえば、カントは世界史に関し、これまでの過程から見て、それが「目的の国」(道徳法則が実現された世界)に向かって漸進していると見なしてよい、といいます。彼はそれを歴史の理念だと考えた。理念とは、超越論的な仮象です。また、カントは、理念を

「構成的理念」と「統整的理念」に分けた。歴史の理念は統整的理念です。それは「構成的理念」と違って、実現されることはないが、われわれがそれに近づこうと努めるような指標としてあり続ける。

このような理念観に反発したのがヘーゲルです。ヘーゲルにとって、理念はカントにおけるように未来に実現されるべき何かではない。また、それは仮象ではない。ヘーゲルにとって、理念は現実に存在する。というより、現実こそ理念的である。だからまた、彼にとって、歴史は終っているのです。ヘーゲルの態度の背景には、フランス革命があります。カントがフランス革命的なものをいっそう徹底化しようとしていたのに対して、ヘーゲルはそのようなラディカリズムを斥け、現実を受け入れることを説いたといえます。

それに対して、マルクスは、ヘーゲルのように現在が「終り」であることを否定します。すると、ヘーゲル哲学を唯物論的に転倒することは、たんに上下の転倒にとどまらない。それは前後の転倒に及ぶのです。マルクスは歴史を終ったものとしてではなく、未来に何かを実現すべきものとして見ることになる。それは、〝事後〟において見る立場から〝事前〟において見る立場への移行です。しかし、〝事後〟の立場から見出されるような必然性を、〝事前〟において想定することはできません。必然性は仮象(理念)でしかありえない。つまり、〝事前〟の立場に立つとき、ある意味で、カントの立場に戻ることになります。

実は、困難はここから始まるのです。たとえば、マルクスは『ドイツ・イデオロギー』の中で、つぎのように書いています。《共産主義とは、われわれにとって成就されるべき何らかの状態、現実がそれへ向けて形成さるべき何らかの理想ではない。われわれは、現状を止揚する現実の運動を、共産主義と名づけている。この運動は現にある前提から生じる》。

このようにいうとき、マルクスは前方に、歴史の目的(終り)を置くことを拒否しています。その意味で、彼はヘーゲルを否定している。明らかに、彼は事前から見る立場に立ったのです。それはヘーゲルからカントの立場に戻ることです。ところが、マルクスは、カントのように、未来の共産主義を「理念」(超越論的仮象)であるとは見なさない。現実の運動、そして、それをもたらす「前提」の中に、共産主義があるというのです。

したがって、マルクスは理念や理想を語ることをつねに斥けた。パリ・コミューン(一八七一年)に対しても、つぎのように述べています。《彼ら(労働者階級)は、実現すべき理想をなにももっていない。彼らのなすべきことは、崩壊しつつある古いブルジョア社会そのものの胎内にはらまれている新しい社会の諸要素を解放することである》(「フランスにおける内乱」『マルクス＝エンゲルス全集』第一七巻)。

要するに、マルクスがいいたいのは、共産主義は理念や理想ではないのだ、資本主義的な生産関係が(生産力の発展によって)それ自身を揚棄するようになることから必然的に生じるのだ、ということです。《ブルジョア社会の胎内で発展しつつある生産諸力は、同時にこの敵対関係の解決のための物質的諸条件をもつくりだす。だからこの社会構成をもって、人間社会の前史はおわりをつげるのである》(『経済学批判』序言)。

しかし、これは歴史を「終り」から見ることにならないでしょうか。つまり、ヘーゲルを否定しながら、彼もまた「事後」の立場に立っているのではないか。ヘーゲルの場合、現在が最後の段階であって、この先に革命はない。ところが、マルクスの場合、未来を先取りすることになります。その後、マルクス主義は、唯物論的な観点をとりながら、実際は、観念論的(目的論的)な観点をとることになります。そこから、「終り」を先取りし、歴史の必然性という観念によって人々を強制するような権力、政治体制が生じた。もちろん、それはマルクスとは別のものです。しかし、これが、マルクスによるヘーゲル哲学の転倒という問題に胚胎することは確かです。

7　未来からの回帰

私は先に、ヘーゲル哲学の〝上下の転倒〟がもたらす困難を、生産様式ではなく、交換様式という観点から見ることで解消できると述べました。同じことが〝前後の転倒〟

に関してもいえるのです。

あらためて、この問題について述べます。ヘーゲル哲学を転倒するとき、われわれはカントの立場に、つまり「事前」の立場に戻ることになります。そうすると、共産主義は「理念」になってしまう。マルクスはそれを避けなければならなかった。そのために、唯物論的な歴史的必然性を強調したのです。その結果、マルクス主義者は、理念やユートピアを語ることを嫌います。その中で、例外がエルンスト・ブロッホです。共産主義はあくまで未来にある。それはユートピアである。マルクスの唯物論とは、まだ生起していないもの(ユートピア)を事前において見ることである、と、ブロッホは主張したのです。

なぜブロッホは、他のマルクス主義者と違って、「未来」について考えたのか。また、宗教やロマン主義的な回帰(先祖返り)というような諸問題について考えたのか。それは一九三〇年代半ば、ドイツでマルクス主義運動がナチスに敗北したからだ、と思います。彼が「未来の哲学」を考えたのは、まさに「未来」のない状態においてでした。彼が『希望の原理』の執筆に着手したのは、一九三七年、アメリカに亡命するころです。

ナチスに対する敗北の反省として、フランクフルト学派の哲学者は、マルクス主義が経済決定論的であり、上部構造論の自立性に対する考察が欠けていると考えました。そこで、フロイトの精神分析を取り入れたりしたわけです。一方、ブロッホが行ったのは、たんに上部構造の相対的自立性を見出すことではなかった。彼はむしろ、上部構造に、未来を予知する能力を見ようとしたのです。

しかし、私の考えでは、いずれの見方も、経済的土台(下部構造)を「生産様式」としてだけ考え、「交換様式」を考慮しなかったという欠陥をもっています。彼らはいずれも、経済的な次元ではなく、観念的上部構造に期待した。そのために、経済的土台を軽視することになったのです。しかし、「交換様式」を経済的下部構造として考えるならば、上部構造に固有の何かを見出す必要はありません。それも「交換」に根ざしているはずだから。

たとえば、道徳的な次元は経済的な次元とは別に考えられますが、交換様式と無縁ではありません。ニーチェは、罪の意識は債務の意識であると述べた。彼は道徳性を経済的なものから説明しようとした最初の人物です。もっとも、ニーチェには、互酬交換(交換様式A)と売買(交換様式C)の区別がなかったことを見落としてはならない。実際には、人が抱く負い目は、交換様式A、すなわち贈与による負い目(恩・罪)です。一方、債務のほうは、金を返せばすむものです。事実、資本主義経済の発展とともに、交換様式Cが一般化すると、「罪」や「恩」という感情も希薄になります。

このように、罪の意識は、主観的なものであっても、根本的には交換に根ざしています。経済的下部構造を生産様式ではなく交換様式として見ると、これまで道徳的・宗教的と見なされてきたものの「経済的土台」を見出すことができるのです。たとえば、カントが世界史において道徳法則が実現されると見たことは、交換様式の観点から見れば、交換様式Dが実現されるということを意味します。ブロッホがユートピアを志向する能力をもっぱら上部構造に求めたのは、下部構造＝生産様式と考えていたからです。しかし、下部構造＝交換様式という観点をとれば、そんな必要はありません。

ところで、マルクスは、ユートピア的社会主義者のように未来について語ることはせず、もっぱら過去について考察したように見えます。だが、そのことは、マルクスにとって、「未来」を見ることだったのです。彼が晩年、氏族社会について考察したことに留意すべきです。彼がそうしたのは、未来の共産主義を、氏族社会を〝高次元で回復する〟ものと見なしていたからです。同時に、ここに、重要な問題があります。マルクスが〝高次元で〟という場合、それが過去のもの(祖型)を一度否定することによってのみ実現される、ということを意味するのです。

まったく新しい歴史上の創造物が、それにいくらか似ているようにみえる古い社会生活の諸形態、ときにはすでに滅んでさえいる諸形態の写しと思いちがいされることは、その通常の運命である。こういうわけで、近代的国家権力を打ち砕くこの新しいコミューンは、当の近代的国家権力にはじめ先行し、のちにはその基盤となった中世のコミューンの再現だと、思いちがいされた(「フランスにおける内乱」)。

パリ・コミューンは、中世のコミューンの再現である、と人々は考えるかもしれないが、違う、それは「まったく新しい歴史上の創造物」なのだ、とマルクスはいうのです。といっても、それが中世のコミューンの回復であることは否定できない。要するに、マルクスがいわんとするのは、パリ・コミューンは、中世のコミューンの〝高次元での回復〟だということです。それはむしろ、中世のコミューンと似て非なるものである。

もし中世のコミューンをそのままで回復すれば、むしろパリ・コミューンの企てを否定するようなものになるでしょう。共同体の回復は、ロマン主義的、あるいはナショナリズム的な復古にしかなりません。それは一九三〇年代では、ナチズムに帰結したのです。したがって、ブロッホは『希望の原理』で、この「回復」の違いを注意深く考察しました。この点に関して、ブロッホは、「忘却されたものとまだ意識されないもの」を区別します。具体的にいうと、それはロマン主義とマルクス主義の差異です。

ブロッホは、ロマン主義は「忘却されたもの」を回復するだけであるのに対して、マルクス主義は「まだ意識されないもの」をもたらすものだと考えた。ここで注意すべきなのは、彼がフロイトをロマン主義の中に入れたことです。つまり、フロイトのいう「無意識」を、ロマン主義的な回帰・先祖返りと類似するものと見なしたのです。それは、むしろ「未来」を隠すものである、とブロッホは批判した。しかし、ユングに関してならそう考えてよいでしょうが、フロイトは違います。フロイトはロマン主義的な思考の近くにあるようでいて、それと決定的に対立していたのです。

ブロッホは、フロイトの「無意識」概念に対して、「未だ－意識されないもの」(das Noch-Nicht-Bewußte)という概念を立てました。この見方は、フロイトがいう「無意識」は、過去にあったもののノスタルジックな回復にすぎない、と見なすことです。それに対して、「未だ－意識されないもの」は未来から来る。しかし、フロイトが「抑圧されたものの回帰」をいうとき、それは過去のノスタルジックな想起とは程遠いものです。抑圧されたものが回帰する場合、人の意思に反して強迫的なかたちであらわれる、とフロイトはいう。

この考えは、たとえば、『モーセという男と一神教』において示されています。フロイトは、モーセとその神は一度殺され、のちに「抑圧されたものの回帰」として出現した、と主張しました。ある意味で、この仮説は歴史的な事実と背反しない。もしモーセの教えが砂漠に生きた遊牧民社会の倫理、すなわち、独立性と平等性を意味するとすれば、それは、人々が定住したカナンの地で発展した専制国家(祭司・官僚制と農耕共同体)の下で〝殺された〟、といえるからです。もちろん、カナンの人々は定住しても過去の生活を全面的に放棄することはなく、それをいわば〝低次元〟で回復していました。つまり、伝統的慣習や郷愁として。だが、そのような状態こそが、抑圧あるいは忘却の完成態なのです。

そこに、モーセとその神が「抑圧されたものの回帰」として到来したわけです。つまり、かつてあった遊牧民時代の倫理の〝高次元での回復〟は、共同体の伝統や祭司に反して、預言者を通した神の言葉として、つまり、強迫的なものとして到来したのです。過去にあったものであるにもかかわらず、それは前方(未来)から到来する。その意味で、ブロッホがいう「未だ‐意識されないもの」は、むしろ「抑圧されたものの回帰」として到来するというべきです。別の観点からいえば、過去のものが回帰するとき、それは、未来から到来するというかたちをとるのです。

「未来」、「未だ成らざるもの」とは、交換様式Dです。それは交換様式Aを「高次元で」回復することです。そして、それは最初、普遍宗教というかたちをとってあらわれた。しかし、このことは、宗教に固有の問題なのではありません。たとえ宗教という形態を捨てても、それはいつも「未だ‐意識されないもの」あるいは「抑圧されたものの回帰」としてあらわれます。

ここであらためて、カントがいったことを考えてみましょう。すなわち、「宗教とは、私たちの義務すべてを神の命令として認識することである」という言葉を。カントは、道徳法則が内なる理性のうちにあるというのです。しかし、そうではない。道徳法則はやはり外部から到来したというべきです。なぜそれは神の命令というかたちをとるほかないのか。それもまた、唯物論的に説明できることです。すなわち、交換様式Dは「抑圧されたものの回帰」としてあらわれるのです。

私は冒頭に、『世界史の構造』で企てたのは、ヘーゲルの哲学を唯物論的に転倒するマルクスの企てをやり直すことだ、と述べました。以上で、私のいったことを了解していただけるだろうと思います。

第2章

世界史における定住革命

1　遊動的狩猟採集民

私は、社会構成体の歴史を、生産様式からではなく、交換様式から見ることを試みました。どんな社会構成体も複数の交換様式の接合によって成り立っています。ただ、どの交換様式が主要であるかによって違ってきます。したがって、重要なのは、主要な交換様式が移行する過程です。それによって、社会が根本的に変わるからです。

これまで社会構成体の歴史において最も注目されてきたのは、産業資本主義社会の成立過程です。これは、交換様式Cが支配的となることです。この過程が注目を集めたのは、われわれに身近な重要な問題だからです。また史料も豊富にあります。これについで、議論の的となったのは、国家の成立という問題です。これは交換様式Bが支配的となることです。これに関しても多くの考察がなされた理由は、はっきりしています。今日において国家の問題が重要だからです。

それらに比べると、交換様式Aに関しては、その移行あるいは起源が問われません。なぜでしょうか。そもそも、このような問題が現在の社会にとって迂遠《うえん》であるからです。さらに、そのための史料が乏しい。しかし、それだけではありません。交換様式Aは初めからあった、と考えられているからです。ゆえに「移行」の問題が生じないのです。

人類学者はこれまで、いわゆる未開社会を扱ってきました。しかし、いわゆる未開社会は、きわめて多様で、狩猟採集の漂泊小バンドから、漁業、さらに、簡単な降水農業、焼畑農業を営む氏族社会に及んでいます。さらに、氏族社会も、たんなる首長制から、王権に近い権力をもつ首長制に分布しています。つまり、いわゆる未開社会には、質的に異なる社会構成体がふくまれているのに、それらが同一のものであるかのように扱われています。

マルセル・モースは、これらの未開社会を構成しているのは、互酬性(相互性)という原理だということを主張しました。つまり、交換様式Aです。この原理は、贈与をする義務、贈与を受けとる義務、さらに、それにお返しする義務の三つから成り立っています。しかし、この原理は、いわゆる未開社会全般にあてはまるわけではない。この原理は、遊動的な狩猟採集民社会にはなかった、と私は考えます。それは、氏族社会において生じたのです。

いいかえると、それは、遊動的な狩猟採集民社会から氏族社会への「移行」であった。そして、氏族社会、つまり、交換様式Aが支配的である社会構成体の出現は、産業資本主義、国家社会の出現に劣らず重要で、画期的な出来事です。にもかかわらず、この「移行」に関しては、注目されないままでした。つまり、氏族社会も、それ以前の社会も、同様なものとして扱われてきたのです。

たとえば、マルクスもエンゲルスも「原始的共産制」について語りました。彼らの考えでは、それを高次元で回復したものが共産主義なのです。しかし、原始的共産制とは、どんな社会でしょうか。マルクスらは、それを氏族社会に見出しています。彼らは、氏族社会とそれ以前の遊動民の社会を区別しなかった。なぜなら、「生産様式」という観点から見ていたからです。つまり、生産手段が共有されているという観点から、それらを見ていた。そうすると、遊動的な狩猟採集社会と氏族社会には、大した違いがありません。だから、マルクスらは氏族社会に原始共産制を見たのです。しかし、この二つには、大きな違いがあります。

この違いを知るには、遊動的狩猟採集民社会と氏族社会がどう違うのかを調べればよいはずです。しかし、実は、それができない。というのは、現存する遊動的狩猟採集民社会は、太古から続いてきたものだとはいえないからです。たとえば、カラハリ砂漠にいる狩猟採集民、サン(ブッシュマン)は、もともとそこにいたのではなく、他の部族に追われて砂漠に逃げ込んだ、ということがわかっています。現在残っている、遊動的狩猟採集民の多くは、一度定住して簡単な農耕・牧畜をしていたのに、文明=国家に追われて、遊動的バンドに「退行」したのではないかと思われるのです。

では、どうすればよいのか。マルクスは『資本論』で、貨幣の起源に関して実証的に確かめることができない、それを考えるためには、「抽象力」がいる、と書いています。同様に、氏族社会以前の遊動的狩猟採集民社会がいかなるものであったかは、実証的問題ではなく、「抽象力」の問題、いいかえれば、思考実験の問題です。

現存する漂泊的バンド社会から、ある程度、氏族社会以前の姿を推測することができます。観察された漂泊的バンドは、一部複婚をふくむ単婚的家族が幾つか集まって作られています。バンドの凝集性は、共同寄託や共食儀礼によって確保される。が、バンドの結合は固定的ではなく、いつでも出ていくことができます。バンドは概ね、二五—五〇名ほどの小集団です。その数は、食料の共同寄託(平等な分配)が可能な程度以上に増大せず、また、共同での狩猟が可能である程度以下にも減少しない。また、バンドが固定的でないだけでなく、家族の結合も固定的ではない。夫または妻が同居生活を離脱すれば、夫婦は解消したものと見なされる。家族間結合はもっと不安定です。ゆえに、親族組織は未発達であり、また、バンドを越える上位の集団をもたない。

むろん、このようなバンド社会の観察は、歴史的に遊動的狩猟採集民がそのようなものであったことを証明するものではありません。むしろ、以上の形態は、狩猟採集というよりも、遊動的生存という条件によって強いられたものだということができます。したがって、定住すれば、このような形態を維持することはできなくなる。逆に、定住していても、そこを追われて遊動的な状態に移れば、自然にそのような形態をとるようになるといってよい。

たとえば、レヴィ＝ストロースは、ブラジルのジャングルにいる遊動的狩猟採集民、ナンビクワラ族について、血液型や言語などから見て、定住している別の部族から派生した人たちだと想定しています。彼らのきわめて流動的な社会は、何よりも、遊動的であるということ自体によって創られるのです。

ナンビクワラ族の群れほど、もろく、うつろいやすい社会構造は存在しない。もし首長が過大な要求をしたり、彼自身のためにあまり多くの妻を求めたり、あるいは、群れが窮乏しているときに、食料獲得の問題に十分な解決を与えることができなかったりすれば、不満が湧きあがるであろう。一人一人、あるいは家族ぐるみが、その集団から離れて、もっと評判のいい群れにうつっていくであろう。この群れは、狩りや採集の新しい場所を発見したおかげで、より豊富な食料をもっているかもしれない。あるいは、その群れは、近隣の集団との交易によって、装飾品や道具がたくさんあるかもしれず、遠征で勝利を得て、より強大になっているばあいもありうるだろう（「悲しき熱帯」『世界の名著』59）。

そう見ると、定住以前の狩猟採集社会には、共同寄託はあるが互酬的交換はなかったと考えるべきです。狩猟採集によって得た物は、そこに参加しなかった者であれ、客人であれ、すべての者に平等に再分配される。これは、この社会が狩猟採集に従事しているからではなく、遊動的だからです。彼らはたえず移動するため、収穫物を備蓄することができない。ゆえに、それを所有する意味もないから、全員で均等に分配してしまう。これはまさに「純粋贈与」であって、互酬的ではありません。収穫物を蓄積しないということは、明日のことを考えないということであり、また、昨日のことを覚えていないということです。したがって、贈与とお返しという互酬が成立するのは、定住し蓄積することが可能になったときからだといえます。

このように、現在の遊動的狩猟採集民の観察から、太古の遊動的な狩猟採集民社会がどのようなものであったかを、ある程度推測することができます。第一にいえるのは、ここには、モースがいう互酬制の原理、交換様式Aがないということです。もともと、このことは、モース以前の学者が気づいていたことです。彼らは、互酬的でないような贈与を、純粋贈与として区別しました。たとえば、現在の家庭の中でも贈与がありますが、それを互酬交換とはいえません。親が子供の世話をするのは、必ずしもお返しを期待するからではない。ところが、モースは、親が子供の面倒を見るのも、純粋贈与ではなく、互酬であるという。そのことで親が喜びを得るのだから、というのです。

ゆえにモースは、純粋贈与も互酬的贈与なのだ、と考えたわけです。それに対して、マーシャル・サーリンズは、それらを峻別しようとしました。彼は、彼の言葉でいえば、共同寄託(プーリング)と互酬を区別した(『石器時代の経済学』)。共同寄託は、世帯の内部での行為です。それに対して、互酬的交換は、世帯と世帯の間、あるいは共同体と共同体の間において存在し機能する。すなわち、互酬は、小さな世帯の中にある原理ではなく、世帯間を越えた氏族共同体、さらに、氏族共同体を越えた連帯を創り出す原理だと、サーリンズは考えたのです。

そこから見ると、遊動民のバンド社会には、共同寄託はあるが、互酬的交換はないと考えるべきです。狩猟採集によって得たものは、狩猟に参加しなかった者であれ、客人であれ、すべての者に平等に再分配される。これは、狩猟採集社会が遊動的であることと不可分離です。彼らはたえず移動するため、収穫物を備蓄することができない。ゆえに、それを私有する意味もないから、全員で均等に分配してしまうのです。これは「純粋贈与」であって、互酬的ではありません。したがって、贈与とお返しという互酬が成立するのは、定住し蓄積することが可能になったときからだといえます。

しかし、サーリンズは、彼らが定住的であるか否かということに格別注意を払わなかった。彼が観察している狩猟採集民は、定住的です。だから、彼は、プーリング(共同寄託)は世帯の内部、互酬的な原理は世帯・共同体の外部にある、と考えたのです。しかし、遊動的な狩猟採集民バンドにはプーリングしかなく、互酬的な原理は存在しません。それが存在するのは、定住し蓄積することが可能になった後です。

2　定住の困難

では、なぜ彼らは定住したのか。それを考える際、われわれは一つの偏見を取り除いておかねばなりません。それは、人が本来、定住する者であり、条件に恵まれたら定住するはずだという偏見です。実は、現在でも、国家による強制をもってしても、遊牧民を定住させることは容易ではない。狩猟採集民の場合はなおさらです。

彼らが遊動的生活を続けたのは、必ずしも狩猟採集の対象によって強いられたからではありません。たとえば、食糧が十分にあれば定住するかといえば、そうではない。そんなことで、彼らが古来続けてきた遊動的バンドの生活を放棄するはずがありません。彼らが定住を嫌ったのは、定住がさまざまな困難をもたらすからです。

それは第一に、バンドの内と外における対人的な葛藤や対立です。遊動生活では、究極的に人々は移動すればよい。人口が増えれば、出て行くことができる。バンド社会はそれを許すほどに非固定的であった。しかるに、定住すればそうできないから、葛藤や対立を何とか処理しなければならない。そこで、多数の氏族や部族を共同体として統合すること、また、成員を固定的に拘束することが必要となります。

第二に、対人的な葛藤は、たんに生きている者との間にあるだけではない。死者との間にあります。定住は、死者との関係を困難にするのです。簡単にいうと、人々は太古から、万物にアニマ(霊魂)があると考えていた。それがアニミズムです。それによれば、一般に、死者は生者を恨む、と考えられる。したがって、埋葬という慣習は太古からあります。ただ、遊動生活においては、死者を埋葬して立ち去ればよかった。しかし、定住すると、死者の傍で共存しなければならなくなる。それが死者への観念、および死の観念そのものを変えてしまいます。定住した共同体は、リニージ(血筋)にもとづき、死者を先祖神として仰ぐ組織として再編成される。このような共同体を形成する原理が、互酬交換なのです。

定住は、それまでコンスタントな移動によって免れていた諸困難に、人々を直面させる。とすれば、なぜ狩猟採集民は、あえて定住するようになったのでしょうか。それは、根本的には気候変動のためだと思います。人間と人間の関係あるいは交換の根底には、「人間と自然の交換」の様態があるのです。

人類は氷河期の間、熱帯から中緯度地帯に進出し、数万年前の後期旧石器時代には、高緯度の寒帯にまで広がった。これは大型獣の狩猟を中心にしたものです。が、氷河期の後の温暖化とともに、中緯度の温帯地域に森林化が進み、大型獣が消え、採集では季節的な変動が大きくなった。そのとき、人々が向かったのは漁業です。漁業は狩猟と違って、簡単に持ち運びできない漁具を必要とする。ゆえに、定住するほかなかったのです。おそらく、最初の定住地は河口であったでしょう。

漁業のために定住した社会は、現代においても多数観察されています。たとえば、北米カリフォルニアと極東シベリアから日本の北海道にかけての一帯には、定住し漁業によって暮らす先住民が見出される。人類学者アラン・テスタールは、彼らが魚を燻製《くんせい》にして備蓄する技術をもったことを重視しました。そこから、「不平等」が始まったというのです。しかし、備蓄を可能にするのは、燻製技術だけではない。もっと根本的に、定住そのものです。燻製したものを備蓄できるのは、そもそも定住しているからです。そして、定住とともに「不平等」が始まる。

定住は、人々が意図しなかった結果をもたらします。たとえば、簡単な栽培や飼育は、定住とともに、ほとんど自然発生的に生じた。栽培に関していえば、人間が一定の空間に居住すること自体が、周辺の原始林を、食料となる種子をふくむような植生(ある地域に生育している植物の集まり)に変えるからです。また、定住によって栽培が始まるように、定住によって動物の飼育が生じます。たとえば、地面に穴を掘るか、柵を作るだけで、ある種の動物を飼育できます。一般に、農耕のために人々が定住するようになったといわれますが、実は、定住こそが、農耕・牧畜に先立ち、それらを可能にする条件を創り出したのです。

定住は備蓄をもたらし、それはさらに不平等や戦争をもたらす可能性があった。だが、大事なのは、同時にこのとき、たえず発生する富の不平等や権力の格差を解消するシステムが創出されたことです。それが互酬的システムです。それは、贈与交換を強制する原理です。たとえば、婚姻関係もその中にふくまれます。婚姻は、娘ないし息子を贈与し、のちにそのお返しを受けるというかたちでなされる。それが氏族社会の複雑な親族構造を創ります。そのような贈与によって、多数の世帯、氏族、部族が結合され統合される。つまりその統合は、血縁の力ではなく、互酬性、すなわち贈与の力によるものです。

3　互酬性の原理

互酬性の原理は、サーリンズがいったように、他の社会との関係において生じますが、むろん、それは定住してのちのことです。定住すると、他の社会と交易しないと、やっていけなくなる。自分のところに必要な産物がすべてあることはないからです。では、どのように交易をするのか。たとえば、レヴィ＝ストロースはこう述べています。

ブラジル西部のナンビクワラ・インディアンの漂泊小バンドは、互いに常に恐怖心を抱きあっており、互いに忌避しあう。しかし同時に彼らは接触したがっているのである。なぜなら、接触は彼らが交換を行ないうる唯一の手段であり、彼らが不足している生産物や品物を手に入れうる唯一の方法だからである。敵対関係と、互酬的給付による供給との間には、一つの結びつき一つの連続性が存在する。交換とは平和的に解決された戦いであり、そして戦いとは取引が不首尾に終った結果である(『親族の基本構造』)。

彼らは互いに恐怖している。だが同時に、何としても互いに接触し交換しなければならない。そのために、まず贈与し、友好的な関係を作り出すのです。その一例は、マリノフスキーが『西太平洋の遠洋航海者』(一九二二年)で報告したトロブリアンド諸島の「クラ交易」に見ることができます。

クラとは、閉じた環をなす島々の大きな圏内に住む、多くの氏共同体の間で行われる交換様式です。このクラは、ギムワリと称される「有用品の単純な経済的交換」と注意深く区別されます。クラにおいて使われるのは、ヴァイグアという貨幣の一種です。人々はこれを贈与されると、外に贈与する義務がある。かくして、ヴァイグアが島々を循環する。その結果、通常相互に孤立していた各島の人々の間に、〃社交的〃な関係が再確認されるわけです。

クラは経済的交換とは異なります。それは友好的関係を創り出すための儀礼のようなものです。重要なのは、そのあとに必要物資の物々交換がなされることです。つまり、このような社会で、経済的交換が軽視されているわけではまったくない。それが不可欠であるからこそ、それを可能にする友好的関係を創り出さねばならないのです。クラ交易は、贈与によって、すでに存在していた部族連合体の存在を再確認・再活性化するためになされるのです。

一方、贈与が未知の他者との間の交換を切り開く例もあります。沈黙交易がその例です。ある決められた場所に品物を置き、合図をして姿を隠すと、取引相手があらわれて等価と思われる品物を、相手の品物のそばに置いて去る。取引の両者が相手の品物に満足すれば、相手の品物を持ち帰り、交易が成立する。ここでは、有用品の交換がなされるが、互いの接触が避けられる。これは贈与の互酬とは違いますが、同じ形態をとっています。すなわち、有用品の交換(商品交換)を互酬というかたちで遂行するわけです。したがって、沈黙交易は、交易(商品交換)がいかにして可能であるかを示唆しています。

ところで、ピエール・クラストルは、「交換とは平和的に解決された戦いであり、そして戦いとは取引が不首尾に終った結果である」というレヴィ＝ストロースの見方を、批判しました。クラストルは、外部との接触がまったくなかったアマゾン奥地のヤノマミ族がたえず戦争していることを指摘し、戦争はたんに交換の失敗によるものではなく、つねに先行するのだと主張しました。交換(贈与)はむしろ戦争のための同盟を創るためになされる、と。彼の考えでは、戦争は共同体の内部を分散化させる。戦争のために、集権的な国家の形成が不可能になる。すなわち、部族間のたえまない戦争こそ、共同体が国家に転化しない原因だ、というのです。

しかし、このような戦争は、互酬性の一種です。贈与でも、ポトラッチとなると、相手が返せないほどの贈与を与えて降参させるのですから、戦争と同じであり、事実、戦争になります。英語でいえば、reciprocation(互酬交換)は、報復するという意味でもあります。こうなると、戦争は血讐と同様に、止めどなく行われることになる。確かに、ここから国家は生まれません。

要するに、互酬は、そのポジティヴな性質(友好)によって国家の形成を妨げるだけではなく、ネガティヴな性質(敵対)によっても、国家の形成を妨げます。それは、権力の集中、上位レベルの形成を妨げる。一方、贈与の互酬は、共同体と共同体の間の紐帯を創り出し、高次の共同体を創り出す。つまり、共同体が成層化する。だが、それは決してヒエラルキーをつくらない。というのは、互酬は、同じレベルで、一つの共同体(氏族ないし部族)が上位に立つことを認めないし、一人の首長が他の首長に対して優越した地位に立つことを認めないからです。いいかえれば、それは国家の成立を許さないのです。

以上に述べたように、互酬システムは、定住化が不可避的にもたらす富の格差や権力の集中を抑止する、すなわち、国家の形成を抑止するわけです。しかし、ここで次のことを付け加えておきたい。一言でいえば、互酬原理は、平等を実現するが、遊動的社会にあった自由を否定する。それは、個人を共同体にかたく結びつけるのです。遊動民の社会では、自由であるがゆえに平等であった。しかし、氏族社会では、平等であるために自由が犠牲にされるのです。

先ほど私は、マルクスが原始共産制を氏族社会に見出したことに、疑問を呈しました。マルクスがそのように考えたのは、遊動的な狩猟採集民社会と定住化したのちのそれとを、区別しなかったからです。というのも、彼はそれらを「生産様式」という観点で見たからです。すなわち、遊動的であろうと定住的であろうと、それらは生産手段や生産物が共有されているという点で、違いがないからです。

同じことがマーシャル・サーリンズについてあてはまります。彼は狩猟採集民が遊動的であるか定住的であるかということに、本質的な差異を見なかった。それは彼がマルクス主義者として、「生産様式」という観点から見ていたからです。実際彼は、「家族的(domestic)生産様式」という概念を案出し、それによって狩猟採集社会を説明しようとしました。彼は、それが過少生産(underproduction)という特徴をもつという。しかし、それは互酬交換によって説明できるものです。余剰生産物を蓄積せず他者に贈与するから、必然的に過少生産になるのです。しかし、それと、互酬原理のない遊動的バンド社会とは似て非なるものです。

4　定住革命

先史時代について考えるとき、われわれは一つの通念を疑わなければなりません。それは、ゴードン・チャイルドが唱えた、農耕と牧畜にもとづく、新石器革命という概念に代表されるものです。つまり、農業・牧畜が始まり、人々が定住し、生産力の拡大とともに、都市が発展し、階級的な分解が生じ、国家が生まれてきたという見方です。ここでまず疑わしいのは、農業によって定住するようになったという見方です。というのは、先に述べたように、定住はそれ以前から生じているからです。また彼らの多くは、簡単な栽培や飼育を行っている。しかし、そうするために定住したわけではない。栽培や飼育は、彼らが定住した結果、自然に生まれてきたのです。

ゆえに、農業に先だって、定住が画期的な変化をもたらしたといえます。しかし、それはたんに栽培や飼育、そして備蓄を始めたことではありません。画期的なのは、そこから生じる不平等、階級分解、国家形成の可能性があったにもかかわらず、それを抑止するシステムを創り出したことです。そして、その原理が互酬性であった。したがって、農耕・牧畜と国家社会の出現を「新石器革命」と呼ぶのであれば、われわれは、それを西田正規にならって、「定住革命」と呼んでもよいでしょう(1)。

一般に、氏族社会は国家形成の前段階として見られています。しかし、むしろそれは、定住化から国家社会にいたる道を回避する最初の企てとして見るべきでしょう。その意味で、氏族社会は、「未開社会」ではなく、高度な社会システムだといわねばならない。それは、われわれに或る可能性、つまり、国家を越える道を開示するものとなります。氏族社会といえば、小さなものだと考えられるけれども、そうではない。大きなものもあります。たとえば、北アメリカのイロクォイ族の氏族連合体は、現在のカナダからフロリダあたりまで広がっていた。また首都のようなものがあり、そこで議会が開かれた。アメリカ合衆国の連邦制・民主制は、直接的・間接的に、それにもとづいていたのです。間接的に、というのは、アメリカ合衆国を形成した人々が影響を受けたモンテスキューなどフランスの思想家が、すでに、アメリカ原住民の考察にもとづいて考えていたからです。

イロクォイ族の連合体のような世界システムは、世界帝国や近代世界システムとは違っています。それは、贈与の互酬制、交換様式Aにもとづく世界システムなのです。それは「未開」どころではない。むしろ、われわれが今後に参照すべきものです。たとえば、現在の国連は諸国家連邦ではありますが、実際には、米国のような強国が支配しています。つまり、国連がもとづく原理は、実質的に交換様式Bなのです。国連の理念をもたらしたのは、カントだといわれます。しかし、現在の国連はそれとは程遠いものです。カントがいう「世界共和国」は、国際連邦ないし世界政府のようなものとは異質です。それは、交換様式でいえば、ＢやＣではなく、Ｄ、すなわち贈与の互酬Ａを、高次元で回復することによってのみ可能です。

5　互酬制の起源

ここで、重要な問題があります。それは、なぜいかにして、国家への移行を妨げるものとして、氏族社会が出現したのか、いいかえれば、互酬的システムが出現したのかという問題です。いうまでもありませんが、それをみんなで相談して決めたのではありません。そのようなシステムは、彼ら自身がそれを望んだからではなく、いわば神の命令として到来したはずです。だから、それを破ることはできなかった。

しかし、それを「神」を持ち出さずに説明できないでしょうか。この問題に関して示唆的なのは、フロイトの『トーテムとタブー』(一九一二―一三年)です。彼が考えたのは、未開社会における「兄弟同盟」がいかにして形成され維持されるのか、という問題でした。つまり、彼の関心は、部族社会における氏族の平等性・独立性がいかにして獲得されたかにあった。それは、贈与の互酬制がいかに実現されたかという問題と同じです。

フロイトは、その原因を息子たちによる「原父殺し」という出来事に見出そうとしました。いうまでもなく、これはエディプス・コンプレクスという精神分析の概念を人類史に適用するものです。フロイトは、未開社会のシステムを「抑圧されたものの回帰」として説明しました。彼の考えでは、一度抑圧され忘却されたものが回帰してくるとき、それはたんなる想起ではなく、強迫的なものとなる。氏族社会に関するフロイトの理論では、回帰してくるのは、殺された「原父」です。

太古に原父がいたという見方は、フロイトの独創ではなく、当時の学者のトーテムに関する意見にもとづいていました。彼らはゴリラ社会の雄から「原父」を考えたのです。もちろん、このような理論は今日の人類学者によって全面的に斥けられています。太古に「原父」のようなものは存在しなかった。その逆に、遊動民バンドの中での家族の結合は脆弱なものでした。そのような原父は、専制的な王権国家が成立したのちの王や家父長の姿を、氏族社会以前に投射したものだ、というべきです。

だが、そのようにいうことで、フロイトの「原父殺し」および反復的儀式という見方の意義が無くなることはありません。フロイトは、氏族社会の「兄弟同盟」的なシステムが、なぜいかにして、強固に維持されているのかを問うたのですから。フロイトを否定する者は、その問いに答えなければならない。未開社会には互酬制がある、といってもだめです。なぜ互酬制が生まれたのか、なぜそれが人を拘束するのか、という問いに、答えなければならない。

私はこう考えます。定住化とともに、蓄積が始まり、階級や国家、いいかえれば「原父」が生じる可能性が生じた。それを妨げるのがトーテミズムです。トーテミズムとは、あらかじめ「原父殺し」を行うこと、そして、それを反復することにほかならない。したがって、原父殺しは、経験的に存在しないにもかかわらず、互酬制によって創られる構造を支えている「原因」だということができます。

たとえば、首長制では、首長が王のようになるのを妨げる原理があります。それは贈与の義務です。ある者が首長であるためには、自分の富を鷹揚《おうよう》に贈与しなければならない。しかしそうすると、富を次第に無くしてしまうので、贈与もできなくなる。ゆえに、一定以上の権力をもつことができない。このように、贈与の義務が、首長が王となることを妨げている、あるいは王を殺しているわけです。実際に王が殺されるケースもありますが、それもまた互酬制にもとづくものであり、「原父」のようなものの出現を妨げるものです。

互酬制は、定住、蓄積によって生じる富と力の格差を妨げます。それによって、遊動民バンドにあったものを取り戻す。しかし、そのような目的のために、人々が互酬制を考案し採用した、などということはありえません。それでは、互酬制のもつ強い拘束性を説明できないから。互酬制は人々が自発的に考えたものではない。それは反復強迫的なものです。これについて考えるとき、初期のフロイトではなく、後期のフロイトが必要になります。後期のフロイトは反復強迫を説明するために「死の欲動」という概念を考えました。それは、有機体が無機質であった状態に戻ろうとする衝迫です。

私の考えでは、遊動民のバンド社会では、人々は少数であり、またいつでも他人との関係を切断できた。彼らはいわば「無機質」であった。しかし、定住以後の社会では、それらが多数結合された「有機体」になります。それは葛藤・相克に満ちた状態です。互酬制とは、このような不安定な有機体的状態から無機質的な状態に戻ろうとする「欲動」にもとづく、反復強迫なシステムであると解することができます。

私は先に、交換様式Dについて、それが生じるのは人が望むからではない、それは人間の欲望や意志を越えて出現するのだ、と述べました。同じことが交換様式Aについてもいえます。互酬制は誰かが決めたものではなく、いわば精霊の命令としてあらわれたのです。しかし、その根底には、遊動民的な状態に回帰しようとする「欲動」があるというべきです。それゆえに、氏族社会の互酬制は、階級社会や国家に向かうことを拒むのです。

しかし、氏族社会は別に望ましいものではありません。それは厳しく個人を拘束するものです。遊動民的なあり方とは異質です。マルクスは、共産主義は、氏族社会を〝高次元で回復する〟ものだ、といいました。「高次元で」とは、氏族社会を一度否定しなければならないということです。なぜなら、氏族社会を低次元で回復すれば、それは保守的な共同体、あるいは、ロマン主義的なナショナリズムになってしまうからです。

先に述べたように、マルクスは生産様式から社会構成体の歴史を見たのですが、生産様式から見るとは、いいかえれば、誰が生産手段を所有するかという観点から見ることです。マルクスのヴィジョンでは、原始共産主義では共同の所有であり、次に階級社会では、生産手段を所有する支配階級とそうでない支配階級の間に「階級闘争」があり、最終的に共同体所有が高次元で回復されるということになります。しかし、そのような観点では、遊動的段階の社会と定住的氏族社会が区別されません。遊動的社会では、人々はむしろ遊動性(自由)であることによって平等なのですが、氏族社会では、各人の自由が否定されることによって平等なのです。このような区別がないと、コミュニズムをたんに共同所有という点でのみ見る考えになりやすい[2]。しかし、生産様式でなく交換様式の観点から見ることによって、以上のような欠陥を克服することができます。

氏族社会では、遊動的社会にあった重要な側面が失われています。しかし、それはいかに抑圧されても回帰してきます。それは、国家社会や資本主義社会の中においても回帰してきます。人が忘れようとしても、また実際に忘れても、それは人間の意志に反して、戻ってくるのです。

6　遊動性の二つのタイプ

最後に、定住以前の狩猟採集民について注意しておきたいことがあります。彼らは遊動的だから、一見すると、遊牧民（ノマド）がそれと類似しているように見えます。しかし、違います。この違いをはっきりさせておく必要があります。遊牧は定住から始まったものです。つまり、定住によって、栽培・飼育が自然に始まり、そして、それらが農耕・牧畜に発展したのです。

一般に、農業革命が起こり、その後に、都市や国家が形成されると考えられています。しかし、ジェイン・ジェイコブズは、その逆に、農業は「原都市」で始まった、と主張します（『都市の原理』）。彼女がいう「原都市」は、共同体と共同体の交易の場として始まった。そこには、さまざまな情報が交換、集積された。農耕・牧畜はその結果として生じた、というわけです。私はこの仮説を支持します。

農業が発展して都市になったのではなく、逆に、農業は原都市で発明され、その後背地に広がった。こう考えると、牧畜の起源についても、その謎が解けます。梅棹忠夫は、牧畜が飼育の発展として起こったという考えを批判しました（『狩猟と遊牧の世界――自然社会の進化』）。彼は、牧畜もまた、農業革命に匹敵する「牧畜革命」として起こった、というのです。それは第一に、乳搾りの技術です。ここに狩猟民との差異があります。牧畜民は家畜を殺すよりも、それがもたらす乳製品を消費するようになった。第二に、去勢の技術です。これによってオスが増えるのを防いで群を管理することができるようになった。

では、このような技術革新はどこで生じたか。梅棹はつぎのように主張しました。牧畜の対象である羊などは、群で生きている動物であり、牧畜とは、彼らを群のまま掌握するものである。したがって、それは農耕と違って草原で発生したのだ、というのです。しかし、農耕の技術と同様に、牧畜の技術も、さまざまな情報が交換、蓄積される「原都市」で発明され、草原に広がった、と考えるべきです。

こうして、農耕と牧畜は「原都市」で出現した。とともに、そこからそれらの分化、いいかえれば、農耕民と遊牧民の分化が生じました。遊牧民(ノマド)は、原都市を出て遊動するようになります。彼らはある意味で、遊動的狩猟採集民にあった遊動性を回復したといえます。しかし、彼らは狩猟採集民とは異質です。遊牧は農耕と同様、定住生活の中で開発された技術であり、また、遊牧民は農耕民と根本的に分業関係にあります。彼らは農耕民と交易するだけでなく、商人として共同体と共同体の間の交易を担うようになる。その意味で、遊牧民は交換様式Cを発展させたといえます。

他面において、遊牧民は、しばしば結束して農耕民社会を征服し従属させます。このとき、国家を形成する原理はたんなる暴力ではありません。それは、服従すれば保護する、というかたちでの交換です。それは「恐怖に強要された契約」(ホッブズ)です。つまり、それは交換様式Bです。これについて、少し説明します。通常、国家は農耕共同体あるいは都市の内部の階級分裂から生まれると説明されてきましたが、内部だけでは、せいぜい首長制国家にしかなりません。互酬制(交換様式A)の原理が強いので、絶対的な支配者が出現できないのです。つまり、交換様式Bにはならない。ゆえに、国家が成立するためには、外部からの征服という契機が不可欠です。

もちろん、すべての国家が征服によって形成されるわけではないし、また、つねに征服が遊牧民によってなされるわけでもない。ただ、それがない場合も、遊牧民に対する防衛、あるいは他の国家の侵入に対する防衛という動機が、首長制社会を国家に変容させるのです。首長制社会でも、戦争において、首長は絶対的な統帥権を得ます。したがって、恒常的に戦争の危機があるならば、首長は恒常的に権力をもった王となる。つまり、国家が成立する。以上の意味で、遊牧民が直接的であれ、間接的であれ、国家を成立させたということができます。

遊牧民はノマドと呼ばれますが、ノマドは遊牧民だけでなく、さまざまな遊動民をふくみます。狩猟採集民はいうまでもなく、山地民(焼畑狩猟民)もここに入ります。ゆえに、さまざまなノマドを区別する必要があるのです。通常、山地民は、山岳民族あるいは狩猟採集民の末裔と見られます。しかし、東南アジア大陸部、中国南部をふくむ「ゾミア」と呼ばれる領域の山地民を考察したジェームズ・スコットは、山地民を国家を拒否し逃れた人々として見ました(『ゾミア――脱国家の世界史』)。彼らはもともと平地にいた、つまり農民であった。したがってまた、逆に、山地から平地に向かうこともありえたのです。平地の国家は、つねに山地民世界との相互関係において存在してきました。スコットは、この意味で、山地民は遊牧民と類似すると考えました(3)。

しかし、ここで注意したいのは、山地民は遊動的狩猟採集民と同様の遊動性をもっているが、後者とは決定的に異なるということです。彼らは一度定住したのちに、山地に向かった人々です。そして、以後もたえず平地と交通しながら生存している。山地民が遊牧民と類似するのは、むしろこの点においてです。遊牧民がいなかった地域、たとえばメソアメリカでは、国家は山地民が定住農民を征服して貢納させたことから始まっています。日本でも、武士はもともと山地民であったということができます。

一方、遊動的狩猟採集民は、そのような山地人とは異質だというべきです。彼らは平地民と交流することをしない。だが、そのために、遊動民を経験的に対象化することは困難です。したがって、人類学者の多くは、このような遊動民が実在することを否定しています。例外は柳田国男です。彼は、山地民と異なる遊動民(山人)の実在を主張しつづけました。むろん、彼もそれを実証的に示すことはできなかったのですが、山地民と山人を区別することは重要です。たんに遊動的であるからといって、異質な存在を同一視してはなりません。

もし遊動性という特徴だけから見るならば、漂泊する商人や手工業者をノマドの中に入れてもよいでしょう。定住農耕民から見れば、ノマドは一般に、不気味な存在です。彼らはそのような非農耕民を蔑視し且つ恐れますが、彼らに依存するほかない。なぜなら、彼らとの交換がなければ、共同体の自給自足的経済は成り立たないからです。一方ノマドも、定住農民の生き方を軽蔑していると同時に、さまざまな意味で後者に依存しています。このように、各種のノマドが、交換様式C(商品交換)の発展を担ったし、また、しばしば交換様式B、すなわち国家形成に関与してきたのです。

ドゥルーズ&ガタリは『千のプラトー』(一九八〇年)で、ノマドについて論じ、ライプニッツのモナドロジーをもじって、それをノマドロジーと呼びました。彼らは、国家に対して、戦争機械という概念をもってきた。これが、国家の外にいる遊牧民というイメージにもとづくことは明らかです。しかし、このノマドロジーは、定住性やそれに伴う領域性や規範を越えるとしても、国家と資本を越える原理ではありません。それどころか、国家や資本を飛躍的に拡張する原理です。たとえば、戦争機械としての遊牧民は、国家を破壊するが、より大きな国家(帝国)を創り出す。資本も同様です。たとえば、金融資本は、脱領域的であり、領域化された国家的経済を破壊する。

米ソの冷戦体制が揺らぎはじめた一九七〇年代以後、ノマドロジーは、この冷戦構造を解体する脱領域的・脱構築的な原理と目されました。しかし、ソ連邦が崩壊し、資本主義のグローバリゼーションが生じた九〇年以後、それは「資本の帝国」、あるいは新自由主義を正当化するイデオロギーに転化しました。それは、国境を越え、ネーションを越えて、あらゆるところに浸透し侵入する資本を肯定するものです。実際、その結果として、新しいタイプの遊動民が出現しました。たとえば、ジェットセッターと呼ばれるビジネスマン。さらに、それと並行してあらわれたホームレス。このような遊動性によっては、資本＝ネーション＝国家を越えることはできません。

あらためていうと、定住以後に生じた遊動性、つまり、遊牧民、山地人あるいは漂泊民の遊動性は、定住以前にあった遊動性を真に回復するものではない。かえって、それは国家と資本の支配を拡張するものです。にもかかわらず、資本＝ネーション＝国家を越える手がかりは、やはり遊動性にあるのです。むろん、それは狩猟採集民的な遊動性です。

定住以前の遊動性を高次元で回復するもの、したがって、国家と資本を越えるものを、私は交換様式Dと呼びます。それはたんなる理想主義ではありません。それは交換様式A(互酬)がそうであったように、「抑圧されたものの回帰」として強迫的に到来します。いわば、「神の命令」として。したがって、それは最初、普遍宗教というかたちをとってあらわれたのです。

しかし、交換様式そのものは宗教ではない。それはあくまで経済的な交換の形態です。交換様式Dにおいて、何が回帰するのか。定住によって失われた狩猟採集民の遊動性、すなわち、そこに存する「自由の相互性」です。そして、それを回復させる衝迫は歴史的にいつも存在し働いている、と私は考えています。それを経験的な実在として提示することはできませんが、少なくとも、理論的に考えることはできます。

第3章 専制国家と帝国

1　国家の起源

資本主義経済において、資本家と労働者という生産関係あるいは階級関係があることは、誰にも明らかです。しかし、マルクスは『資本論』で、資本主義経済を解明しようとしたとき、この事実から出発しなかった。商品の交換という事実から始めたのです。そして、それが貨幣に転化し、自己増殖する貨幣としての資本に転化する過程、さらにそれが全生産関係を組織していく過程をとらえようとした。それは、資本主義経済を、たんに資本家と労働者という生産関係あるいは生産様式から見るかわりに、交換様式Cの発展によって歴史的に組織されていった体系（システム）として把握することです。そのことによって、最後に、資本主義経済が信用の体系としてあること、つまり、むしろ観念的な体系であることが理解されるのです。

一方、マルクスは国家に関しては、そのような手続きをとらなかった。彼の国家論は、初期に提示した見方を越えていません。すなわち、国家とは、経済的下部構造としての生産様式の上にある観念的・政治的上部構造です。初期のマルクスは、それを幻想的な共同性であると考え、つぎに、それを支配階級が被支配階級を抑圧する装置であると考えた。しかし、それは国家を生産関係とは異なる固有の次元でとらえることになっていません。

一方、マルクス主義を否定する者は、国家を経済とは異なる政治的な次元においてとらえます。しかし、先にも述べたように、経済と政治を明瞭に分離できるのは、近代資本主義国家が成立した後だけです。たとえば、そこでは、地主から土地を借りた農民は地代を払います。これは「交換」であり、経済的関係です。一方、封建社会において領主が農民から年貢をとる場合、彼らの関係は経済的関係でしょうか、それとも政治的関係でしょうか。農民は年貢を払うことを領主によって強制されているのだから、この関係は経済的というよりも政治的です。が、封建制社会においても、一種の「交換」がなされています。農民は年貢を払うことによって、安全を保障されるからです。つまり、ここには「交換」が存在する。ゆえに、領主と農民の関係は、広い意味では経済的な関係です。ただ、交換の様式が異なるのです。

交換様式Cは、商品交換(貨幣経済)であり、交換様式Bは、服従と保護というような交換です。つまり、服従すれば、保護を受けるということです。資本制社会では、交換様式Cが支配的であり、封建制社会では、交換様式Bが支配的です。たとえば、領主に年貢を払えば、農民は一定の保護を受けます。マルクスは単純な商品交換(C)から始めて、巨大な資本制経済の体系をとらえましたが、服従と保護という単純な交換(B)から出発して、さまざまな国家や世界帝国にいたる過程を解明することができる、と私は考えます。

交換様式BとCは、まったく異なるものです。ただ、それらに共通するのは、いずれも共同体と共同体の間での「交換」として始まるということです。人が陥りやすい誤解は、交換が個人と個人の間で始まるという見方です。先ず、商品交換についていえば、それは共同体の内部ではなされない。そこにあるのは、交換様式A(互酬交換)です。交換様式Cが成立するのは、共同体と共同体の間においてです。

マルクスはこう書いています。《商品交換は、共同体の終るところに、すなわち、共同体が他の共同体または他の共同体の成員と接触する点に始まる》(『資本論』第一巻・第一篇・第二章)。マルクスは、商品交換が共同体と共同体の間で始まるということを幾度も強調しました。それは、商品交換の起源を個人と個人の間に見出したアダム・スミス以来の偏見を批判するためです。スミスのような見方は、近代の市場経済を過去に投射しているのです。

マルクスも引用した文に続けて、こう書いています。《しかしながら、物はひとたび共同体の対外生活において商品となると、ただちに、また反作用をおよぼして、共同体の内部生活においても商品となる》。しかし、「ただちに」そうなるわけではありません。たとえば今日でも、共同体の内部では、あるいは、共同体が消滅したところでも家族の内部では、商品交換(売買)はめったになされない。贈与や共同寄託というかたちをとるのが普通です。だから、交易は共同体と他の共同体の間でしかなされない、といっていいでしょう。

つぎに強調したいのは、交換様式Cだけでなく、交換様式Bもまた、共同体と共同体の間で始まるということです。それについて述べる前に、次の点に注意してほしい。それは、マルクスが商品交換の始原に関して考察したとき、実は交換様式Bを前提していた、ということです。共同体と共同体の間での交換がなされるとき、それは一定の法あるいは国家によって裏づけられています。マルクスはいう。《一方は、他方の同意のもとでのみ、したがって双方ともその共通な意志行為によってのみ、自分の商品を譲って他方の商品を自分のものとする。したがって、彼らは交互に私有財産所有者として、認め合わねばならぬ。契約という形式をとるこの法関係は、その契約が法的に発展していようといまいと、経済関係を反映する意志関係である。この法関係または意志関係の内容は、経済的関係そのものによって与えられている。人々はここではただ相互に商品の代表者として、したがってまた商品所有者として存在している》(同前)。

これは、共同体間での商品交換という経済関係が法的関係なしにありえないこと、したがって、契約不履行や略奪を不法として処罰するような何らかの法・国家が前提とされるということを意味します。しかし、マルクスは『資本論』では、それ以上、共同体、法・国家などの問題に踏み込まなかった。それらをひとまず括弧に入れて、単純な商品交換から始め、資本主義経済の全体系を把握しようとした。いいかえれば、交換様式Aや交換様式Bを括弧に入れて、交換様式Cを考察しようとしたのです。

私が行いたいのは、マルクスが括弧に入れた事柄を、交換という観点から見直すことです。商品交換が始まるのは共同体と共同体の間であるとマルクスはいいますが、法も共同体の内部ではなく、共同体と共同体の間に成立するものです。共同体の中では「法」は不要です。そこには「掟」があります。これは、いわば互酬性による縛りです。たとえば、贈与された場合、必ずそれにお返しをしなければならない。そうしなければ、精霊(マナ)の祟りで死んでしまう。むろん、このような掟も広い意味では法であるといえますが、厳密には、「法」が成立するのは、共同体の掟が通用しない領域、つまり、共同体と共同体の間においてです。そして、そのような法を背景として、共同体と共同体の間で商品交換が可能となるわけです。ゆえに、交換様式CはBを前提しているのです。

どんな社会構成体も、複数の交換様式の組み合わせにもとづいています。ただ、そのどれが優越的であるかによって違ってくるのです。資本制社会においては、交換様式Cが優越的です。それ以前の社会では、交換様式BやAが優越的です。マルクスは『資本論』で、資本主義経済を対象とし、それを交換様式Cから生じるシステムとして考察するために、交換様式BやAを括弧に入れました。一方、われわれも交換様式Bから生じるシステムについて考察するためには、同様に、その他の交換様式を一時、括弧に入れる必要があります。

2　恐怖に強要された契約

すでに述べたように、交換様式Bは、服従と保護というような交換です。このような交換を最初にとらえた思想家は、『リヴァイアサン』(一六五一年)のホッブズです。もっとも彼はそれを交換とは呼ばず、契約と呼んでいます。しかし、それは通常の契約と違います。彼がいう契約は、「恐怖によって強要された契約」です。通常は、恐怖によって強要された合意は契約と見なされません。が、ホッブズはそれもまた契約であるというのです。《恐怖に強要された契約《コントラクト》は有効である》。《完全な自然状態のもとで恐怖から結ばれた契約は拘束力を持つ。たとえば、もしも私が敵にたいして、自分の生命の代わりに身代金とか労働を支払うという契約を結ぶならば、私はそれによって拘束される。というのは、それは一方は生命を得、他方は金または労働を得るという契約だからである》(「リヴァイアサン」『世界の名著』23)。

このように、ホッブズは国家(主権者)の成立を「社会契約」において見たとき、決して自発的な合意を意味していたのではありません。その逆に、「恐怖に強要された契約」という意味で考えていたのです。人々が現在、契約というとき、自発的な同意という面を重視しますが、それに対する違反があったとき、法・国家が出動することを知っているはずです。つまり、契約が自発的な合意によるように見えても、「恐怖に強要された契約」がその根底にある。人はふだんそれを忘れているのです。

しかし、ここで問題なのは、ホッブズが「万人が万人に敵対する」自然状態から始めたことです。ホッブズは、これを理論的な想定だといいながら、歴史的にもそうであったと考えていました。たとえば、未開社会には当時も「自然状態」があった、と。これは誤解です。そんな社会は未開社会には決してありません。互酬原理が強く働いているからです。

万人が万人に敵対するという状況は、現在でもゲーム理論が想定するものですが、それがある程度あてはまるのは、資本主義的市場においてだけです。ホッブズの考えは、アダム・スミスと同様、近代社会のあり方を太古の社会に投射するものです。したがって、マルクスがスミスの考え方を批判して述べたように、交換様式Bもまた共同体と共同体の間で始まる、というべきです。

国家は交換様式Bにもとづくものです。そして、交換様式Bは共同体と共同体の間に始まる。このことは、第一に、国家が共同体の内部では生じないということを意味します。たとえば、共同体の内部では、首長制のようなものが成立するとしても、王あるいは国家は成立しません。首長の力はいわば贈与によるものだから、贈与ができなくなれば終ってしまう。贈与以外に、他の者を強制するような権力、国家権力は、共同体の中では成立しない。互酬的原理が国家を不可能にするのです。

そのことは、氏族社会の段階だけでなく、いわゆる封建制社会の段階にも妥当します。封建制は、通常、領主が農民を収奪する生産関係において見られていますが、それは専制国家一般にあてはまるものです。封建制の特徴はむしろ、支配者間の関係に見られるものです。それは封を授ける者とそれに忠誠を誓う者という主従関係にもとづいています。これは交換様式Bですが、同時に、交換様式A、つまり、互酬的な関係が付随しています。たとえば、主君が従者に対して返礼の義務を果たさないなら、主従関係は終ってしまう。さらに、他の支配者との関係も互酬的な状態にあります。それが絶対的な支配を斥けるのです。封建制社会にも王はいますが、せいぜい第一人者あるいは首長のような存在でしかない。したがって、ここでは、王、領主(諸侯)、教会その他の勢力がたえず争うことになります。

ヨーロッパでは、それまで第一人者にすぎなかった王が諸侯や教会を圧倒して制覇したとき、絶対王権が成立しました。それは一言でいえば、交換様式Aを断ち切ることです。それによって交換様式B(服従と保護)が確立された。ホッブズはこの過程を、万人が万人と敵対する状態から合意によって主権者が創り出された、というふうに説明しました。もちろん、これは虚構です。実際は、王が覇権を握ったあと、万人がそれを承諾したのです。それが「恐怖に強要された契約」です。

絶対王権は、支配者間の互酬性を廃しただけではなく、支配-被支配者の間にあった互酬的関係をも廃してしまいます。封建制では、領主は農民から収奪するが、同時に、農民をさまざまなかたちで保護しなければならない。その意味で、互酬性が残っています。つまり、封建制では、交換様式BとAがある。しかし、絶対王政においては、領主は地主になり、農民は自作農ないし地主の下で働く小作人になります。つまり、彼らの関係は交換様式Cです。しかし、これによって、交換様式Bが消えてしまうのではない。それは変形されて存続します。たとえば、農民は領主に代わって、国家に年貢(税)を払うことになる。国家への服従によって、彼らの所有を脅かすものからの保護を受けるわけです。

このように、国家が交換様式Bを独占しますが、それは同時に、交換様式Cを封建諸侯・教会などの干渉から守ることになります。実際には、ヨーロッパで絶対王権が出現したのは、すでに交換様式Cが浸透していたからです。別の観点からいえば、ブルジョア(市民)階級が強くなっており、彼らが王と結託して、封建領主および封建的諸制度を廃棄した。それが絶対王権なのです。次には、絶対王権が打倒された。それがブルジョア革命であり、以後、〝人民〟を主権者とする近代国家が出現したわけです。とはいえ、国家の本質はあくまで交換様式Bにあります。近代国家とは、交換様式Cが支配的なモードにあるときに、交換様式Bがとる形態です。

このような近代国家から考えると、国家の起源、さらに、帝国の起源について理解することはできません。ゆえに、ホッブズから出発するような国家論は不毛です。が、彼がいう「恐怖に強要された契約」という考えだけは重要です。それは、交換様式Bの根底にあるものですから。ゆえに、この見方は、国家の成立を見るためにも不可欠です。ただしその場合、「恐怖に強要された契約」は、個人と個人の間でなされるのではない。交換様式Cが共同体と共同体の間で始まるように、交換様式Bも、共同体と共同体の間で始まるのです。

3　帝国の原理

国家は共同体が拡大しそこに階級対立が生じたときに生じるといわれます。しかし、一つの共同体の中では、いかに発展や対立が生じても、それを抑える互酬性のメカニズムが働きます。したがって、先に述べたように、共同体の拡大は、首長制社会以上にいたることはありません。国家が成立するには、共同体が他の共同体を支配するような契機がなければならない。そこに「恐怖に強要された契約」が成立するのです。

この場合、国家の下でこれまでの共同体は残ります。そして国家は、それら多数の共同体を越えるものです。また、そのような原理をもたないかぎり、国家ではありえない。同じことが帝国についていえます。帝国は、多数の国家の間に生じる。しかし、それはたんなる国家の拡大ではありません。帝国は、多数の共同体＝国家からなると同時に、それらを越える原理をもたなければならないのです。

帝国はたんなる軍事的征服によって形成されるものではありません。あるいは、たんに「暴力的な強制」だけでも成り立ちません。そのためには、多くの国家が積極的に服従するような要素がなければならない。いいかえれば、交換様式Bがなければならない。注意すべきことは、帝国の形成においては、さらに、交換様式AもCも不可欠な要素であり、さらに、交換様式Dも不可欠だということです。

たとえば、モンゴルの世界帝国は、中国からアラビアにいたるまでの大帝国です。どうしてこれが可能だったかといえば、権力の上層部では首長制がとられていたからです。モンゴルの世界帝国は、「元」をふくむ各地の帝国から成り立っていました。つまり、中国では元の皇帝であっても、世界レベルでは首長の一人にすぎない。各地から来た対等な首長たちの間で選ばれなければ、全体のハーンにはなれません。つまり、帝国は、単独の専制国家にはない、互酬性原理にもとづいているのです。これらのモンゴル諸国の間でおそらく元が最も強力であったでしょうが、元だけでは、どんなにその勢力を拡大しても、このような広大な帝国を築くことはできません。

その意味で、世界帝国は一面では交換様式Aにもとづいているわけです。それは、別の観点からいえば、帝国が遊牧民国家の原理を受け継いでいることを意味します。それは、定住農民を支配する専制国家にはないものです。しかし、たんなる遊牧民国家では、フン族アッチラ王のような世界征服者にはなりえても、帝国を築くことはできません。つまり、遊牧民国家は必ずしも帝国を形成できない。帝国は、いわば遊牧民国家と定住農民国家を統合することによって可能になるのです。

さらに、帝国は交換様式Cと切り離すことはできません。これは、そもそも帝国が商業に従事する遊牧民と結びついていることを示すものです。ふだんは分散している遊牧民が急激に結集することがあるのは、国家によって交易がおびやかされるときです。彼らは帝国を形成することで、交易を取り戻す。また、帝国が形成されると、各地でそれまで危うく障害の多かった共同体間、国家間の交易が容易になります。だから、各共同体や小国家は、征服され、従属させられるとしても、帝国の形成を歓迎しました。それによって、先ず、平和と交易の安全がもたらされる。さらに、帝国が発行する貨幣や手形によって、交易が容易になる。したがって、帝国の形成によって、交易が飛躍的に発展し、生産力が上がったのです。

世界帝国は、世界貨幣をもたらしただけではない。その他、さまざまな間共同体的な原理やテクノロジーをもたらしました。それは第一に、法です。この法は、小さな部族や国家を越えた領域で通用する法、いわば、万民法です。帝国の関心事は、諸部族・国家を支配することだけでなく、それらの「間」、いいかえれば、諸部族・国家間の交通・通商の安全を確保することです。

したがって、帝国の法は、根本的に国際法なのです。ローマ帝国の法は、ヨーロッパで「自然法」のもととなりましたが、それは本来、国際法的であったからです。しかし、それはローマに始まったのではありません。それは後述するように、ペルシア、すなわちアジアの帝国に始まったのです。世界帝国はどこでも、ローマ法のように体系的に明文化されていなくても、そのような法をもっています。

一般に、帝国は、その中にある部族・国家の内部に干渉しません。それが帝国内の交易の安全を脅かすのでないかぎり。世界史において、世界帝国がほとんど一夜にして形成されたり再建されたりするように見えるのは、新たな征服者が誰であれ、従来の国際法的秩序・交易の安全性が保証されることを、諸国家・部族が歓迎したからです。

帝国の第二の特徴は「世界宗教」をもつことです。世界帝国は、諸部族国家を統合することによって成立しますが、そのとき、それぞれの国家・共同体の宗教を越えるような普遍宗教を必要とします。私が先に、帝国は交換様式Dを必要とするといったのは、この意味です。モンゴル帝国は、中国では仏教を、アラビアではイスラム教を導入しました。それ以前の例でいえば、ペルシア帝国ではゾロアスター教が受け入れられた。また、ローマ帝国は巨大になったとき、それまで迫害していたキリスト教を国教にした。ローマの民族的な宗教では、とうてい多数国家を統合できないからです。それと同時に、重要なのは、帝国はたとえ国教をもったとしても、宗教的に寛容でなければならない、ということです。そうでなければ、多数の部族・共同体を包摂することはできない。

帝国の第三の特徴は「世界言語」lingua franca にあります。それは、たとえば、ラテン語や漢字、アラビア文字のように、多数の部族・国家によって使用される文字言語です。帝国の中で語られている音声言語(俗語)は無数にありますが、それらは「言語」とは見なされなかった。それらは、今日の方言と同じ位置にあったのです。そして、右に述べたような帝国の法、宗教、哲学がこうした世界言語であらわされる以上、帝国の特質は、何よりもその言語においてあらわれるといっていいでしょう。

4　専制国家と帝国

私はひとまず、通常の国家にはないような帝国の特質について述べました。しかし、マルクス主義においては、国家に関して帝国が論じられることはありません。もちろん、古代の巨大な国家について論じられはしますが、それはほとんどの場合「東洋的専制国家」としてです。

東洋的専制国家は、生産様式の観点から見ると、つぎのようになります。古代の専制国家は、シュメール、エジプト、インダス、中国など、大河川のそばにあり、灌漑農業にもとづいていました。したがって、マルクスは、東洋的専制国家を灌漑農業と結びつけました。またウェーバーも、エジプトにおける官僚制化の機縁を、灌漑治水の必要に見出しています。マルクスとウェーバーの観点を受け継いだのが、ウィットフォーゲルです。彼は東洋的専制国家が大規模な灌漑農業を通して形成されたと考え、さらに、地理的な限定を取り除いて、それを「水力社会」と命名しました(『東洋的専制主義』)。

しかし、このような考えは疑わしい。ウィットフォーゲルは灌漑とともに、官僚・軍という国家装置が発展したと考えています。しかし、実際はその逆です。大規模灌漑を行うには、そのような工事を組織すること、また、それに従う人間がいなければならない。それを可能にするのは、官僚制であり、軍隊のような組織です。すなわち、国家です。実際、兵士が工事を行い、同時に農民となったのです。「アジア的生産様式」なるものは、このように専制国家によって形成されたというべきです。

専制国家とは、交換様式でいえば、BによってAやCを制圧する状態です。Aが強いと、部族的な競合が残り、集権的な体制ができない。また、Cを管理しないと、王権が成り立たない。集権的な国家を実現するために必要だったのは、第一に、官僚制です。官僚制と常備軍は専制国家において生まれた。では、なぜそうなのか。王権が貴族(豪族)を圧倒するために、それらを必要としたからです。互酬的原理が強いとき、つまり、豪族らの力が強いとき、王権は脆弱なままにとどまります。集権的な国家は、官僚制と常備軍を不可欠とするのです。

たとえば、モンゴルの帝国拡大の結果、ロシアで巨大な専制国家が成立しましたが、それは灌漑と無縁でした。そのことは、ウィットフォーゲルも認めざるをえないので、灌漑にもとづく専制国家で発展した人間を統治する技術が、灌漑と縁のない民族や国家に伝えられたというのです。それなら、もともと大規模灌漑も、そのような技術をもつことによって可能になったというべきです。

古代の専制国家をもたらしたのは、自然を支配する技術よりも、また武力よりも、むしろ人間を統治する技術です。ゆえに、この技術はたとえばモンゴルのような遊牧民にも伝えられた。人間を統治する技術が、自然を統治する技術に先行したことに注意すべきです。そのような技術は、国家が他の部族や国家を征服し拡大する過程で得られたことはいうまでもありませんが、たんなる征服では、専制国家を創ることはできない。専制国家は人間的自然を統治する技術によって実現されたのです。

官僚制も、そのような技術です。これが先になければ、巨大な軍隊も、巨大な土木事業もありえない。では、官僚制はどうして可能であったのか。官僚制は、上意下達のシステムです。ところが、互酬原理が強い社会では、それが成立しない。また、誰も上意に従順な官僚にはなりたがらない。彼らは独立心が強く、上の命令に服従することを嫌うのです。

ウェーバーは、エジプトの官僚はファラオの奴隷であったと述べています。その理由として、彼は「奴隷に対しては拷問を用いえたからである」という。それは、互酬的な原理にもとづく共同体の成員の場合、官僚制はありえないということを意味しています。アッシリアでは、官僚は宦官であった。実際にどうであったかは別としても、官僚制が成立したのは、共同体的な互酬性が克服されたときだ、といえるでしょう。その意味では、官僚制の成立と集権的な国家の成立は、同一の事態です(1)。

アジア的専制国家(家産官僚制国家)に対する誤解の一つは、専制君主を暴君とまちがえることです。専制国家では、大衆は残虐に扱われたり、切り捨てられたりするわけではない。むしろ、手厚く保護される面があります。そして、そのように民を扱うことが、王(皇帝)に支配の正当性を与えるものだと見なされたのです。

たとえば、ケインズは、ピラミッドの工事は失業者対策、政府による有効需要政策としてなされた(『雇用、利子および貨幣の一般理論』)と主張しています。もちろん、彼がこう述べたのは、自らの理論を補強するためですが、ある意味で、専制国家(家父長制的家産制)は、一種の「福祉国家」であるといえます。ウェーバーは、西ヨーロッパで「福祉国家」的な社会政策が出てきたのは、絶対主義王権においてだと述べています。

家父長制的家産制は、唯一人の個人による大衆支配である。それは、必ず、支配の機関としての「官吏」を必要とするが、これに反して、封建制は、官吏の必要性を極小化する。家父長制的家産制は、それが外国人から成る家産制的軍隊に依拠しているのでない限り、強度に臣民の善意に依存せざるをえないのに反して、封建制は、広汎にわたって、このような臣民の善意なしにもやってゆける。家父長制は、それにとって危険な特権的諸身分の野望に対しては、大衆を動員することによってこれに対処する。大衆は、常に、家父長制の所与の帰依者《アンヘンガー》であったのである。大衆神話が神聖化した理想は、英雄ではなくて、常に「良き」君主であった。

したがって、家父長制的家産制は、自分自身に対して、また臣民に対して、みずからを、臣民の「福祉」の保育者として、正当化せざるをえないのである。「福祉国家」こそ家産制の神話であり、それは誓約された誠実という自由な戦友関係《カメラートシャフト》に発したものではなく、父と子との間の権威主義的関係にもとづいている。「国父《ラントファーター》」というのが、家産制国家の理想なのである。したがって、家父長制は、特殊の「社会政策」の担い手たることがありうるし、また、大衆の好意を確保しなければならない十分な理由があるときは、事実、常に社会政策の担い手になった。例えば、ステュアート朝が清教徒的市民層や半封建的名望家層と闘争状態にあった時代の、近世イギリスにおいてそうである。ロード Laud のキリスト教的社会政策は、半ばは教会的な、半ばは家産制的な動機に発したものなのである(『支配の社会学』)。

西ヨーロッパでは、絶対主義王権において初めて、王が臣民を保有するという観念が出てきたのですが、そのような「福祉国家」の観念はアジア的国家においてはありふれています。中国では漢王朝以後、専制君主の支配は儒教によって基礎づけられました。すなわち、専制君主は、武力によってではなく、仁徳によって統治する者(君子)と見なされる。すべての臣民を、官僚を通じて支配し、管理し、配慮し、面倒を見る、それが専制君主なのです。しかも、そうしないと、王朝が倒されるし正史でも批判されてしまうということが、共通の理解としてあった。

アジア的専制国家に関するもう一つの誤解は、それが統治のすみずみまで及ぶ強固な専制的体制だという見方にあります。実際には、そのような王権の権力は脆弱であり、ごく短期間しか続きません。王権を確保するために、宗教、姻戚関係、封による主従関係、官僚制などが用いられる。が、その結果、逆に、神官・祭司、豪族、家産官僚、宦官などが、つぎつぎと王権に対抗する勢力となる。さらに、内部の混乱を見て、外から遊牧民が侵入してくる。こうして、王朝は崩壊します。しかし、その後に、王朝が再び形成される。

マルクスは、インドのインダス川流域のパンジャブ地方に残存していた「農業共同体」を例にとって、つぎのように述べています。《かかる簡単な生産有機体は、アジア的諸国家の絶えざる瓦解と再建、および絶え間なき王朝の交替とは著しい対照をなすところの、アジア的諸社会の不変性の秘密を解くべき鍵を提供する》(『資本論』第一巻・第四篇・第一二章)。つまり、彼は、アジア的な共同体が永続的であるから、専制国家が永続的であると考えたのです。

しかし、このような言い方は誤解を与えます。共同体の「アジア的形態」はアジア的専制国家の形成に伴って形成されたのであって、その逆ではありません。たとえば、シュメールでは、国家がより多くの人間を動員し、大規模な灌漑工事を行い、彼らに土地を与えて働かせた。国家が農業共同体を作り出したのです。専制国家は、貢納賦役を課すほかには、農業共同体の内部に干渉しなかった。そこには、一定の自治と相互扶助的なシステムが存在します。一見すると、これは氏族社会の互酬原理の名残のように見える。だが、ここでは、氏族社会にあった、上位組織に対する独立性が存在しません。

マルクスはアジア的な共同体を「全般的隷従制」と呼びました。それは奴隷制でも農奴制でもない。それが意味するのはつぎのようなあり方です。各人は自治的な共同体の一員である。だが、その共同体全体が王の所有である。王は共同体に介入する必要はない。人々は共同体の一員であることによって拘束される。ゆえに、共同体の自治を通じて、国家は共同体を支配することができる。これがアジア的専制国家です。

マルクスがいう「アジア的諸国家の絶えざる瓦解と再建、および絶え間なき王朝の交替」にもかかわらず不変的なのは、むしろ、このような専制国家の「構造」そのものです。それは、アジア的国家によって作り出された官僚制と常備軍というシステムです。王朝がめまぐるしく変わっても、これは実質的に存続しました。ゆえに、農業共同体が不変的だから、専制国家も永続的であったということはできない。真に永続的なのは、農業共同体よりも、それを上から統治する官僚制・常備軍などの国家装置です。農業共同体はむしろ、それに対応して、あるいはそれに対抗して形成されたのです。

5　帝国と帝国主義

東洋的専制国家に関する議論において忘れられているのは、それが「帝国」であるという側面です。たとえば、ペルシア帝国は多くの民族・国家を包摂するものです。それは容易なことではない。どうしてそれが可能になったのかを先ず考えるべきです。が、

「東洋的専制国家」や「アジア的生産様式」という見方をすると、それを考えることができなくなります。交換様式から見直すことで、初めて「帝国」を一つのカテゴリーとして扱えるようになるのです。

もう一つ、マルクス主義における一般的な見方は、帝国を帝国主義と同様に見るものです。しかも、これは非マルクス主義においても同じです。レーニン以後マルクス主義者は、帝国主義を金融資本主義の段階に生じる政治的形態として見ましたが、政治学者モーゲンソーはそのような見方を批判して、帝国主義を政治的な次元で、つまり、国家間の関係において見るべきだと主張しました。私もそれが必要だと思います。しかし、〝経済的〟な観点も不可欠です。いいかえれば、それは、複数の交換様式という視点が不可欠だということです。そもそも交換が広い意味で経済的なものだとしたら、政治的な次元も交換様式Bにもとづく以上、〝経済的〟なのです。

モーゲンソーは、ローマ帝国や古代の帝国と、近代の帝国主義を区別しません。帝国主義をたんに形態だけで考えるからです。彼は、国家が領土を拡張しようとするとき帝国主義である、という。しかし、このような定義では、帝国が帝国主義と異質であるということも理解できず、結局、通俗的な見方に陥るだけです。帝国と帝国主義の違いを見るには、交換様式の観点が不可欠なのです。

帝国は、交換様式Bが優越しているような世界システムにおいて形成されます。ブローデルはそれを世界＝帝国と呼びました。ここでは、交換様式C、すなわち交易などは重視されますが、あくまで国家による統制に服します。一方、彼が世界＝経済と呼ぶところでは、交換様式Cが優位にあります。ウォーラーステインは、それを一四世紀ごろヨーロッパに始まった世界市場とそれにもとづく「近代世界システム」と見なしたのですが、ブローデルはそれを否定しました。世界＝経済は古代ギリシアにもあったし、中世ヨーロッパにもあったというのです。

ポランニーが指摘したように、ギリシアではコインを発行し、国家による価格管理をせず、市場(アゴラ)に任せていました(『人間の経済』)。また、中世ヨーロッパでも、封建国家から相対的に自立した都市に市場経済が発展した。つまり、そこでは「帝国」が成立しなかったために、世界＝経済となったのです。ただし、これを文明の発展段階と考えてはなりません。世界＝帝国と世界＝経済は、同時的に、相関的に存在したのです。

たとえば、ギリシアにはデモクラシーがあり、それが専制国家ペルシアと対比されます。しかし、それはギリシアが文明が「進んだ」段階にあったからではありません。その逆に「未開」であったからです。ギリシアの都市国家では、集権的な国家に抗する氏族社会の互酬原理が強く残った。ギリシアのデモクラシーといわれるものは、その結果です。同時に、ギリシア文明は、アジア(メソポタミア・エジプト)の帝国の周辺にあったことと切り離せません。つまり、そこから多くのものを取り入れたことが大きいのです。周辺とはいえ、それを選択的に取り入れたことが、ギリシア文明を創ったといえます。周辺部では中心に従属しますが、彼らはそうではなかった。私はそのように選択的態度が可能な周辺部を、「亜周辺」と呼びます(2)。

一般的に、世界=経済は、世界=帝国の「亜周辺」において成立した、ということができます。ギリシアは、エジプトやペルシアの帝国の亜周辺にあった。ヨーロッパはさらに、ローマ帝国の亜周辺にあった。したがって、そこでは、帝国が成立しなかった。たとえば、フランク王国のシャルルマーニュ(カール大帝)はローマ教会の教皇から西ローマ帝国皇帝の冠を授けられましたが、それは東ローマ帝国に対抗する名目上の存在でしかなかった。神聖ローマ帝国も同様です。後でいうように、ヨーロッパの帝国性は、ローマ教会によって担保されていたのです。

このような〝帝国〟の中では、王、封建領主、教会がたえまなく抗争していました。そして、王・封建領主・教会らが競合する中で、その間隙をぬって、自立的な都市が栄えた。そのことが、世界=経済、つまり、交換様式Cが優位であるようなシステムをもたらしたのです。さらに、それを背景にして、教会=帝国の優位を否定する絶対王政、あるいは主権国家が登場した。ウォーラーステインのいう「近代世界システム」は、そのようなものです。

ここでは帝国は成り立ちません。たとえ帝国のように広域圏を支配するとしても、帝国ではない。それは「帝国主義」でしかありません。たとえば、ネグリ&ハートは、一九九〇年以後のアメリカは、もはやネーション=国家に根ざした帝国主義ではない、帝国となったと言っています。しかし、「帝国」は、近代以後には存在しえない。せいぜい「資本の帝国」というような比喩でしかありえません。

帝国は、交換様式Cが優位にある世界システムでは存在しえないという点について、ハンナ・アーレントは鋭い指摘をしています。

永続性のある世界帝国を設立し得るのは、国民国家のような政治形態ではなく、ローマ共和国のような本質的に法に基づいた政治形態である。なぜなら、そこには全帝国をになう政治制度を具体的に表わす万人に等しく有効な立法という権威が存在するから、それによって征服の後にはきわめて異質な民族集団も実際に統合され得るからである。国民国家はこのような統合の原理をもたない。それはそもそもの初めから同質的住民と政府に対する住民の積極的同意(中略)とを前提としているからである。ネイションは領土、民族、国家を歴史的に共有することに基づく以上、帝国を建設することはできない。(中略)

政治の不変最高の目標としての膨張が帝国主義の中心的政治理念である。膨張がここで意味しているのは、征服者の致富を目的として被征服者を一時的に収奪することでも、被征服者を最終的に同化することでもない。まさにこの点が膨張の概念の独創性をなしている。しかしこの概念自体は本来政治的なものでも政治から生れたものでもないのだから、この独創性は見かけだけのものに過ぎない。膨張はむしろ事業投機の領域から出た概念で、そこでは十九世紀に特徴的だった工業生産と経済取引との絶えざる拡大を意味していた(『全体主義の起原２――帝国主義』)。

要約すると、第一に、帝国は多数の民族・国家を統合する原理をもっているが、国民国家にはそれがない。第二に、そのような国民国家が拡大して他民族・他国家を支配するようになる場合、帝国ではなく「帝国主義」となる、ということです。

では、「帝国の原理」とは何でしょうか。それは多数の部族や国家を、服従と保護という「交換」によって統治するシステムです。帝国の拡大は征服によってなされます。しかし、それは征服された相手を全面的に同化させたりしない。彼らが服従し貢納しさえすれば、そのままでよいのです。帝国はその版図《はんと》を広げようとしますが、周辺には統治できない者がいます。たとえば、漢帝国にとって、遊牧民である匈奴《きょうど》がそのような相手でした。そのような周辺に対しては、外見上服属し朝貢するというかたちをとるにせよ、実質的に、相手に対する贈与や婚姻によって平和を保持するという政策をとったのです。

それに対して、帝国主義はネーション＝国家の拡大としてあるものです。そして、それは交換様式Cにもとづくものです。そして、他の国家にそれを強制します。帝国主義もしばしば征服・略奪を伴いますが、帝国の拡大とは違います。それが他国から奪うのは、主として関税権です。したがって、アメリカの帝国主義が今でもそうなのですが、外見上、自由・民主主義を奨励します。交易の自由さえあれば、征服や略奪をしなくても、利潤を得ること、そして、その国を支配することができるからです。以上の事柄は、交換様式から見ると明白です。すなわち、帝国の膨張が交換様式Bにもとづくのに対して、帝国主義的膨張は交換様式Cにもとづくのです。

しかし、アーレントの指摘に一つ疑問があるのは、彼女が帝国という場合、ローマ帝国しか考えていないことです。帝国はほかにもあります。たとえば、二〇世紀まで残っていたオスマン帝国も清帝国もローマ帝国と同様です。中国については後述しますが、オスマン帝国にはまさに「帝国の原理」がありました。第一に、オスマン王朝は住民をイスラム化しようとしなかった。各地の住民は固有の民族性や宗教、言語、ときには政治体制や経済活動までも、独自に保持していた。それは国民国家が成員を強制的に同質化するのとは対照的です。さらにまた、国民国家の拡張としての帝国主義が他民族に同質性を強要するのと対照的です。

オスマン帝国の解体、多数の民族の独立は、西欧諸国家の介入によってなされました。そのとき、西欧の諸国家は、諸民族を主権国家として帝国から独立させるのだと主張したのです。しかし、それによって経済的に支配しようとしたにすぎない。いうまでもなく、それは「帝国」ではなく「帝国主義」です。「帝国主義」とは、「帝国」の原理なしに、ネーション＝ステートが拡大し他のネーションを支配することです。したがって、オスマン帝国を解体させた西洋列強は、今度はアラビア各地のナショナリズムの反撃に出会うことになったのです。

6　ペルシア帝国とローマ帝国

アーレントに限らず、西洋の学者は、帝国というと、概して、ローマ帝国から論じ始めます。東洋の帝国に関しては触れない。むしろ、東洋の帝国に関しては、東洋的専制国家と呼び、また、それを「アジア的生産様式」や灌漑から説明したりする。しかし、このような見方では、帝国が何たるかを理解することはとうていできません。

ローマ帝国には、確かに「帝国の原理」があります。しかし、それはどこから来たのか。ギリシアからではありません。ギリシアには帝国が成立しなかった。たとえば、アテネはペルシア帝国に対抗して「デロス同盟」を形成しました。それはよく「アテネ帝国」と呼ばれますが、帝国ではない。現代的な意味で「帝国主義」です。それはアテネというポリスの拡張でしかないからです。それは帝国の原理をもっていなかった。だから、アテネの帝国主義は、それに反抗する多数のポリスが担いだスパルタとの、ペロポネソス戦争に帰結したわけです。

帝国の原理は、ギリシアが争ったペルシア帝国にあったのです。ギリシア文化圏(ヘレニズム)を統合しペルシアを征服したのは、アレクサンドロス大王ですが、彼が継承したのは、ギリシアのポリスではなく、ペルシア帝国です。ところが、ペルシアはたんに東洋的専制国家だと見なされている。それでは、帝国について何も理解できないでしょう。

ペルシア帝国は規模においても、画期的なものです。アケメネス朝(前五五〇―三三〇)は、黒海から中央アジアまで、インドからリビアにいたる、史上最大の版図を有する帝国を築いた。彼らは、サトラップ(総督)という、交代制の州総督制度をもうけた。貨幣制度、度量衡《どりょうこう》の統一を施行した。さらに、王道の建設、視覚伝信システム(山の頂上に信号塔を建て、帝国の端から端まで迅速にメッセージを伝達するシステム)などを作った。さらに重要なのは、ペルシア帝国で、法治主義が確立されたことです。それは、氏族・部族的な法、つまり、互酬的な報復を越えるものです。

もちろん、それらすべてをペルシア帝国が創始したのではありません。それまでメソポタミアやエジプトにあった国家のシステムを受け継ぎ、それらを集大成したのです。たとえば、王道や宿駅などの設備は、シュメールからあるものです。ペルシアの王道は、それをスーサからサルディスまでという長大な距離にした。ローマ帝国の全国的長距離道路網は、これを引き継いだだけです。また、ペルシア帝国は、ゾロアスター教を国教としながらも、征服した諸民族の宗教・慣習を尊重した。多数の民族は、帝国民として平等であると見なされたのです。その意味で、ローマの万民法は、ペルシアに始まるといってもいいでしょう。

たとえば、旧約聖書のなかでは、ペルシアのキュロス王が例外的に称賛されています。彼がユダヤ人をバビロン捕囚状態から解放しパレスティナに帰還させたからです。しかし、キュロス王がそうしたのは、たんに個人的な意志からではないし、まして神(エホバ)の意志からでもありません。彼がそうしたのは、ペルシア帝国形成の一環として、です。バビロンから帰還したのち、ユダヤ人は帝国の中の民族として自律的な地位を得、神殿を建てた。それが多民族を統治するペルシア帝国のやり方なのであり、そして、それがヘレニズム帝国、ローマ帝国に受け継がれたのです。

しかし、このようなペルシア帝国が一般に無視されているのはなぜか。それはむろん、古典古代(ギリシア・ローマ)、ゲルマンという順序を疑わない、近代の西洋中心主義的な歴史観によるものです。それは、ギリシアの時代にあった自民族中心主義を受け継いだ偏見です。それに関しては、例外的に自民族中心主義を免れていたヘロドトスが、すでに批判しています。彼は、ペルシア人の支配層の間でつぎのような論争があったというのです。ペルシアの七長老の一人オタネスは、デモクラシー(大衆による統治)を採用することを主張した。

何らの責任を負うことなく思いのままに行なうことのできる独裁制が、どうして秩序ある国制たりうるであろう。(中略)独裁者というものは父祖伝来の風習を破壊し、女を犯し、裁きを経ずして人命を奪うことだ。それに対して大衆による統治は先ず第一に、イソノミア(無支配)という世にも美わしい名目を具えており、第二には独裁者の行なうようなことは一切行なわぬということがある。職務の管掌は抽籤により、役人は責任をもって職務に当り、あらゆる国策は公論によって決せられる。されば、私としては、独裁制を断念して大衆の主権を確立すべしとの意見をここに提出する。万事は多数者にかかっているからだ(『歴史』)。

それに対して、メガビュゾスが寡頭政治を提唱し、さらに、ダレイオスが独裁制が最善であると主張する。最終的に、ダレイオスの意見が支持され、その結果、ダレイオスが王(アケメネス王朝ダレイオス一世)となった、とヘロドトスは述べています。

政体に関するこのような議論は、アテネが凋落《ちょうらく》した時期にアリストテレスが書いた『政治学』の考察を先取るものです。が、実際にこのような討議がペルシア人の間でなされたのだろうか。ヘロドトス自身がこう記しています。《オタネスがペルシアの七長老を前にして、ペルシアは民主制を採用すべきであるという意見を述べたという話を信じようとしないギリシア人にとっては、世にも不可思議なこととしか思えぬようなことが起ったので、それをここにお話ししよう。つまりこの時マルドニオスは、イオニアの独裁者をことごとく排除して、各都市に民主制を敷かせたのである》(同前)。説明を加えると、ペルシア人マルドニオスが、僭主政の下にあったイオニアの各都市で独裁者を排除して民主制を敷いた、ということです。

ヘロドトスがこのようなことを書いたのは、いうまでもなく、ギリシアは民主的でペルシアは専制的という、当時アテネにおいて存在し現在にいたるまで連綿と続いている、固定観念を揺さぶるためでした。ヘロドトスが述べたエピソードは、ペルシアの長老会議が、遊牧民の首長会議に類似することを示しています。そこに君主が存在するとしても、首長らの中の第一人者のような存在です。このようなあり方が遊牧民国家の伝統から来ることは明らかです。

ペルシア帝国には、多民族を包摂する帝国の原理がありました。先に述べたように、ユダヤ人をバビロン捕囚から解放したのもペルシア帝国です。このペルシア帝国を征服したのが、アレクサンドロス大王です。アレクサンドロスは元来、遊牧民国家マケドニアの王子でした。ゆえに彼は、遊牧民が築いたペルシア帝国のあり方を素直に受け入れることができた。また軍事的にも、ギリシアの重装歩兵ではなく、重装騎兵隊を駆使して他を圧倒しました。彼はまた、エジプトではファラオを名乗り、自らを神格化しました。さらに彼を別格にしたのは、ペルシア帝国以上の帝国、まさに「世界帝国」を目指したことです。したがって、インドにまで遠征した。

アレクサンドロスは青年期にアリストテレスを家庭教師としてギリシア文化を学んだ人ですが、のちに、アリストテレスを斥けています。アリストテレスはマケドニア人でしたが、彼の『政治学』はギリシアのポリスにもとづくものです。彼は、最善の国家は「生活の自足を目標に、一目でよく見渡しうる数の範囲内でできるだけ膨張した人口」の国家である、という考えを譲らなかった。一方、アレクサンドロスは、どこのポリスから来たのかと聞かれて「コスモポリスから」と答えたといわれる犬儒派のディオゲネスに共感していたように見えます。アレクサンドロスの帝国は、いわば「コスモポリス」を建設することであったといえます。それはポリスの原理ではやってはいけない世界です。(3)

ローマは最初、ギリシアと同じようなポリスでしたが、ヘレニズム帝国、というより、それに先行するペルシア帝国の原理を受け入れたとき、初めて帝国となりえたのです。

ローマ帝国では、先に述べたように、皇帝 emperor といっても、元老院で選ばれて命令権 imperium を与えられた者でしかありません。それは君主というより、遊牧民国家のハーンに近かった。したがって、複数皇帝制がとられた時期もあるし、東西に分けて統治するということも当然のように受け入れられた。ローマ帝国が世界帝国であったといえるのは、この時期までです。それを支えたのは、巨大な官僚機構であり、また、税を確保できるかぎり、各地の習慣を尊重するという「帝国の原理」でした。征服された異民族もローマの市民権をもつことができたし、たとえば、元老院議員もローマ出身者の数が年々減少しました。

しかし、ローマ帝国はその全盛期において、西方ではヨーロッパに版図を広げたものの、東方ではそれができなかった。隣接するパルティアに対して戦争では勝ったが併合することはできなかったし、パルティアに代わって興隆したササン朝ペルシアに押し戻されてしまった。その意味で、アレクサンドロスの世界帝国はいうまでもなく、ペルシア帝国の版図を後継することもできなかったのです。一方、西方でもゲルマン民族の侵入に悩まされるようになった。したがって、三世紀から四世紀にかけて、ローマ帝国の膨張は終った、ということができます。同時に、その時期からローマ帝国の没落が始まったのです。

マックス・ウェーバーは、ローマ帝国の没落を、帝国の膨張が終り戦争による奴隷の獲得が困難となり、奴隷制による大農場経営が成り立たなくなったことに求めています(『古代文化没落論』)。しかし、これは、要するに、帝国はたえまない膨張によってこそ存立すること、それができなくなると、その物質的基盤が失われ、没落に向かう、ということです。それに加えて、外からの侵入がある。したがって、ローマ帝国の滅亡に各別の謎はありません。どこでも世界帝国はこのように滅亡したのだから。しかも、ローマ帝国は東部では滅亡せず、一四五三年オスマン帝国にとって代わられるまで存続したのです。ローマ帝国の滅亡に関しては、謎はむしろつぎの点にあります。どこでも、帝国が没落する場合、必ず他の帝国が勃興します。だから、謎はなぜ滅亡したかではなく、なぜ帝国が再建されなかったかにこそあるのです。

このことに関して、東と西の違いが重要です。西ローマ帝国が崩壊する前から、東西で大きな違いがありました。ディオクレティアヌス帝(在位二八四—三〇五)以後、共和制を廃止して皇帝が絶対的な権力をもつような官僚国家体制が成立していきましたが、それが機能したのは帝国の東部だけで、西部では在地有力領主層が競合し合う状態が続きました。この差異は、東部が歴史的にアジアの帝国の中心部に位置したのに対して、西部のヨーロッパは亜周辺に位置したということから来るものです。

西ローマ帝国は四七六年ゴート族の侵入によって滅亡しました。一方、東ローマ帝国は存続しましたが、他民族の宗教、慣習、学問に対する寛容を失ってしまいました。帝国はかたちの上で存続したとはいえ、もはや「帝国の原理」をもたないものとなったのです。(4) 他方、西ローマ帝国の地域では、政治的な次元で「帝国」が復活することは二度となかった。たとえば、フランク王国のシャルルマーニュは西ローマ教会からローマ帝国皇帝の冠を授けられたし、つぎに、神聖ローマ帝国も生まれました。しかし、それらはいずれも教会の力によるもので、政治的には無力でした。多数の王・封建領主らが各地で割拠してたえまなく抗争していたのです。

ただ、先ほど述べたように、西ヨーロッパでは、帝国ができなかった分、王・封建領主・教会などの間隙をぬって、自立的な都市が栄えた。そのことが、ヨーロッパの社会構成体における交換様式Cの優位、すなわち、世界＝帝国とは異なる、世界＝経済(ブローデル)をもたらしたといえます。そこから資本主義経済が生じた。一方、帝国が成立したところでは、交易も商品生産も生産技術も西ヨーロッパ以上に発展したにもかかわらず、資本主義経済にはいたらなかった。交換様式Bが優勢であったからです。

7　ヨーロッパと帝国

西ヨーロッパには帝国が成立しなかったのですが、「帝国」的なものが存在しました。それはローマ教会として、です。教会は、王・封建領主・都市が乱立する状態の下で、それらを統合する原理をもっていた。教会が帝国の形態を与えたわけです。たとえば、神聖ローマ帝国がそのようなものでした。なぜローマ教会にそんな力があったのでしょうか。

その力は、西ローマ帝国が滅びつつあったとき、アウグスティヌスが明確にした理念にもとづくものです。ローマの伝統的な神々を奉じる異教派が、キリスト教を国教にしたおかげでこんなことになったと非難したのに対して、アウグスティヌスは、それはローマ帝国そのものに原因があるのだと反論しました。そもそも「戦争によってのみ獲得した広大な領域における帝国支配」に正義があるのか、と彼は問います。

> 正義がなくなるとき、王国は大きな盗賊団以外のなにであろうか。盗賊団も小さな王国以外のなにでもないのである。盗賊団も、人間の集団であり、首領の命令によって支配され、徒党をくんではなれず、団員の一致にしたがって奪略品を分配する。この盗賊団という禍いは、不逞なやからの参加によっていちじるしく増大して、領土をつくり、住居を定め、諸国を占領し、諸民族を征服するようになるとき、ますます、おおっぴらに王国の名を僭称するのである。そのような名が公然とそれに与えられるのは、その貪欲が抑制されたからではなく、懲罰をまぬがれたからである。ある海賊が捕えられて、かのアレキサンデル大王にのべた答はまったく適切で

真理をうがっている。すなわち、大王が海賊に、「海を荒らすのはどういうつもりか」と問うたとき、海賊はすこしも臆すところなく、「陛下が全世界を荒らすのと同じです。ただ、わたしは小さい舟でするので盗賊とよばれ、陛下は大艦隊でなさるので、皇帝とよばれるだけです」と答えたのである（『神の国』第四巻・第四章）。

しかし、帝国に対するこのようなネガティヴな見方は、イエス、パウロ、その他初期の教父に共通するものだといえます。彼らは帝国に抵抗したりはしなかった。たんに、「悪しき者に逆らうな」、「カエサルのものはカエサルへ」、という消極的服従の姿勢をとっただけです。(5) というのも、「神の国は近づいた、悔い改めて福音を信じなさい」というイエスの言葉が示すように、終末が近づいていると考えられていたからです。

終末がすぐには来ないことを認めた時点で、考えが変わってきます。ある意味で、そのときに、「キリスト教」が始まったともいえます。神の国に関して、キリスト教会はつぎのように考えるようになりました。神の国は終末とともに到来するのではなく、すでに到来している、というのです。聖書にも「神の国はすでに来ている」という教えが見出される。すると、神の国は教会を中心にして広がる世界だということになります。

しかし、このような考えは、帝国からの迫害を招きました。そこで、教父エウセビオスらは、神の国は帝国と同時に並行して存在するという見方を唱えました。帝国のほうでも、集権化のために各地の神々を越える超越神が必要でした。その結果、帝国は自らの体制を固めるためにキリスト教を承認し国教としたわけです。

この中で、キリスト教を国家宗教とし皇帝に優越するものとしたのは、司教アンブロージウスです。異教派が、西ローマ帝国がゴート族によって征服されてしまったのはキリスト教のせいだと非難したのは、むしろこのためです。アウグスティヌスが『神の国』を書いたのは、その時点です。彼が批判したのは、異教派だけではない。アンブロージウスのように、キリスト教を国家宗教と見なすような考えです。

帝国は盗賊団だということによって、アウグスティヌスは、キリスト教が帝国を正当化するようなものでは決してありえない、と明言したのです。しかし、それは必ずしも帝国を全面的に否定することではなかった。彼はつぎのように述べています。ローマ帝国が栄えたのは、古いローマの神々のおかげではない。ローマ帝国が栄えたのは、ローマ人の「道徳的卓越性」によってであり、それが滅んだのは彼らが道徳的に堕落したからだ、というのです。これはたんに個々人の道徳性を意味しているのではなく、帝国そのもののあり方を意味します。帝国が栄えるのは「帝国の原理」を発揮しているかぎりであり、それが無くなれば滅んでしまう、ということです。

この意味で、アウグスティヌスは、帝国の存在を肯定したのです。もちろん帝国に対する否定的な態度は変わりませんが、たんに否定するのではなく、帝国という現実を、神の救済史という観点から歴史的に意味づけようとしたのです。彼は人間の社会の歴史をつぎのように見ています。以下、彼がいう「家」は氏族・部族社会、「都市」は国家（キウィタスあるいはポリス）、そして、「世界」は帝国あるいはコスモポリスを指すと考えればよいでしょう。

人間の社会は家からはじまって、そこから都市へと進み、そして世界へと至るのである。まったく世界は水の合流のようであって、それが大きければ大きいほど、それだけに多くの危険に満ちている。この段階においては、何よりもまず言語の相違が人間と人間とを遠ざける。（中略）また、強大な力をもつ国家は、征服した民族に軛《くびき》を課するだけでなく、平和的友好的方法によって自国の言語を課そうと骨折ったのであった。（中略）これはほんとうである。しかし、いかに多くの、そしてどれほど大きな戦闘によって、いかに多くの人間の殺戮によって、どれほど人間の血が流されることによって、このことが成し遂げられたことか。これらの戦闘は過去のものとなっている。しかし、それらの悲惨は終わってはいない。というのは、つねに戦闘がなされてきた、そしていまもなされている敵対する外国の民は欠けることがなかったし、いまも欠けてはいないけれども、すくなくとも、帝国の広大さそれ自身がいっそう悪質な戦闘、すなわち同盟者間の戦いや内乱を惹き起こしてきたからであって、(中略)それによって人類はいっそう惨めに動揺させられるのである(『神の国』第一九巻・第七章、傍点引用者)。

帝国が形成されるまでに実に悲惨な過程があった。それは今もあり、将来にもある。その意味で、帝国は巨大な盗賊団にすぎない。確かにその通りです。しかし、それは、人間が各地に散在していた氏族社会の段階から相互に結びついてコスモポリスにいたる過程において避けられないことではないか。神の国が形成されるとしても、それは現実的な社会の歴史の上においてのみ可能である。神の意志(摂理)は突然の終末によって示されるのではなく、歴史的な過程を通して示されるのだ、というのがアウグスティヌスの見解です。

事実、キリスト教は帝国と無縁ではなかった。そもそもユダヤ教の中からキリスト教が生まれ諸民族に広がったのは、ローマ帝国においてです。帝国の原理がそれを可能にしたのです。それ以前も同じです。ユダヤ教が普遍宗教となったのはバビロン捕囚の経験を通してですが、彼らを捕囚から解放し一定の自治権を与えたのは、ペルシア帝国でした。その後、ヘレニズム帝国、さらに、ローマ帝国の中で、ユダヤ教は変容していきました。キリスト教がユダヤ教の一派として生まれたのは、そのような環境においてです。

この意味で、普遍宗教は帝国から生まれてきたといえます。もちろん普遍宗教は帝国あるいは国家を斥けるものです。が、もし帝国形成という歴史的過程がなければ、諸部族あるいは都市国家は孤立的に散在して、それぞれの神々を信じていただけでしょう。したがって、世界帝国こそが世界宗教をもたらしたのです。アウグスティヌスは、帝国は盗賊団だと言い放ったにもかかわらず、その点を認識していました。神の国を唱えながら、彼はそれを現実の国家とは別の次元に想定しなかった。つまり、神の国は、彼岸あるいは終末にあるのではなく、現にこの世に存在するのでなければならない。

彼の理論では、地の国が「自己愛」に立脚する社会であるのに対して、神の国は「神への愛」ないしは隣人愛によって成立する社会です。そして、この二つの「国」は重なり混じりあいながら、存在する。神の国は地の国に従属することもなければ、依存することもない。それは、ポリス(地の国)のような限界や境界をもたない、コスモポリスです。現実に諸国家が存在する一方で、神の国は、それらと重なりあいながら存在し、それらに徐々に浸透していく。

西ローマ帝国は滅んだけれども、ヨーロッパには以上のような理念が残りました。「神の国」とは、具体的にいえば、ローマ教会を中心とする世界です。それが、政治的には四分五裂状態にあった西ヨーロッパを統合するものとして機能した。教会の存続が、その意味で、「帝国」を保存させたのです。

くりかえすと、西ローマ帝国の滅亡後、ヨーロッパには帝国が成立しなかった。もちろん、フランク王国のシャルルマーニュがローマ帝国皇帝となったし、その後には、神聖ローマ帝国がありました。しかし、これらはローマ教会の主導性なしにはありえなかったのです。実際には、多くの王や諸侯が独立し競合的に存在していました。皇帝は有力な諸侯(選帝侯)によって選ばれるものでしかなかった。西ヨーロッパが一定の同一的な輪郭を保ちえたのは、政治的な国家としてではなく、教会と法(自然法)によってです。その意味で、帝国はローマ教会として残ったのです。

西ヨーロッパでは、ローマ帝国を政治的に再建しようとする動きがナチスの「第三帝国」にいたるまで止むことがなかったのですが、それは「帝国主義」にしかならなかった。つまり、「盗賊団」でしかなかった。その一方で、ヨーロッパでは、帝国の原理は国家ではなく、教会の側に残ったということができます。そして、これは、ヨーロッパから生まれた近代の主権国家という観念を乗り越えようとした人たちが、明示的にであれ暗黙裡にであれ、つねに参照してきたものです。それについては、最後に論じるつもりです。

第4章　東アジアの帝国

1 秦帝国

私はローマ帝国、さらに、その前のヘレニズム帝国がいかにペルシア帝国に負うものであるかを示しました。その意味で、帝国の原理は〝アジア〟から出てきたのです。しかし、西アジアに関して、帝国の形成過程を考えることは難しい。一つには、それに関する史料が少ないからです。たとえば、ペルシア帝国の前身である、メソポタミアの諸帝国(ヒッタイト、アッシリア、バビロニアなど)を形成したのが遊牧民部族であることはわかっていますが、その過程がわからない。ヘロドトスの『歴史』や旧約聖書のような間接的史料に依拠するしかありません。また、ユーラシア大陸だけでなく、アメリカ大陸、すなわち、メソアメリカと中央アンデスにも広域国家が形成されています。しかし、それがどのようなものであり、いついかにして形成されたかといえば、考古学的に推測するほかすべがありません。

ところが、中国に関しては、豊富な史料(遺跡・文献)があります。だから、帝国について考えるためには、中国のケースを見るのが最も適切だということは明らかです。同時に、注意すべきことがあります。史料がかくも潤沢だということは、そこにたんに帝国があっただけでなく、それが特異な性質をもつものであったことを示しています。すなわち、帝国の歴史が王朝史になっているのです。ゆえに、帝国について考えるために、中国の歴史を参照すると同時に、「中国史」という観点から離れて見る必要があります。それについては後で述べます。

中国の国家社会は、夏王朝、その後、紀元前一〇五〇年ごろまでが殷王朝、さらに、西周王朝、東周王朝が続いたと考えられます。殷・西周時代は専制国家ではなくて、多数の都市国家の連合体でした。それは、この時期、王がまだ首長のようなものであったこと、いいかえれば、互酬制が強く残っていたことを意味します。また、殷・西周は黄河流域にしかなかった。東周においてはじめて、長江流域をふくめて、多くの国々が分立し抗争する状態になった。そのような春秋戦国時代を経て、秦の始皇帝による帝国が形成されたのです。それは次のような理由で、ペルシア帝国と匹敵する世界史的な意義をもちます。

古代に関して、四大文明は四大河川の河口に始まったと考えられてきました。ナイル川、ティグリス・ユーフラテス川、インダス川、黄河。しかし、近年では、水田稲作にもとづく長江の文明を、畑作にもとづく黄河の文明と別に見るようになっています。そうすると、「五大文明」ということになるわけですが、それはさておき、秦帝国が黄河と長江という異質な二文明を統合するものであったということは明らかです。それは、ペルシア帝国がメソポタミア（ティグリス・ユーフラテス川）とエジプト（ナイル川）という二つの文明を統合するものであったことに対応するものです。ちなみに、アレクサンドロスはインダス川に到達することでペルシアを越える世界帝国を創ったわけです。その意味では、チンギス・ハーン（ジンギスカン）は五大河川に発する世界をすべて統合する世界帝国を創った、ということができるでしょう。

私が秦漢王朝を帝国と呼ぶのは、たんに広域国家だからではなく、この時期まで異質であった文明を統合したからです。それは、生産技術や軍事力というようなものだけでは不可能です。この変化において重要だったのは、実は「思想」です。そして、それを可能にした前提は、周王朝の時期に、漢字が共通言語として用いられるようになったことです。周の末期に「諸子百家」が輩出したのも、漢字による記録や著作が累積されていたからです。

漢字は、「帝国」の言語となるにふさわしい文字です。なぜなら、音声と無関係に、文字によって意志伝達が可能になるからです。たとえば、一七世紀にライプニッツは、諸言語を越えた普遍的な記号論理を考案したのですが、そのとき漢字をモデルにしました。彼はまた『易経』の陰陽原理から、二進法の計算術を考えた。それが今日コンピュータとして一般化したわけです。ライプニッツが中国に見出したのは、もっと根本的に「帝国」の問題だったのですが、それについては後述します。

漢字はまた、中国における「帝国」の連続性を保証する要因の一つです。いかに言語の異なる民族が支配することになっても、彼らは、文字言語の同一性を通して、同一化されていったからです。中国で「文化」が第一に意味するのは、そのこと、すなわち、文字を使うようになることです。それは英語でいう culture とは異質です。culture が農耕 agriculture とつながるのに対して、「文化」は civilization（文明）に類似するものです。(1)

周は、氏族的原理にもとづく首長制連合国家でした。それが解体され、中央集権的な体制が形成されるまでの過程が、春秋戦国時代と呼ばれる時代です。秦の始皇帝がこの戦国時代に終止符を打ったのですが、それはたんに軍事的征服という問題ではなかった。先に私は、古代の専制国家＝帝国をもたらしたのは、自然を支配する技術よりも、人間的自然を統治する技術だと述べました。そして、この技術は物質的なものではなく、いわば「思想」としてあらわれた、と。というのは、この技術とは、突きつめると、交換様式A（互酬）を越えることであったからです。

互酬原理は氏族社会を律するものですが、それは国家社会になっても残ります。その場合、互酬原理は、血縁や地縁による共同体の支配、あるいは豪族らの独立・割拠・抗争を支えるものとして働きます。それが中央集権の成立を妨げる。互酬原理はまた、呪術的な宗教の根底にあります。呪術とは、ウェーバーのいう「神強制」、つまり、神に贈与することによって神にお返しを強いることです。その結果、祭司の権力が強くなります。古代に集権的な国家を創るためには、多数の豪族や祭司を制圧しなければならない。それは武力だけではできません。そのためには、何よりも、それらを支える互酬性の原理を克服する必要があったのです。それを果たしたのが「思想家」です。

そのことがはっきりわかるのは、中国で「諸子百家」が出現した時代です。むろん、これに似た状況は、メソポタミアにもインドにもあった。ただ、十分な記録が残っていないのです。そのため、ギリシアの思想家たち、さらに、ヘブライの思想家たちが注目されますが、それらは帝国を考える材料にはなりません。一方、中国には豊富な史料が残っています。古代帝国の形成過程において、中国にあったものと似たような事態が世界各地にあったはずです。それを考えるためには中国の例を参照すべきなのです。

中国で諸子百家が輩出したのは、都市国家が争った春秋戦国時代です。彼らは諸国をまわって、自分たちの思想を説いた。史料の上では、諸子百家の中で、孔子が最初にあらわれた人物(前四七九年頃死去)です。『老子道徳経』が書かれたのは、孔子よりはるかあと、前四世紀、孟子とほぼ同時代です。しかし、老子が孔子に先行したという説もあります。たとえば、漢代の歴史家、司馬遷は『史記』で、孔子が老子に教えを乞うた話を記しています。ただ司馬遷も、老子のような人物が数世紀にわたって三人存在した、と推測しています。ある意味で、私もこの見方に賛成です。

最初に老子がいた。それを老子1と呼ぶことにします。彼は「無為自然」を説きました。しかし、それは老子2ないし老子3によって書かれた『老子道徳経』のそれとは別のものです。老子1は、むしろこの時代の思想家に共通する根本的な「態度」をあらわすものです。その意味でなら、老子は孔子に先行した、と考えてよいわけです。

「無為」とは、「為」を否定することです。「為」は、いわば、力による強制を意味します。どのような力か。一つは呪力による強制であり、いいかえれば、氏族社会の伝統である互酬原理です。もう一つは武力による強制です。これは、氏族社会の崩壊とともに露出したものです。老子1がいう「無為」は、それらのいずれをも斥けるものです。この意味での「無為」は、道家(老荘)だけでなく、儒家にも法家にも共通する態度です。無為とは呪力と武力に頼らないことです。「思想」の力が成り立つのは、そこにおいてです。また、そのかぎりで、思想家が力をもったのです。

孔子は暴力による統治を否定し、「礼」と「仁」による統治を唱えました。また、彼は呪術による統治を斥けた。たとえば、「怪力乱神を語らず」といい、「未だ生を知らず、焉んぞ死を知らん」と言い放ったのです(『論語』)。つまり、孔子は、暴力と呪力という「為」を否定しようとしたわけです。したがって、孔子は、『老子』で作為性を非難されているけれども、老子とは違った意味で「無為」を追求したといえるのです。

つぎに、儒家と対照的に見える法家について述べておきます。法家は、文字通り法治主義を唱えたのですが、それは被支配者を法によって厳重に取り締まるということではなく、むしろ権力を恣意的に濫用する支配者(豪族ら)を法によって抑えることです。「純粋法学」を唱えたオーストリアの法学者ハンス・ケルゼンは、法を、国家によって人を縛るものではなく、そもそも国家を縛るものだと考えたのですが、ある意味で、そのような考えを最初に提起したのが法家です。法家によれば、法は、支配者、特に王自身が真っ先に従うべきものです。そうすれば、臣下も自然に法に従うことになる。君主は「無為」でよい、ということになります。

戦国時代に入って有力になったのは、法家です。たとえば、諸国の中でも西の辺境にあった後進的な秦を急激に強国にしたのは、宰相の商鞅《しょうおう》ですが、彼は秦王の「賢人公募」に応じて秦にやってきた法家の学者です。商鞅は、「法」による統治という考えを貫いた。この法治主義は、被支配者を法によって取り締まるということではなく、むしろ権力を恣意的に濫用する支配者(豪族ら)を法によって抑えることです。それが集権化のために何よりも必要だったのです。たとえば、商鞅は、法を破った王の兄を鼻を削ぐという刑に処した。以後、人々は自然に法に従うようになった。これがいわば、法家における「無為自然」です。

さらに、商鞅は氏族(世帯共同体)を家族に分解し、小農を単位とする社会を創った。これは「商鞅変法《へんぽう》」と呼ばれていますが、これによって、税と徴兵を確保したわけです。

秦が強国となり、さらに全国を統一する帝国となったのは、このような改革を通じてです。要するに、帝国はたんに武力によって形成されるのではない。いわば「思想」が必要なした国家というようなものではない。帝国が形成されるには、いわば「思想」が必要なのです。商鞅が行ったのは、一言でいえば、旧来の氏族的共同体を根本的に解体することです。

秦帝国は中央集権的であり、全国を「郡県制」によって統治しました。それは各地を支配していた豪族に代わって、中央から官吏を派遣するものです。始皇帝が行った政策の多くは、ペルシア帝国でなされたことと共通しています。道路、駅逓など通信制度、度量衡、貨幣の統一などの経済政策。これによって、中央集権的な制御を確保するとともに、地域的な閉鎖性を越えた交易の拡大を実現した。いいかえれば、それは交換様式Cの発展をもたらした。しかし、このような政策の根底にあるのは、交換様式Bを貫徹するという考えです。それは、血縁関係、人格的な主従関係を越えた「法」による支配を実現することです。いいかえれば、交換様式Aを払拭すること。それが法家の思想の核心です。

秦帝国が導入した郡県制は、周代にあった封建制とどう違うのか。これはたんに中央集権的か、地方分権的かというような外形では区別できません。違いは何よりも、互酬原理が残っているかどうかにあります。周代の封建制では、「封」に伴う、個人の主従関係が軸になっていた。それが、諸地域に国家が乱立する戦国時代に帰結したわけです。それに対して、戦国時代の覇者となった秦王朝がとった郡県制では、官吏が中央から各地に派遣されます。官僚は皇帝、というより、非人格的な法に従う。つまり、旧来の互酬性に根ざす諸権力を一掃することが、法家あるいは秦の始皇帝がめざしたことです。

以上で、中国の帝国に関して、法家が果たした役割がわかります。おそらく西アジアで帝国が生まれた過程にも、同じようなことがあったはずです。たとえば、「目には目を」という言葉がある。これはもっぱら旧約聖書に出てくる詞として知られていますが、もっと前に、バビロニアの「ハムラビ法典」に見出されます。しかも、それは元来シュメールにあったものです。「目には目を」というのは、報復を勧めるものではありません。目をやられたら、目をやり返してよいが、それ以上はだめだ、ということです。それは今日、罪刑法定主義と呼ばれる考えです。この意味で、「法」は、報復の連鎖的増幅、すなわちネガティブな互酬性を禁じるものです。

「法」とは、それまでの互酬的なあり方を否定し、等価交換を承認することです。ギリシアのポリスでも、報復を否定する意味での法が定着するまでには時間がかかっています。また、哲学者らがそれについて興味深い議論をしています。では、シュメールではどうであったか。「目には目を」というような考えを、ひとが簡単に思いつくわけがありません。だから、シュメールにも、法家のような思想家がいたはずです。同時に、それに対立するような思想家も。すなわち、「諸子百家」がいたはずなのです。しかし、その記録は不十分だといえます。少なくとも、中国にくらべればそうです。私が先ほど、史料がない、といったのは、そのことです。一方、中国には豊富な史料が残っている。だから、一般に専制国家あるいは帝国がいかに形成されたかを、たんなる外形からではなく見るためには、中国の例を参照するほかない、と私は思います。

2　漢帝国

秦王朝は、韓非子に代表される法家の原理によって樹立されました。そして、始皇帝は儒家をはじめとする「百家」を弾圧した。しかし、この王朝は始皇帝の死とともに終ってしまいました。このことは、法家の理論によっては、持続的な国家体制を形成できないということを意味します。互酬的な人格的関係を廃棄することは、容易ではありません。その証拠に、商鞅や韓非子のような法家の思想家は、彼らの先行者である呉起《ごき》(兵家として『呉子』をあらわしたことで知られる)もふくめて、非業《ひごう》の死を遂げています。

その後に形成された漢王朝では、高祖(劉邦)は、都の長安周辺など重要地域には郡県制を敷きながら、他方で、一族・功臣を各地に封じ、従来通りの諸侯王国を作らせる、折衷的な「郡国制」を実施しました。しかし、それは、同族による反乱と混乱を招いた。

高祖はいわば、交換様式Aを回復することによって、交換様式Bを補完しようとしたのですが、それが集権的体制を崩壊させる危機をもたらしたわけです。

帝国を維持するためには、ある意味で、交換様式Bを越えるものが必要ですが、それはたんなる交換様式Aではなく、それ以上の何かでなければならない。それが交換様式Dです。各地の帝国が普遍宗教を導入したのは、そのためです。ペルシア帝国では、アフラマズダ神を仰ぐゾロアスターの教えが採用された。これは元々、神官とも王権とも無縁であった者がもたらした、おそらく世界最初の普遍宗教だといっていいでしょう。ローマ帝国でキリスト教が国教として承認されたことも、同じ意味をもちます。漢帝国で儒教が国家教学となったことも、そう考えてよいと思います。

秦帝国では、法家以外の思想は弾圧されました。しかし、漢王朝で儒教が公認され国家教学となったとき、それ以外のものを排除することにはならなかった。というのは、漢代の儒教は、春秋戦国時代にあったものとは本質的に異なっており、法家をふくむ他派の思想を取り入れていたからです。といっても、儒教が漢代になって急に変わったのではありません。儒教の変化はすでに戦国時代に生じています。

戦国時代では「文治」を説く儒教は無力になりました。武力が圧倒するようになったからです。その中で、孔子を革命的な思想家として読みかえたのが孟子です。孟子が強調したのは、天の超越性です。彼の考えでは、君主は、絶対者たる「天」の委任によってて、人民のために人民を支配する存在として「天子」である。もっと重要なのは、天命とは、実は民意だという考えです。君主の正統性は、血統ではなく天命にもとづく。これはヨーロッパの絶対王政における王権神授説と似ているように見えますが、つぎの点で異なります。天命とは人民の意志である。ゆえに、民意に支持されない王は天命をもたないから、そのような王朝は滅ぼされてよい。これが「易姓革命《えきせい》」と呼ばれる、王朝交替の革命を正当化する観念なのです。孟子はまた、たんに徳を唱えるだけでなく、それを経済的な次元で考え、具体的な方法(井田法《せいでん》)を唱えました。

しかし、このような孟子の考えが儒教の核心となるのは、もっと後世です。戦国時代に対応し且つ影響力をもった儒者は、むしろ荀子でした。孟子が「性善説」をとったのに対して、荀子は「性悪説」をとった。人間の生まれつきの性質や感情に任せると、必ず互いに奪い合うようになり、社会的条理が破られ、世界は混乱に陥る。このような認識は、法家と同じです。ただ、荀子はそれに対して、「法」ではなく、「礼」をもってきた。つまり、教師による規範の感化や礼義による指導が必要だ、というのです。また、孟子では、先王(聖人)の時代が理想化されましたが、荀子は、後王は、先王と同じ尊厳をもつと考えた。これは、「後王作礼」を正当化するものです。ゆえに、彼の門下から、のちに法家を代表する思想家、韓非子が出たのです。

儒家は漢王朝において支配的となったのですが、別に法家を斥けたわけではありません。儒教はすでに荀子において、法家と共通する認識をもっていたからです。さらに、興味深いことに、漢帝国の初期、同族による反乱が鎮圧された後、老子の「無為」の思想が国家的な教義として採用されましたが、これも法家に全面的にとってかわるようなものではなかった。老荘は本来、国家を拒否する思想ですが、戦国時代には変容していたのです。先に述べたように、法家も老子の考えを活用していました。つまり、法が実現されれば、支配者は「無為」でよい、という考えです。漢代では、それは、政府が「無為」であることがよいという考え、政策としてのレッセフェール(自由放任)という考えになったわけです。

たとえば、秦の始皇帝は国家強権によって貨幣の統一をはかったのですが、それをどうしても果たせなかった。一方、漢王朝は膨大な金を保有していましたが、自ら通貨を作るかわりに、それを準備金として、民間に通貨を自由鋳造させた。それによって、一挙に雑多な貨幣を駆逐したといわれます。これは、交換様式でいえば、Cの次元を解放することです。このような政策をレッセフェールと呼ぶのは、誇張でも比喩でもありません。一八世紀にフランスの重農主義者、フランソワ・ケネーがレッセフェールを唱えたとき、この言葉を老子の「無為」から着想したのです。なお、ケネーは「ヨーロッパの儒家」とも呼ばれました。これは、一八世紀のヨーロッパ啓蒙主義者が中国文明を範として仰いだ事実を示す一例です。

しかし、漢代では、今日でも同じことですが、レッセフェールの結果、生産力が急激に成長したものの、階級分解が生じ、また、各地の諸侯が勢威をふるうようになりました。それに対して、武帝はあらためて中央集権化をはかったわけですが、その際、法家ではなく、儒家の教えを帝国の原理として取り入れたのです。儒学も本来、老子に劣らず、集権的な国家に対立する思想であり、だからこそ、秦の始皇帝によって「焚書坑儒」の目にあったのですが、この時期には、董仲舒《とうちゅうじょ》(前一七六?—一〇四?)のような儒者によって、帝国の原理として再編されたわけです。

董仲舒の儒教は、多様な儒教思想を総合するだけでなく、それまでの諸子百家の議論を総合したものです。その意味で「帝国」を基礎づける思想であるということができます。漢の武帝がこのような儒教を国教化したことは、たんに漢王朝にとどまらない、画期的な意味をもちました。

第一に、それはさまざまな社会を包摂し統治する帝国の原理を与えた、ということです。一口でいえば、それは文化です。先に私は、中国において「文化」は culture ではなく civilization であると述べました。帝国では、civilization が一般的で規範的ですが、それを受け入れさえすれば、各地のさまざまな culture も許容されます。それはちょうど、文字(漢字)で書かれるときは同一であるが、音声的には各地でさまざまである、ということと対応しています。ここから、「華夷」、つまり、文化 civilization の度合にもとづく差別が生じます。しかし、これはまた、帝国がつねに「夷」あるいは異文化を包摂するシステムであることを意味するのです。

第二に、漢の儒教は王朝の正統性 legitimacy を意味づけた。「天命」の観念がそれです。その後も多くの王朝が続きますが、どの王朝も存在するために、この正統性を追求せざるをえなかった。さもなければ、王朝を打倒する勢力に正統性が付与されるからです。先に私は、専制国家は「福祉国家」であるといいましたが、それはこのような理念の強制があるからです。実行しえたかどうかは別としても、これは、中国歴代の王朝に課された至上命令です。

漢王朝が前王朝で弾圧されてきた儒教を帝国の原理として採用したことは、数世紀後にローマ帝国でそれまで弾圧してきたキリスト教を国教としたことと類似します。いずれも、帝国が存続するためには、「正義」が必要であった、ということです。しかし、類似するとはいえ、それらの差異もまた大きい。儒教は宗教というより、根本的に官僚制と結びついた学問(儒学)なのです。

したがって、漢の儒教がもたらした第三の点は、官僚制を確立させたことです。武帝の下で、董仲舒は、五経博士《ごきょうはかせ》を置き大学を設けることを提議した。これは一種の官吏養成所で、特に高官の子弟がここで教育されました。科挙が始まるのは隋唐王朝からで、それが完成したのは宋代ですが、官僚制の基盤は武帝の時期に確立された、といえます。

王朝が変わっても、官僚制は不変です。逆に、官僚制が残るかぎり、それを支える儒教の思想も残ります。

そこで、先ほど述べた易姓革命の観念が重大な意味をもつようになります。第一に、王朝の交替において、そのつど、正統性が問われるようになる。中国では、王朝の歴史が書かれ、且つ、保存されます。王朝の交替とともに官僚(史官)が前王朝にあったことを整理し総括するような歴史を書く。このような歴史編纂の態度が確立されたのは、漢の武帝の下にいた司馬遷からです。それまでも、諸国家の史官によって歴史が書かれていましたが、公的な文書記録の集成にとどまった。一方、司馬遷が書いた『史記』はむしろ個人的な著作であり、歴史全体、世界全体を見直すものです。その中では、武帝のみならず孔子も相対化されています。が、司馬遷のそのような行為を可能にしたのは、武帝の時期に形成された儒教の枠組であるといえます。「天命」という超越的な観念が、武帝のような専制君主を相対化したのです。

第二に、天命あるいは易姓革命という観念が重要なのは、のちに、外部からやってきた異民族の征服者にも適用されたからです。王朝の正統性は、血統とは別です。誰があるいはどの民族が支配するかではなく、それが帝国の原理を満たすか否か、また、政治的な統一によって安定・平和・繁栄をもたらすか否かによって判断される。満州族が築いた清朝も、そのような条件を満たしたがゆえに正統性を得たわけです。

たとえば、ライプニッツは清王朝の康熙帝《こうき》について、つぎのように記しています。

ところでここに誰しも驚嘆することがらがある。かくも広大な帝国の主権者であり、人間のもちうる権限を遥かに越えた神のような存在になり自らの命令であらゆることを起こさせうる中国皇帝が、それにもかかわらず徳と知を身につけるために断えざる精進を続け、法に対する尊敬の心と賢者に対する敬意の念において臣下を遥かに凌駕することを、人間の中の最高たる自らの地位にふさわしいと考えた事実がそれである。現在においてすべての権力をもっている偉大な皇帝が、後代の人間に対して宗教的なまでの恐れを抱き、ヨーロッパの皇帝が等族会議や議会を気にする以上に、正史に載せられるであろう記述を気にし、皇帝の治世を記すための材料の蒐集を任とする史官が、後世のそしりをよぶ恐れのある記録を、いったん密封されれば誰も手が触れられない箱にしまい込みはしないかと真剣にうれえているのをみることほど報告のしがいのあることが他にあるだろうか(「最新中国情報」『ライプニッツ著作集10　中国学・地質学・普遍学』)。

ライプニッツを驚嘆させたのは、漢以後、帝国を深く規定してきた超越的な「天」の観念です。皇帝は天によって審判される。しかも、たんに観念ではなく、現実に史官によって審判されるのです。ちなみに、中国では歴史編纂において、司馬遷の『史記』以来の「紀伝体」の体裁が一貫して継承されてきました。すなわち、「本紀」、「表」、「書」、「世家」、「列伝」という史書の構成です。この体裁は、今日でも通史、地方史編纂にも維持されています。さらに、歴史編修がもつ意義も変わっていない。共産党政権もまた、歴史家たちの審判を免れません。

この結果、中国では、帝国が、多くの支配者の交替があったにもかかわらず、漢以後、そして、それ以前からも、連続的なものと見なされるようになりました。西アジアでなら、たんに帝国の交替と見なされることが、ここでは、同一の帝国の中の王朝の交替として観念されたのです。たとえば、ヘレニズム帝国やローマ帝国は、ペルシア帝国の諸制度を受け継いだのですが、そのことが忘れられた。ペルシア帝国は「東洋」で、ヘレニズム以後の帝国は「西洋」だということになってしまったからです。

中国の歴史に鑑みれば、この過程はむしろ、アジア(メソポタミア・エジプト)の「帝国」の中での王朝の交替、いわば、「ペルシア王朝」、「ヘレニズム王朝」、「ローマ王朝」という交替として見たほうがいいのです。西アジア地域に関して、ヘロドトスや旧約聖書を除いて、まともな歴史が書かれていないのは、前代の帝国を襲う正統性を問う観念がなく、そのため歴史を書くこと、あるいは史料を保存することがなされなかったからです。

一方、東アジア地域に関しては、逆の問題が生じます。現実に帝国が交替しているのに、それを王朝の交替として見るため、帝国として見る視点が無くなってしまうということです。たとえば、元は中国の王朝であるだけではなく、モンゴル世界帝国の一部です。このことは、中華王朝史の観念、もしくは、近代の国民国家の観念にもとづくと無視されてしまう。そうなると、やはり帝国のもつ意義が見失われます。

したがって、一方で、中国史にもとづくとともに、それを越えて帝国を考える必要があります。むしろ、それによって「中国史」も違って見えてくるはずです。たとえば、中国史では、秦漢帝国、隋唐帝国、元清帝国があった。それらはさまざまな意味で、異質なのです。しかし、そのことは中国史の内部だけでは理解できない。すなわち、同時代の「世界」と切り離しては理解できません。

3 隋唐帝国

秦漢帝国は、中国各地の多様な文明、多様な思想を統合するものでした。それは儒教の下でなされた。しかし、漢代の儒教は集権的な国家体制に適合するイデオロギーとなったため、春秋戦国時代にあった諸思想の重要な点を喪失しています。したがって、漢以後の儒家は、漢代の儒家が失ったものを取り返そうとした。一言でいえば、それは孟子の思想を重視することです。

孟子は周の時代にあった制度を回復することを提唱しました。それは、土地の均等な私的所有と共同所有を組み合わせた「井田法」です。漢王朝では、これは実行されなかった。それを実行したのは、のちに、遊牧民が創った北魏、そしてそれを受け継いだ隋唐王朝においてです。それ以後も、中国の「革命」思想の多くは、土地の共同所有という観念にもとづいています。その意味で、漢王朝以後に、儒教は息を吹き返したといえます。

しかし、漢王朝崩壊後に息を吹き返したのは、むしろ老荘思想であるといってよいでしょう。漢王朝が採用した老荘思想はむしろ統治者のための思想であって、本来のものとは異なります。老荘のいう「無為自然」は、根本的に国家の否定でした。そして、この考えが漢の末期に表面化してきます。ただし、それは老荘に由来する思想というよりも、民衆の間に広がった宗教だったといえます。それがのちに道教というかたちをとったのです。

具体的にいうと、後漢の末期には、疾病が蔓延し大量の流民が生まれた。その中で、「太平道」を唱えた張角《ちょうかく》が創始した宗教が広がり、それが「黄巾《こうきん》の乱」に発展しました。それによって後漢が崩壊し、いわゆる「三国志」の時代に入ったわけです。太平道はまもなく弾圧されて消滅しましたが、その後、道教につながっていきました。道教では老子を教祖として仰ぎますが、それは正確ではないとしても、必ずしも的外れではありません。

たとえば、秦漢王朝では郡県制の下で、旧来の氏族的共同体は解体され、たんなる行政単位としての「村」になってしまった。そこで、被支配者は自発的に集落を形成しました。それが「塢《う》」と呼ばれる共同体です。もちろん、農民のこのような活動は、何らかの「思想」なしにはありえません。そして、それが統治者の思想である儒家でなく、道家に近いものとなるのは当然です。

儒家も土地の共有による共同体の再建を説きます。それが孟子のいう井田法です。しかし、それは農民の救済というよりも、統治者にとってこそ必要な政策です。統治者はそれによって労働力および兵力を確保することができる。したがって、農民はそのような上からの救済を待たず、むしろ逃亡によって支配に抵抗するか、あるいは、自ら共同体を形成しようとします。こうして、民衆が国家的枠組から自立しようとすれば、「無為自然」を説く老荘に依拠することになります。老荘を知らずとも、自然に老荘に近いことを考える。あるいは、自分らの考えの源泉を老荘に見出す。道教はそのように形成されたわけです。

交換様式の観点から見ると、「塢」のような共同体は、行政によって解体された氏族共同体にあった互酬性を自主的に回復する意味があります。それは、いいかえれば、交換様式Aを高次元で回復すること、つまり、交換様式Dを目指すものです。ゆえに、それは宗教的な形態をとるのです。漢王朝の崩壊以後に起こった反乱は、道教などの宗教的特性、あるいは東洋的社会の特性によって説明して片付けることはできません。このような反乱は千年王国運動の一種であり、キリスト教、仏教、道教を問わず、世界各地に起こったからです。それは、この運動がたんに宗教的ではなく、交換様式Aを高次元で回復する社会運動だということを意味するのです。

中国ではその後も、国家機構とは別に、人々が民間で自治的な共同体、幇《パン》、あるいは「郷里空間」を作るようになった。(2) そして、それが民衆運動として国家機構に刃向かうことになります。そして、それが新たな王朝をもたらす。それらはいつも宗教的な外見を帯びますが、特定の宗教にもとづくとはいえません。たとえば、後漢の「黄巾の乱」は道教でしたが、一四世紀、元帝国の末期に起こった「紅巾の乱」は、仏教(浄土教)につながる白蓮教徒によるものです。この中から頭角をあらわした朱元璋が、逆に、この乱を鎮圧することによって明王朝を開いた。また、一九世紀半ば、キリスト教につながる「太平天国の乱」も清朝の崩壊に貢献したといえます。このように、自治的な民衆組織や流民の反乱から新王朝へという過程がくりかえされた。それは毛沢東による革命にもあてはまります。

このことは、帝国が、あくまで交換様式Bが中心でありながら、A、C、Dの要素を組み込むことによって成り立つということを意味します。その点から見ると、漢王朝は「帝国」を確立したとはいえ、まだその萌芽にすぎなかったといえます。たとえば、漢王朝は外にいる遊牧民の匈奴に悩まされた。それは武力が不足していたからだけでなく、遊牧民を包摂する原理をもたなかったからです。中国に真に帝国といえる王朝が成立したのは、唐においてです。しかし、それが実現されたのは、漢の滅亡以後、辺境にいた遊牧民が中華の内側に入りこんできた、いわゆる「五胡一六国時代」を経たのちです。

この争乱時代は、ひとまず遊牧民の鮮卑《せんぴ》(拓跋《たくばつ》氏)が築いた北魏によって終ります。北魏は遊牧民的な原理を維持しつつ、同時に農耕民国家であろうとした、最初の国家です。農耕民国家とは、中央集権的な官僚体制の確立を意味します。遊牧民国家では、君主はたかだか「同輩の中の第一人者」にすぎません。北魏王朝は、集権制を高めるために、官僚制を強化し、さらに均田制を導入しました。これは一方では、孟子の理想を実現することですが、他方では、それによって、王に並び立つ豪族らの所有地を取り上げ、同時に、農民から租税と兵役を安定的に確保する、王権強化の政策なのです。

その後、隋および唐は、北魏の政策を踏襲しました。隋も唐も北魏の武将だった者が作った、すなわち、遊牧民が作った王朝です。隋唐帝国では、たんに外延が広がっただけではない。それまで外部にあったものが内部化する、いいかえれば、それまで周辺にあったものが中心となることによって、新たな帝国が生まれたのです。宗教に関していえば、重要なのは、これも北魏に始まることですが、仏教が国教として導入され、僧侶が国家官僚となったことです。

隋唐王朝でも仏教が隆盛しました。特に唐では、キリスト教、イスラム教、ユダヤ教などが入ってきました。これは唐が世界帝国となったことを示すものです。それは、部族や民族を越える普遍的な原理を必要としたのです。儒教や道教だけでは不十分でした。仏教はもっと前から中国に入っていましたが、唐代においては、玄奘《げんじょう》(六〇二―六六四)、義浄(六三五―七一三)などがインドに旅行し大量の経典を持ち帰ったこともあって、その受容が本格化しました。それは、老荘的思想の背景の下に解釈されて、中国的な仏教として発展しました。天台宗、華厳宗、浄土宗、そしてとりわけ、禅宗です(3)。

唐代には儒教の発展は見られません。隋唐王朝から科挙の制度が始まったとはいえ、基本的に官僚は貴族層出身でした。儒教が、科挙とともに形成された士大夫階層によって、新たな発展を遂げたのは、宋代です。しかし、そこに生まれた「宋学」は、唐代に席巻した仏教的な知を取り込むことによって初めて可能であったといえます。別の観点からいえば、宋学は唐代に開かれた「世界」を閉じることによって可能であった、ということになります。

唐に関して重要なのは、何よりも、それが遊牧民国家であることを維持した点です。唐の太宗(李世民《りせいみん》)は、遊牧諸部族たちから天可汗《てんかがん》の称号を得ました。つまり、彼は中華の皇帝であるだけでなく遊牧民世界のハーンとなった。このことは、中華王朝の史観ないし近代の「中国史」ではほとんど注意を払われないのですが、世界帝国という観点から見ると、画期的な出来事です。唐は、農耕民世界であった秦漢帝国と遊牧民世界の両方を受け継いだのです。すなわち唐は、遊牧民国家の原理と農耕民国家の原理を統合しようとした。それは、内的な矛盾を抱えることになります。実際、このようなあり方は半世紀ほどしか続かなかったのです。が、唐王朝が滅んだあとも、農民国家と遊牧民国家を統合するという課題が追求されました。

中華王朝の史観では、唐を受け継ぐものは、北宋、そして、その後の南宋だと考えられます。この時期、漢族が南下して開墾し、水稲農業が広がった。農民が土地を所有するようになり、貴族と対等になった。それを象徴的に示すのが、科挙を受験する資格が全人民に与えられたことです。科挙を通して士大夫と呼ばれる知識人階級が生まれ、また、朱子に代表される宋学が生まれた。一方で、皇帝が官僚採用の権限を握り、それまでの貴族の支配を抑えた。そこで内藤湖南は、明・清に中国の「近世」を見るそれまでの通念に反対して、宋代に「近世」を見出し、また、宋で生まれた学問・芸術を西洋のルネッサンスに比定しました。(4)

このことはまた、宋王朝を漢王朝の再建と見ることです。ゆえに、宋は中華王朝の史観では正統的と見なされます。しかし、宋は規模からいっても、帝国とはいいがたい。

また、宋が漢風の文化を純化・発展させたとはいえ、唐にあった国際的な文化を消してしまった。宋を高く評価することは、モンゴル以後を否定することになります。しかし、モンゴルは宋の「近世」を破壊したかもしれないが、別の意味での「近世」をもたらしたというべきです。それは、中国だけでなく、西洋をふくむ全世界に影響を与えるものでした。しかも、モンゴル帝国は、ある意味で唐王朝を受け継いでいたのです(5)。

4　遊牧民の帝国

唐にあった課題を真に受け継いだのは、宋よりも、キタイ(契丹《きったん》)帝国だというべきでしょう。それは、耶律阿保機《やりつあぼき》という人物に代表されます。彼は、九一六年唐滅亡後の混乱に乗じて、契丹国を建て皇帝となった。彼はもともと遊牧民であったキタイの世界に、農耕民国家の原理を持ち込み、複合的な国家を作ろうとしたのです。

ここで、遊牧民国家についてふりかえってみます。遊牧民国家は、それまで長続きしなかった。たとえば、殷や周、それに秦も遊牧民が築いた国家なのですが、彼らは国家を築くやいなや、遊牧民の原理を棄ててしまった。一方、遊牧民の多くは、積極的に国家を形成することがなかった。彼らは外に対しては略奪に終始し、内部では対立抗争がたえずあった。ゆえに、国家を形成できなかったのです。彼らが結集して国家を形成するのは、中央で帝国ができて、彼らの交易を脅かすようになったときです。

こうして、トルコ系の匈奴やウイグルが帝国を築いた。が、彼らは基本的に漢の周辺、つまり、草原地帯にとどまっていました。彼らは形式的に、漢の属国という扱いであっても構わなかったのです。その点で、漢以後の鮮卑は違っていました。先に述べたように、彼らは遊牧民でありつつ、漢の文明を受け入れて国家を形成しようとした。それを受け継いだのが隋で、たとえば、煬帝《ようだい》は黄河と長江の間に運河を建設し、北部と南部をつないだ。唐は隋を受け継ぐものであり、いずれも拓跋氏による王朝です。

くりかえすと、彼らは遊牧民国家と農民国家を統合する複合国家を形成しようとした。しかし、それが伴う内的な矛盾・葛藤をもち続けたわけです。唐の時代にもすでにその葛藤が顕著になっていましたが、唐以後には、それが両極に分解しました。南宋が唐にあった遊牧民国家の要素を払拭する方向に進んだのに対して、キタイ帝国は、遊牧民国家と水稲農民国家の統合を維持しようとしました。そのために内部抗争が絶えず、宋を攻略する余裕がなかった。キタイ帝国は滅亡しましたが、その企図の核心は、むしろ外の草原世界に伝えられたということができます。もちろん、それは中国にも回帰してきました。モンゴル帝国が築いた元王朝として、です。

つぎの明朝では、元の時代を斥ける漢族主義が生じましたが、事実上、モンゴルの制度を受け継いでいます。たとえば、全人口を軍戸と民戸に分けるやり方は、遊牧民と定住民を分けるキタイ帝国以来の二元組織を受け継ぐものです。中華史観では、元は侵入者が築いた王朝であり、一時的なアクシデントにすぎないかのように見なされます。が、モンゴルはたんなる侵入者ではありません。それは、鮮卑、唐、キタイによって受け継がれた「帝国」を受け継ぐものでした。モンゴル帝国、すなわち、その創始者チンギス・ハーンは、明らかにキタイから学んだのです。中国史においては、モンゴルは元王朝ということになります。しかし、モンゴルが作ったのは元だけではない。アラビア・ロシア・ヨーロッパに及ぶ世界帝国です。元の皇帝フビライは、世界帝国全体のハーンとなったのです。(6)

フビライはモンゴル世界帝国の一員でありながら、同時に、中国の皇帝として「天命」に従う義務をもっていました。このような例が中国の歴史になかったわけではありません。実際、一時期の唐王朝がそのようなものであったからです。ただ、モンゴル帝国はアラビアまでとどく桁違いの大帝国です。それは、二〇世紀にいたるまで続いたロシア帝国、オスマン帝国、イラン帝国、ムガール帝国などを生み出した。清朝もその中の一つです。ただ、そのようなモンゴル帝国に注目すると、逆に、それが唐帝国に由来するということが見えなくなってしまいます。

5 モンゴル帝国

どうしてチンギス・ハーンが巨大な帝国を築きえたのでしょうか。そのことをモンゴルの遊牧民社会だけで考えることはできません。岡田英弘は、モンゴル帝国が一直線に膨張を続けた理由を、匈奴以来の遊牧王権の性格に求めて、つぎのようにいいました。《一度成立した王権を維持するためには、君主は部下の遊牧民の戦士たちに絶えず掠奪の機会を与えるか、財物を下賜し続けて、その支持を確保しなければならない。そうでなければ、独立性の強い部下たちは、たちまち他の君主に乗り換えてしまうので、君主としては不断の征服戦争が、部下を満足させるのに一番手っとり早い方法であった》(『世界史の誕生』)。

これはそれまでの遊牧民の征服戦争にはあてはまるでしょう。たとえば、匈奴すなわちフン族のアッチラ王の世界征服がそうです。しかし、これはついに征服・略奪であって、帝国にはならなかった。ゲルマン民族の大移動、西ローマ帝国の崩壊という世界史的な出来事をもたらしたのだから、無意味であったわけではないのですが。しばしばいわれるのは、チンギス・ハーンが極めて残虐であったということです。しかし、実際は、彼は残虐さを誇張して宣伝したようです。その風評を聞いて怖れた人々は無駄な抵抗をしなかった。だから、ほとんど戦闘もしていない。さらに、彼の征服は、略奪ではなく、平和と通商の確立に帰結することが歓迎されました。

チンギスは、世界征服によって平和を実現することを天から与えられた使命だといったそうです。もちろん、これは伝承ですが、人々がそれを信じた、そしてそれが人々を動かしたということは事実です。このような考えは、それまで遊牧民から出てこなかったものです。では、どこから来たか。チンギスがいう使命は、中国にあった君主を越える「天命」の観念から来たといえます。それは、たんなる征服や支配ではなく、広範な通商を可能にするシステムを創り出す使命です。この考えは草原から来たのではなく、いわば唐帝国から来たのです。

もちろん、このような理念だけで征服戦争を行えるわけがありません。モンゴルに関して誰もが注目するのは、軍事力、特に騎馬による機動力です。それは、駅馬による通信網もふくみます。しかしそれなら、他の遊牧民国家にもあったはずです。では、それらを圧倒する力はどこにあったか。それは、唐から得た数々の武器です。その一つは、高性能の攻城用兵器です。もともと中国の国家は、騎馬の遊牧民に対して、歩兵によって対抗したのですが、その武器として弩《ど》を用いた。弩は普通の弓より長射程・高威力です。モンゴルはそれを用いて騎射する戦術をとった。さらに、西方では、攻城包囲戦専門の漢人部隊が編成された。

その意味で、モンゴルは、遊牧民国家の軍事力と専制国家の軍事力を綜合したわけです。ジョゼフ・ニーダムは、古代中国の四大発明として、羅針盤、火薬、紙、印刷をあげました。それらが発展したのは、唐の時代およびその後です。これらがヨーロッパに伝わったことが、さまざまな変化をもたらしたのです。たとえば、火薬は一三世紀にアラビアに広がり、その後ヨーロッパへ伝わった。これを伝えたのがモンゴル世界帝国です。それはまた紙幣を印刷して用いた。このようにモンゴルは、中国の帝国にあったものをその外に持ち出すことによって、近世の世界にいたる大変化をもたらしたのです。

もう一つ大事なのは、モンゴルがたんに陸の帝国にとどまらなかったということです。彼らは羅針盤の技術を活用して海上に進出し、東南アジアからインド洋にいたる海上通商圏を形成しました。もちろん、それは宋の時代にある程度発展していましたが、国家としてそれを推進したのではなかった。しかし、モンゴルは積極的にそれを広げたのです。日本では内藤湖南以来、宋に近代の萌芽があったのにそれを野蛮な遊牧民が破壊したというような考えが支配的で、それが中国にも影響を与えたのですが、杉山正明はそれを批判し、株式会社や為替制度など、近代資本主義を構成する重要な要素が、元の時代に発生・成熟したことの意義を強調しました。さらに、彼はつぎのようにいっています。

> モンゴルは、海も組織化したのである。ここに、本格的な「海の時代」が開かれゆく。かくて、内陸と海岸の両ルートがついに結合し、ユーラシアとアフリカの北部・東海岸を循環する交通体系と、「世界通商圏」ともいうべきものが出現する。クビライ政権の末期には、モンゴルの勢力圏は頂点に達した。まさに陸と海の巨大国家となったのである（『疾駆する草原の征服者――遼 西夏 金 元』）。

つまり、モンゴルは「疾駆する草原の征服者」にとどまらなかった。それは牧と農を統合しただけでなく、陸と海をも統合したのです。中国の海上交易は、唐代にありました。しかし、それはアラビア人によって開かれたものです。元によって、はじめて中国側が中心になった。中国の王朝で、陸と海のパワーの両方を統合したのは、元が始めてで且つ最後であったといえます[7]。

こうして、モンゴル世界帝国は「モンゴルの平和」（パクス・モンゴリカ）をもたらしました。その下で、東南アジアからインド、アラビア、ヨーロッパにいたる交易と生産の発展が可能となった。ヨーロッパでも、ヴェネチアなどのイタリアの都市国家が隆盛し「ルネッサンス」を享受できたのは、それらの都市がモンゴル帝国が作った「世界通商圏」の周辺にあったからこそです。西ヨーロッパで「近代世界システム」が生まれてくるのは、それ以後の話です。

6　モンゴル帝国以後

モンゴル世界帝国はチンギス・ハーンとその息子たちによって作られました。それは次の四大ウルス(国家)からなります。

東アジア、フビライ家の「大元」　　清帝国
中央アジア、チャガタイ家の「チャガタイ・ハーン国」　　ムガール帝国
西アジア、フレグ家の「イル・ハーン国」　　イラン帝国
東ヨーロッパ、ジョチ家の「キプチャク・ハーン国」　　ロシア帝国

これは一見すると、家父長的な血統にもとづく支配です。しかし、チンギスの血統によって統合することは、これまでの部族連合とは違ったものをもたらします。チンギスの血統を重視することは、先に述べたような、チンギスの「使命」を重視することにほかならなかったのです。ハーンは会議での相互承認によって選ばれました。その点では、旧来の部族連合体と同様です。しかし、部族単位に分解されてしまわないような統合性を、チンギスの血統カリスマがもたらした。モンゴルはもともと小さな部族でしたが、

征服された遊牧民部族が〝チンギス〟に従うことで、モンゴル人となったのです。こうして各地で〝モンゴル人〟が続々と生まれた。

交換様式からいうと、モンゴル帝国は二つのものを結合しています。それは交換様式Bと交換様式Aです。つまり、中央集権的であると同時に、部族連合体である。中央集権的な専制国家は、その版図を一定の限度以上に広げることはできません。たとえば、漢は大帝国でしたが、その周辺部、とりわけ匈奴を抑えることはできなかった。唐も同様で、ソグド人安禄山の反乱によって衰退するにいたった。ところが、モンゴル帝国は、各地域では専制国家でありながら、同時に、それらを互酬原理によって統合することができたのです。ゆえに、ここでも、二つの原理の統合があります。

以上の四大ウルスは、のちに、それぞれ、清、ムガール、イラン、ロシアの帝国になっていきました。それらに加えて、トルコ系が作ったオスマン帝国も、広い意味でモンゴル帝国の中に入れることができます。それらに共通するのは、帝国の原理をもっていたことです。たとえば、宗教的・民族的寛容があった。杉山正明はつぎのように書いています。

従来、モンゴル治下の中華本土では、モンゴル・色目・漢人・南人の四階級の身分制度が厳重に守られたと声高にいわれてきた。しかし、事実は途中から復活されたごくささやかな科挙における受験枠にすぎなかった。それを、戦前の日本のある学者が当時の中国社会全体に適用されたように、ほとんど「わざと」いいだし、そのほうがモンゴルの「野蛮なイメージ」にあうからと、他の内外の学者たちも歓迎した(同前)。

これをいいだしたのは、先ほど述べたように、宋に「近代」を見た日本人学者です。そして、それが中国における漢族中心主義(中華主義)を煽ることになったのです。実際は、元の宮廷には商業に従事するイスラム系のイラン人、さらに、『東方見聞録』で知られるマルコ・ポーロのような外国人が大勢いました。ハーンであるフビライにとっては、中国だけでなく西アジア・中央アジアのことが同様に大切であった。そして、元だけでなく、モンゴル帝国ではどこでも、民族的・宗教的な差別がなかったということができます。

モンゴル帝国に対する「中華主義」的な批判に似たものが、アラビアにもあります。現在、アラブ人は、かつてモンゴル人やトルコ人によって築かれた帝国(オスマン)の下で支配されてきた、と考えられています。しかし、これはオスマン帝国が解体される時期に出てきた観念にすぎません。イスラム国家がアラビア地方から出て来た宗教に始まり、それが拡大したものであることは確かですが、それが広大な帝国となりえたのは、イスラム教を民族的なものと切り離すことによってです。

イスラム教の帝国が中東に形成されたのは、アッバース朝においてです。弱小部族のアッバース家は、非アラブのムスリムであったペルシア人の支持を取りつける必要があった。そこでアラブ人の特権を否定し、すべてのムスリムに平等な権利を認めた。それによって、初期のアラブ的国家から、信仰を中核とするイスラム帝国に転換したのです。また、中央集権化をめざしたアッバース朝は、自主性の強いムスリム軍を抑えるために、マムルークと呼ばれる奴隷軍人による常備軍を作った。この結果、アッバース朝は、東西交易、農業灌漑の発展によって繁栄し、首都バグダードは巨大な都市となりました。また、ここで、アラビア、ペルシア、ギリシア、インド、中国などの諸文明の融合がなされ、学問が著しい発展を遂げ、近代科学に多大な影響を与えた、といわれます。

しかし、この帝国はその後、ヨーロッパからの十字軍の侵攻に対してはもちこたえましたが、一二五八年に侵入したモンゴルには、一撃でやられてしまったのです。その結果生まれた各地のイスラム帝国は、モンゴルを斥けて作ったものではありません。モンゴルの支配者がイスラム教に入信することによって生まれたものです。したがって、実質的に、それらはモンゴルの帝国です。また帝国の形成においてイスラム教が不可欠であったことは確かですが、それはむしろ、イスラム教そのものが変わったから可能になったのであり、しかも、その理由はモンゴルに征服されたことにあります。

イスラム教はムハンマド(マホメット)以来、布教＝征服戦争によって、全戦全勝ということで広がった。だから、そこには、ユダヤ教にあったような「神義論」がなかったのです。たとえば戦争で負けると、なぜ神は神を信じる者に敗北を与えるのかという問題が生じます。それに答えるのが神義論です。ヨーロッパからの十字軍の襲来と苦難に直面したときにも、その問題が生じたのですが、深刻なことにはならなかった。

どうやら彼らは誰一人、フランジ(十字軍)との戦争をイスラーム世界とキリスト教世界の叙事詩的な闘争とみなしていなかったようだ——これは十字軍側から見た筋書きだったのだ。二つの文明の衝突どころか、ムスリムにとって十字軍は……文明に……降りかかってきた災難でしかなかった。それは一つには、彼らの目に映るフランジには文明のかけらも認められなかったからだ(タミム・アンサーリー『イスラームから見た「世界史」』)。

しかし、モンゴルの襲来はそれではすまなかったのです。なぜムハンマドの教えに従っているのに、敗北するのか。何がどこでまちがっているのか。そう問わずにはすまなかった。この問いの中でイスラム教そのものが、変わったのです。そこから生まれたのが、サラフィー主義です。この敗北は、ムハンマドの教えを完璧に実現した原初のムスリム共同体が堕落したからだというものです。今日の〝原理主義〟はこのような考え方に根ざしています。

もう一つは、それと対照的なシーア派です。彼らは預言者ムハンマドの従兄弟《いとこ》で娘婿でもあった、殉教者アリーを重視します。シーア派は特にイランで台頭したのですが、それはトルコ・モンゴル系の王がシーア派に転向したからです。イランはもともとペルシアの王朝ですし、アラブとは異質でした。したがって、シーア派はイランに強く残ったわけです。つぎに、以上の二つより重要なのは、神秘主義スーフィズムが一般に台頭したことです。これは神との合一を説くものです。個々人が神と合一するのだから、法学者や神学者は不要です。これが教団国家を否定する考えであることはいうまでもありません。

いずれにしても、モンゴル以後のイスラム帝国は、アラブの部族連合体の拡張であった時期のイスラム教国家とは、レベルが違います。モンゴル帝国はイスラム教によって乗っ取られてしまった。しかし、そのようなイスラム教とは、実はモンゴルの支配によってもたらされたものなのです。一方、イスラム教を受け入れたことは、モンゴル帝国の「原理」を変えることにはならなかった。逆に、それにもとづいて、イスラム帝国が形成されたのです。

モンゴル帝国はたんに中国に新たな帝国をもたらしただけではなく、世界各地に新たな帝国をもたらした。それは近世の世界を形成するものです。そのようにいうことは、必ずしも中国史を離れることではありません。逆に、それは中国史を見直すことになります。なぜなら、モンゴル帝国はモンゴル高原から出てきたのではなく、いわば唐帝国から出てきたものであり、それが中国に回帰してきたのが元王朝なのですから。

第5章

近世の帝国と没落

1　ロシア・オスマン・ムガール帝国

フビライの時期に成立したモンゴルの帝国は、多元的複合的な世界帝国です。それはフビライの死後分裂しましたが、一三〇五年に再統合されました。しかし、中国では元王朝が一三六八年に滅ぼされ、以後、他の地域でも帝国が崩壊しはじめた。ゆえに、モンゴル帝国そのものは終りましたが、ある意味では、その後も続きます。というのも、近世の各地の帝国はすべて、モンゴル帝国に由来するといっても過言ではないからです。

イスラム帝国がモンゴル帝国の結果として生まれたということはすでに述べましたが、それ以外にも直接・間接的にモンゴル帝国の影響を受けた帝国があります。ロシア帝国もその一つです。これは、ギリシア正教の国家としてあたかもビザンツ(東ローマ帝国)を受け継いだかのように見えますが、そうではありません。最初、ロシア(ルシ)はキエフ(キーウ)にありました。それは、バルト海と黒海をつなぐ交易の中心として栄えた都市国家です。ビザンツとのつながりが生じたのは、そのころです。しかし、キエフ公国もその後に発展したモスクワ公国も、とうていロシア帝国を作るようなものではなかった。

ロシア帝国をその後に生み出すような大きな変化は、一二三八年、チンギス・ハーンの孫であるバトゥー・ハーンの軍による征服です。そこでキプチャク・ハーン国が作られ、以後、モンゴルによる統治が二五〇年続きました。この間に、中央集権的な体制が確立され、その版図も巨大化しました。その下でハーンの支持によって強くなったモスクワ公国が、キプチャク・ハーン国をしだいに弱体化させ、一五〇二年に滅ぼしました。ロシア帝国はここに始まります。

この出来事は「タタール(＝モンゴル)のくびき」の終焉だ、といわれます。しかし、それは表層にすぎません。モンゴルの支配が消えたとはいえ、その骨格が「ロシア帝国」として残ったからです。つまり、モンゴルの支配がもたらした中央集権的国家体制と、広大な版図、そして、多民族を包摂する帝国の原理が残った。帝国の原理は、服従すれば保護するという交換(B)にあります。具体的にいえば、服従し納税(貢納)さえすれば、自治的な諸権利が保護されるということです。だから、宗教的・文化的な寛容性があります。

一般に、ロシア帝国はビザンツを受け継いだ帝国であると考えられていますが、それはギリシア正教という面においてだけです。ロシア帝国では他の宗教も許容されました。宗教的寛容は、帝国の原理として不可欠なのです。ビザンツ帝国でも初期には宗教的寛容があったけれども、徐々になくなっていった。むしろその必要がなかった、というべきでしょう。新たに多民族・多国家を包摂するどころか、帝国とは名ばかりの小国家になっていったからです。

ちなみに、西ヨーロッパの神聖ローマ帝国も帝国の原理をもっていません。これはローマ教会によって作られたようなものだから。が、そこから生まれたハプスブルク家の王朝にはむしろ、帝国的な性格があり、宗教的寛容もありました。この王朝はオスマン帝国の侵入を阻止する任務をもっており、オスマンに対抗する過程で、逆にその影響を受けたのです。その意味で、この帝国も、間接的にですが、モンゴル帝国によって形成されたといえます。その後ハプスブルク家が作ったオーストリア＝ハンガリー帝国では、多民族・多宗教が許容されたため、西ヨーロッパの諸国とは根本的に異なる状況が生まれました。

オスマン帝国は、支配者がトルコ系で、モンゴル帝国とは別のものです。しかし、広い意味で、モンゴル帝国を受け継いだといえます。そのことは、オスマン王朝の君主の称号からも明らかです。第一に、スルタンという称号。これは、イスラムの法（シャリーア）の守護者であるということを意味します。第二に、シャーという称号。これは、ペルシアのセルジューク朝を継承することを意味します。第三に、そして、最も重要なのは、ハーンという称号です。これはモンゴル帝国を受け継ぐということです。オスマン帝国の特性はむしろ、ここにあります。

オスマン帝国ではイスラム教が公認されていますが、帝国の原理が優越していました。たとえば、人頭税さえ納めれば、信仰の自由を認められ、土地その他の財産を所有できた。また、ミッレトと呼ばれる信徒の共同体があり、ユダヤ教徒もギリシア正教徒もそれぞれ自律的集団として存在していました。イスラム教の法(シャリーア)だけでなく、スルタンの権威にもとづく世俗法がありました。また、宗教・エスニシティを越えて、国家機構に優秀な人材を抜擢・養成するデヴシルメ制と呼ばれる制度がありました。

つぎに、モンゴル帝国の系譜にあるものとして、インドのムガール帝国をあげておきます。ムガールはモンゴルを意味しますが、実際は、征服者はトルコ系であり、「トルコ人」(トゥルシュカ)と呼ばれていました。また、ムガール帝国は、他のモンゴル的帝国に比べると、その規模が小さい。実際、南インドには及んでいません。ムガールの支配者が出会った最大の困難は、インドにヒンドゥー教が根強くあったことです。イスラム教は厳格な一神教であり、輪廻の観念やカースト制に根本的に敵対するものです。

ところが、宗教的対立は大きな問題とはならなかった。それは、ムガールの支配者がイスラム教を強制しなかったからです。彼らはインド人の宗教や社会慣習には立ち入らなかった。つまり、イスラム教より、「帝国の原理」を優先させたのです。地租を払うかぎり、ヒンドゥー社会の宗教や社会慣習に干渉しなかった。にもかかわらず、イスラム教は民衆の間に広がりました。荒松雄は、多くの人がイスラム教に改宗した理由を二つあげています。一つは、神人合一の境地に達するのを理想とするスーフィズムが、ヒンドゥー教の中世バクティの思想と実践に似ていた、ということです。もう一つは、低いカースト(ヴァルナ)の人たちがすすんで集団的に改宗したということです。

しかし、このような改宗は、カースト制を解体する方向には向かわなかった。むしろ、その逆に、カースト制の強化という結果を招きました。それは、バラモン階層がムスリム支配への不満のはけ口を、カースト意識をいっそう強化するほうに向けたからだ、と荒松雄は推測しています。《こうして、カースト的秩序を少なくとも原理的には否定し拒否するイスラムの信徒たる王権がヒンドゥーの社会をその従属下に置いたときに、(中略)旧来の社会関係と階層意識とを一層強固なものとしていったのではないかと、私は推察する》(『ヒンドゥー教とイスラム教——南アジア史における宗教と社会』)。

他方、ヒンドゥー教がイスラム教と融合するという現象がありました。シーク教がその一例ですが、これは一六世紀、ムガール帝国の初期から始まっています。それはのちに、ムガール帝国に敵対するものになっていきました。といっても、それはイスラム国家体制を、むしろイスラム教的な観点に立って批判するものでした。したがって、ヒンドゥー教徒とイスラム教徒の対立は一九世紀、イギリスの分割統治(Divide and Rule)が始まるまで存在しなかったともいえます。宗教や民族という次元を括弧に入れる「帝国」の原理が、それまで優越していたからです。

以上、大まかにモンゴル帝国の末裔を各地に見てきましたが、最後に取り上げたいのは、清朝です。明朝を征服して建国した満州族の清朝は、当然、元を受け継いでいます。つまり、清朝は、満州人部族を統合するとともに、モンゴルをふくむ遊牧民世界全体を統べるハーンとして、他方で、中国の王朝としての正統性をもとうとしたのです。このように、清朝は同時に両方を受け継ぎましたが、元と異なるのは、第一に、東南アジア・インドにつながる海上の道が閉ざされたことです。このことは先ほど述べたように、すでに明の時代に始まっていました。

第二に、陸上においても、清朝はチベット・モンゴルを版図に入れましたが、それ以上に拡大しなかった。全体として、清朝は内閉的です。が、その分安定していました。元朝は、アラビア、ロシアに及ぶモンゴル帝国全体とたえず連動していたので、外での事態から影響を受けましたが、清朝の版図は中国周辺に限定されていたからです。また、清朝が明朝に比べて、モンゴル、ウイグル、チベット地域まで版図を拡大したことは、秦漢から、唐、そして元へと、版図を拡大してきた中国の王朝の歴史から見ても、清朝に「正統性」を与えるものでした。

先ほど元について、モンゴル民族が支配したというようなものではなかったと述べましたが、その点では、清朝も同様です。たとえば、清朝は、帝国の内部と周辺、そしてその外に対して、異なった統治政策をとりました。満州人、漢族やモンゴルは内部に入れられます。そして、その外の「藩部《はんぶ》」と呼ばれる領域に、チベットやウイグルなどが入れられた。しかし、これは身分的階層化とは異なります。彼らはそれぞれ、自治体制にありました。特に、チベットは、仏教を通して清朝に対する強い影響力をもっていました。

帝国は複合的・多重的な国家です。清朝はさらに、その外の周辺諸国に対しては、冊封や朝貢という外交関係をとりました。これも、支配‐服従という外見をもつが、実際には交易です。浜下武志は、このような朝貢貿易をたんなる政治儀礼でなく、貿易を管理するシステムと見なし、それを「中華朝貢貿易システム」と名づけました(『朝貢システムと近代アジア』)。

その他に、儀礼でも貿易でもない朝貢があったことに注意すべきです。周辺部からの朝貢は多くの場合、互恵的というよりむしろ清朝側の贈与によって成り立っていました。たとえば、琉球王国は清朝に朝貢する度に莫大なお土産をもらった(1)。これは、交換様式でいうと、BでもCでもなくて、Aです。それによって周辺部に平和を築くことが、帝国の政策だったわけです。

2 帝国の衰退

一九世紀以後、このような世界帝国は西洋列強の隆盛の下で没落しました。西洋中心主義的な史観が支配的となったのは、その結果です。その一つは、世界市場が一六世紀の西洋に始まったという見方です。たとえば、マルクスはこういっています。《商品流通が資本の出発点である。商品生産と発達した商品流通である商業とが、資本の成立する歴史的前提をなす。世界商業と世界市場が、一六世紀に資本の近代的生活史をひらく》(『資本論』第一巻・第二篇・第四章・第一節)。このような見方は大なり小なり共有されています。が、これはあまりにも西ヨーロッパを中心にした見方です。

「世界商業と世界市場」は、それ以前からありました。ただ、ヨーロッパはその外にいたのです。たとえば、歴史家アンリ・ピレンヌはかつてつぎのようなことを唱えて、衝撃を与えました。ヨーロッパの経済は、イスラム国家の出現によって、交易の場であった地中海を追われ、内陸部に、そして自給自足的経済に向かった、それによって、ヨーロッパから古代ローマ帝国の名残が消滅した、というのです(『ヨーロッパ世界の誕生――マホメットとシャルルマーニュ』)。そこから見ると、ヨーロッパにとって、一〇九六年から一二七〇年まで八度に及ぶ十字軍の遠征が旧来の世界を取り戻すきっかけになったということができます。西ヨーロッパが経済的に興隆したのは、たんにその内部での生産力の発展によってではなく、その外の世界商業と世界市場に参入することによってなのです。

たとえば、イタリア諸都市の「ルネッサンス」は、アジアの帝国との交易によって可能になった。ところが、オスマン帝国ができてビザンツ帝国を滅ぼしたため、ヨーロッパの諸国は、陸路ではアジアの通商圏に向かうことができなくなったのです。そこで、一五世紀末、ポルトガル(バスコ・ダ・ガマ)はインドへの道を、アフリカの喜望峰を経由するコースに求め、スペイン(コロンブス)は大西洋のコースに求めて、アメリカ大陸に到達したわけです。

なぜそうしたのか。どうしてもアジアとの交易に参入したかったからです。が、それまでは参入できなかった。交通が困難だったからではなく、そもそも彼らにはアジアにもっていって売れるような産物がなかったからです。ところが、ヨーロッパ人はアメリカ大陸で銀山を得た。といっても、先住民を征服し過酷な労働を強制して得たわけですが、その銀をもって、はじめてアジアとの交易に入りえたのです。

アンドレ・グンダー・フランクはつぎのようにいっています。《ヨーロッパ人は、アジア域内交易に参入することで、ヨーロッパよりもはるかに生産的で豊かなアジア経済から利益を得ることができたのであり、そして、他方で、それは、究極的にただアメリカの銀のおかげによってのみ可能であったのである》(『リオリエント――アジア時代のグローバル・エコノミー』)。したがって、「大航海時代」によって世界市場が開始したかのようにいうのは、まったくのまちがいではないとしても、正確ではありません。「大航海時代」は本来、ヨーロッパ人がモンゴル帝国のつくった世界通商圏に参入しようとする動機から始まったのですから。実際、西ヨーロッパに経済発展が生じたのは、そこに参入するようになってからです。

一九世紀以後に形成された見方では、一六世紀の段階で、西ヨーロッパの経済がすべてにおいて東洋に優越しているように考えられています。もちろん、そんなことはありません。それなら、一八世紀ではどうでしょうか。もうヨーロッパの優位という認識が成立したのではないか、と思われるのですが、実はそうではない。たとえば、アダム・スミスは『諸国民の富』の中で、「中国はヨーロッパのどこと比べても、ずっと富裕な国である」と書いています。さらに、中国の東部諸省および東インドのベンガル諸州で、農業および製造業の改良が昔からなされていることを指摘しています。スミスがそう書いたのは、一七七六年の時点、つまり、イギリスの産業革命の最中です。ここから見ても、ヨーロッパには科学・技術的発展があり、東洋にはずっと「東洋的停滞」があったかのような見方が、この時期にはまだなかった、ということができます。むしろ老子の「無為」という概念にもとづいてレッセフェールを説いた経済学者ケネーが示すように、中国の知に対する敬意が一般にあったのです[2]。

このような見方は、一九世紀になって急激に消えてしまいました。西洋諸国が東洋の帝国を圧倒するようになったからです。東洋に対する見方が一変したのは、そのときからです。それ以後は、東洋的専制、東洋的停滞というイメージが支配的になりました。また、そこから、逆に、「一五〇〇年」に「資本主義の新時代の夜明け」を見るような史観ができあがったわけです。これはむろん、事実に反します。フランクはつぎのようにいいます。

　比較の観点から言って、アジアの多くの地域における発展は、本書が対象とする期間の始まりである一四〇〇年において、ヨーロッパのはるか先を行くものであっただけではなく、その期間の終わりである一七五〇～一八〇〇年においても依然としてそうであり続けていた、ということを指摘した。さらに、歴史的に言えば、ヨーロッパにおける、およびヨーロッパからの、広く受け入れられた「知見」である一八〇〇年以降のヨーロッパの「テイク・オフ」は、ヨーロッパに例外的に存在したいかなる科学的、技術的、制度的「準備」に基礎を置くものでもなかった、ということが、示された。ヨーロッパにおける発展が、「ルネサンス」において得られたと称されている「有利な滑り出し《ヘッド・スタート》」に基礎をおいていたなどということは、さらに間違いであるし、ギリシアやユダヤ主義から優れた合理性や科学を「継承」していたなどという思い込み的なまやかしに至っては、言うまでもない。これらの、一般に受け入れられた「知見」は全て、神話に基いたヨーロッパ中心主義的なイデオロギーに過ぎず、実際の歴史にも社会科学にも基礎を置いていないのである(同前)。

すると、重要な境目は一八〇〇年ごろにあるといってよいでしょう。「東洋の没落、西洋の勃興」が顕著になってくるのは、それ以後です。しかし、私はそれを、「東洋」や「西洋」という区分で考えることはしません。交換様式にもとづく世界システムという観点から、これを考えます。

3　ヨーロッパの世界＝経済

私はこれまで、ブローデルによる世界＝帝国と世界＝経済の区別にもとづいて考えてきました。くりかえすと、それはつぎのようなものです。西ヨーロッパでは世界＝帝国が成立しなかった。その分、王・封建領主・教会らが競合し、その間隙をぬって、自立的な都市が栄えた。そのことが、ヨーロッパの社会構成体における交換様式Ｃの優位、すなわち、世界＝帝国とは異なる、世界＝経済をもたらした。

しかし、世界＝帝国と世界＝経済は、歴史的な順序ないし発展段階ではありません。また、それらは別々に存在していたのではない。それらは同時的に、且つ相関的に存在していたのです。そのことを強調したのが、アンドレ・グンダー・フランクです。彼は、世界＝帝国 world-empire と世界＝経済 world-economy をふくむ、単一の世界経済 world economy があったと主張します。その観点から、彼は先に引用したように、一八〇〇年ごろに、それまで優越していた東洋が没落し西洋が勃興する逆転が生じたというわけです。

フランクは、このような「逆転」が必然的であるとは考えなかった。彼がいいたいのはむしろ、この逆転は一時的な現象でしかないということです。彼が先に引用したような論を主張しはじめたのは、一九八〇年代に中国の経済的躍進による東西の「再逆転」の予兆が出てきたからです。しかし、それによって、一八〇〇年頃に「逆転」が生じたことの必然性を打ち消すことはできません。

世界＝経済が世界＝帝国を凌駕したことには根拠があります。だから、たとえ「東洋」の優位が戻って来ても、それは世界＝経済を越えることにはならない。むしろ、東洋が世界＝経済の「中心」になるということ、つまり、そのようにヘゲモニー国家が移動するということが、世界＝経済の特徴なのです。東洋が再び優位に立つとしても、それは世界＝帝国の回帰ではない。それはまさに世界＝経済の圧倒的優位を意味するだけです。この点を明確にしないかぎり、西洋中心主義を批判しても意味がありません。

フランクの主張の中で正しい点は、世界＝帝国と世界＝経済が「単一の世界」に属していることです。それらは同時的かつ相関的に存在してきた。つまり、それをウォーラーステインのように、歴史的発展段階として見てはならないということです。世界＝経済は、世界＝帝国という「中心」に対して「亜周辺」にあったのです。いいかえれば、帝国の中心から離れているが、そこからさまざまな文明を選択的に受けとることができる地域であった。とはいえ、世界＝経済は一八世紀にいたるまで局所的なものでしかなかったし、とうてい世界＝帝国を凌駕するようなものにはならなかったのです。

ポランニーが指摘したように、古代ギリシアには世界＝経済がありました。それがギリシアに「東洋」とは異質な文化をもたらした理由です。しかし、それは世界＝帝国の亜周辺にあったから可能であったにすぎず、後者には拮抗できなかった。一時期ペルシア帝国に対しては抵抗しましたが、やがて、周辺の遊牧民国家(アレクサンドロス大王のマケドニア王国)に征服されてしまった。結局、ヘレニズム帝国、ローマ帝国といった世界＝帝国に吸収されたのです。

同様に、西ヨーロッパに世界＝経済が育ったのも、世界＝帝国の亜周辺にあったからです。それは世界＝帝国に対して後進的であり無力でした。前者が後者を完全に圧倒するようになったのが、「一八〇〇年」の時期です。これは「西洋の勃興・東洋の没落」として表象されます。しかし、この「逆転」において、本質的には、何が起こったのでしょうか。

このことを交換様式から考えてみましょう。世界＝帝国は、交換様式Bにもとづく世界システムです。服従＝保護という交換によって、諸部族、諸国家を統合するわけです。しかし、帝国が形成されるのは、たんに他国を征服して貢納させるという動機によるのではありません。帝国はまた、交易の安全(平和)を保証し、交易に課税することからも大きな利益を得ます。つまり、帝国は交換様式Cを拡大するわけです。帝国が版図を拡大する動機はむしろ、そこにあります。

したがって、東洋の帝国は貢納制国家という観点からだけでは理解できません。そこには交易、すなわち、交換様式Cを発展させる契機があった。それが、西ヨーロッパの世界＝経済が一八世紀になってもまだ及ばなかったほどの経済的発展をもたらしたのです。しかし、帝国には限界があります。それは、帝国では交易が国家によって管理されるということ、いいかえれば、交換様式CがBの管理下にあるということです。そこが、帝国の亜周辺で発展した世界＝経済との違いです。それらの違いは、何よりも、都市の違いにあらわれます。

帝国においては、都市は国家の首都です。都市は政治的な中心であることによって、経済的な中心になるわけです。たとえば、バグダードはサラセン帝国(アッバース朝 七五〇—一二五八)の時期に世界一といっていいほどに繁栄しました。が、王朝が滅びると、すぐに没落した。政治的な中心でなくなると、経済的な中心ではなくなるのです。世界＝経済においては、事情が異なります。先に述べたように、西ヨーロッパでは、集権的な国家が成立せず、王や封建諸侯が乱立抗争する状態が続いたわけですが、その間に成立した都市では、国家の統制なしに交易がなされた。つまり、ここでは、政治的な中心であることが中心的な都市を決定するのではない。逆に、交易の中心である都市こそが政治的にも中心となります。しかも、世界＝経済では、中心はたえず移動します。

ブローデルはこう述べています。《世界＝経済はかならず極をなす都市を有する。すなわち、その商業活動の兵站中心地に位置する都市である。情報・商品・資本・信用・人間・注文・商用通信文がそこに流入してはまた出て立ってゆく》（『物質文明・経済・資本主義——15-18世紀　交換のはたらき』）。そのような中心を、多数の中継都市が遠巻きにします。さらに、それらの間に競合があるため、中心は固定することなく、たえず移動します。たとえば、世界＝都市は、アントワープ→アムステルダム→ロンドン→ニューヨーク、といったぐあいに移動するわけです。

どの都市が繁栄するかは、政治的な力とは関係がありません。逆に、それが政治的な次元を左右するようになります。したがって、ヨーロッパにおける絶対王権が帝国ないし東洋的専制国家とは異なるのは、つぎの点です。後者が都市あるいは交易を管理するのに対して、前者は逆に、都市の自立を進めます。それは自由な交易を妨害する封建領主を制圧し、さまざまな封建的特権を廃止するからです。

ゆえに、絶対王権は、王と都市（ブルジョアジー）の結託の産物です。それは交換様式

C》がBを凌駕するということです。その点で、世界＝経済にとっては、絶対王権が必要でしたが、必ずしも王権でなくてもよい。旧来の封建的制度を廃止できる集権的な体制があればよかったのです。実際、絶対王権は市民革命によって倒され、国民国家が生まれました。一方、共和制であっても、いわゆる「発展途上型独裁」と呼ばれるものは絶対王政と類似します。注意すべきことは、国民国家が中央集権的な体制を通して生まれるということ、そして、その根底に、世界＝経済の優位がある、ということです。

くりかえすと、世界＝帝国では、都市は究極的に国家に、いいかえれば、交換様式CがBの支配下に置かれます。また、世界＝帝国では、帝国という中心に対して、周辺・亜周辺が存在しますが、さらに、その外に「圏外」がある。一方、世界＝経済では、交換様式Cが支配的であるような世界システムになるわけです。ここでは、もはや帝国は存在しえない。かわりに、ヘゲモニー国家が生じます。ヘゲモニー国家は自らを「帝国」と呼びましたが、むろん、それは帝国とは似て非なるものです。

世界＝経済でも、ウォーラーステインがいうように、中心・周辺・半周辺という構造があります。しかし、それは世界＝帝国の構造と似て非なるものです。第一に、ここでは「圏外」は成立しない。世界の全地域が交換様式Cの浸透を免れないのです。世界＝帝国の周辺も同様です。それは先ず、世界＝経済の周辺に組み込まれます。のみならず、世界帝国の中心もまた周辺に置かれるようになる。

世界＝経済では、中心がたえず移動します。中心でなくなれば、半周辺ないし周辺となります。半周辺は、帝国における亜周辺とは違います。世界＝経済では、帝国(中心)のみならず、亜周辺も成立しないのです。中心のたえまない移動によって、国家のヘゲモニーも移動します。そこで、世界＝経済では、ヘゲモニーをめぐるたえまない競争が生じます。たとえば、ヨーロッパの中でも、ジェノヴァからスペイン、オランダ、さらにイギリスへと、ヘゲモニー国家の移動があった。しかし、これはまだローカルなものでした。つまり、世界＝帝国の外に生じた現象でしかなかった。それが決定的に違ってくるのが、まさに「一八〇〇年」の前後です。

端的にそれを示すのは、イギリスがインドを圧倒するようになったことです。それまでイギリスは、オランダに続き、「東インド会社」を通した交易でインドに入り込みました。一八世紀半ばには、プラッシーの戦いなどでムガール帝国に勝利しましたが、これはむしろムガール帝国の弱体化によるものです。イギリスが真にインドを制覇したといえるのは、軍事的な次元ではなく経済的な次元においてです。イギリスはそれまでインドから綿製品を輸入していましたが、産業革命のあと、インドから原料を輸入しそれを加工してインドに輸出するようになった。これによって、インドはその伝統的な産業と社会構造が根本的に解体されるようになったのです。他方、このことが、イギリスを世界＝経済におけるヘゲモニー国家にしたのです。

すると、東と西の逆転をもたらしたのは、したがって、一八世紀末、「産業革命」と呼ばれる事態だったということになります。しかし、そこからあらためて疑問が生じます。このような逆転をもたらしたのは、西ヨーロッパ全体ではなかった。産業資本主義、産業革命は、ヨーロッパの西端にあるイギリスで起こったのです。それはなぜなのか。この疑問に対して、さまざまなことが言われてきましたが、それを世界帝国との関わりで考えた人はいません。

先に私は、西ヨーロッパは世界帝国の「亜周辺」にあり、自ら帝国を形成することはなかったと述べました。しかし、ヨーロッパにおいても、旧ローマ帝国に近いところでは、帝国的なところがあります。たとえば、神聖ローマ帝国やハプスブルク王朝にはローマ帝国の残影があります。フランク王国を受け継ぐフランス絶対王政もまた、それに準じます。一方、オランダやイギリスには、その要素がまったくなかった。先ずスペインから独立した共和国オランダが、国際商業・金融を握ったヘゲモニー国家となり、つぎに一九世紀にいたって、イギリスがヘゲモニー国家となった。(3) さらに、そのつぎのヘゲモニー国家は米国です。その意味で、世界＝経済の中心は、世界＝帝国の亜周辺から、さらにその亜周辺へと移動しているといえます。

このことを別の観点から見ると、世界＝帝国が「陸」であるのに対して、世界＝経済は「海」に向かうといえます。カール・シュミットは陸上パワーと海上パワーを区別し、イギリスがヴェネチアやスペインに代わって、「海」のヘゲモニーを握ることによって、世界帝国の中心となったと書いています(『陸と海と――世界史的一考察』)。しかし、この場合、正確には、世界＝経済の中心となった、というべきです。つまり、それは帝国ではない。それに加えて、シュミットは、つぎのように述べています。

ヴィクトリア女王時代のイギリスの指導的な政治家ディズレーリはインドに関して、大英帝国はヨーロッパの強国である以上にアジアの強国であると言った。事実一八七六年にイギリス女王の称号とインド皇帝のそれとを結びつけたのもかれであった。ここに、イギリスという世界強国がその帝国という性格をインドから導出してきたことが示されている(同前)。

イギリス女王がインドの皇帝になったのは、イギリスを世界帝国とするためでした。この結果、イギリスは海の帝国であるだけでなく、陸の帝国にもなった。これは世界史において未曽有の出来事ではありません。たとえば、モンゴル帝国は陸の帝国であると同時に海の帝国となった。近世の西ヨーロッパ諸国は、いわばモンゴルが開いた市場空間に参入しようとしたのです。その意味で、イギリスはモンゴル帝国にとって代わろうとしたといえます。しかし、女王がインド皇帝となることによって、イギリスが世界帝国を形成したということにはなりません。この出来事はただ、イギリスが「帝国主義」に転換したことを象徴的に示しているだけです。世界＝経済では、帝国はありえない。帝国のようにふるまうと、帝国主義になるだけです。

とはいえ、なぜ他のヨーロッパ諸国ではなく、イギリスが「海の帝国」を作りえたのでしょうか。それはイギリスが帝国の亜周辺にあったということから説明できると私は思います。古代では、ペルシア帝国に対して亜周辺にあったアテネが海の帝国を築いたといえます。しかし、アテネによるデロス同盟は、「アテネ帝国」と呼ばれるものの、帝国の原理をもたなかった。アテネというポリスが他のポリスを抑える「帝国主義」にしかならなかったのです。イギリスの「海の帝国」も、「帝国」ではない。それは世界＝経済におけるヘゲモニー国家なのです。

4　帝国の「近代化」

一八〇〇年を境に顕著になってきたのは、「世界＝帝国」が衰退し、それまで亜周辺にあった「世界＝経済」がそこにも深く浸透するようになったということです。むろん、それに先立って、一六世紀以後、西ヨーロッパは、帝国の勢力が及ばなかった地域（新大陸とアフリカ）に進出しました。それによって世界＝帝国に参入できるようになったのですが、たんに交易に参加するだけで、それを圧倒するような力はありませんでした。しかし、一九世紀になると、西洋の列強は世界帝国の周辺部に入り込み、それを植民地化するようになった。さらに、帝国の中心に向かいましたが、帝国を解体することは容易ではなかった。実際、各地の帝国は、内実はともあれ、二〇世紀にいたるまで存続したのです。

くりかえすと、世界帝国は、世界=経済から生じた世界資本主義によって内からも外からも破られて衰退していきました(4)。そして、「民族自決」つまり国民国家への分解の道をたどった。しかし、帝国は最後まで、さまざまなかたちで抵抗しました。この抵抗はたんに帝国存続のためだけではありません。そこには、近代西洋の資本主義と国民国家の観念を疑い、それらを越えようとする志向があったのです。私は、その中で、オスマンと清朝、そして、ロシアのケースを取り上げます。

オスマン帝国(一二九九―一九二二)は、一六八三年、第二次ウィーン包囲に失敗したのを境に衰退しはじめました。また、一七一八年、セルビアやボスニアの北部を失い、一八世紀後半には、ロシア帝国の南下によって、黒海の北岸を喪失した。しかし、オスマン王朝はそのような趨勢に対して手を拱《こまね》いていただけではありません。一八〇八年に即位したマフムト二世は、旧来の軍事システム(イェニチェリ)を廃止して軍の西欧化を推進し、外務・内務・財務三省を新設して中央政府を近代化させ、留学生を西欧に派遣して人材を育成しました。さらに、次の皇帝、アブデュルメジト一世も、行政から軍事、文化にいたるまで西欧的体制への転換をはかった。しかし、帝国が「近代化」するのは簡単ではありません。「近代国家」は、そもそも帝国が存在しなかったところに形成されたシステムであり、その諸原理を帝国に適用することに無理があるのです。

帝国の弱体の結果、多くの民族が独立を要求するようになりました。その嚆矢《こうし》は、ギリシア人の独立運動です。一八三〇年、ギリシア王国が独立しました。その後も、エジプトやバルカンの諸民族がつぎつぎとオスマン帝国から自治ないし独立を獲得し、二〇世紀初頭にはオスマン帝国の勢力範囲はバルカンのごく一部とアナトリア、アラブ地域だけになりました。このような帝国衰退の下で、オスマン帝国を国民国家として統合することが課題となったわけです。

では、多民族を一つの国民(ネーション)にするにはどうすればよいのか。それを考えたのが、オスマン帝国の近代化を担って西洋に留学した官僚、ナームク・ケマル、ズィヤー・パシャらです。彼らは自らを「新オスマン人」と呼び始めました。新オスマン人とはエスニシティを越える観念です。彼らが考えたのは、オスマン帝国の近代化を目指す一方で、同時に西洋の近代国家と資本主義を超克することです。

たとえば、彼らはオスマン帝国の改革の鍵を議会制に求めました。しかし、それは西洋の借り物ではない。イスラム国家は、その最初期では議会制をとっていたのだから、それを取り戻せばよいと、考えたのです。また、彼らは近代西洋の思想に対抗する原理を、イスラム法(シャリーア)に求めようとしました。現在、イスラム圏で支配的な「イスラム主義」は昔からあるように見えますが、近代の資本=国家に対抗する理念としてのそれは、この時期に形成されたものです[5]。

「新オスマン人」が考えたのは、憲政を実現するとともに、同時に、帝国にあった原理を再活用することです。しかし現実には、事態は、彼らの考えとは逆の方向に進行しました。たとえば、一八七六年に発布された帝国憲法では、ムスリムと非ムスリムのオスマン臣民としての完全な平等が定められました。しかし、それ以前に、彼らがたんに不平等に扱われていたわけではない。いわば、不平等を前提にした上での平等と寛容があったのです。たとえば、非ムスリムは、人頭税を払わなければならなかった。が、それによって、宗教の自由、そして、兵役の免除を得たわけです。これは、交換様式B(服従と保護)にもとづく帝国の原理です。ところが、近代国家のように万人を形式的に平等にすると、かえって不平等が生じ、宗教的寛容も無くなってしまった。こうして、憲法で法的な平等が規定された後に、民族・宗教間の差別や対立が激化したのです。

この憲法は、二年後にロシアとの戦争に敗れたため、アブデュルハミト二世によって停止されました。その後は、皇帝の専制政治に対して憲政を要求する運動が続いた。しかし、それを進めたのはもはや「新オスマン人」ではなく、「青年トルコ」を名乗る者たちでした。それはまた、非宗教的な運動であった。そこにナショナリズムが成立します。ただし、それはトルコ人としてのナショナリズムであり、ゆえに、それに応じて、アラブのナショナリズムが生まれた。アラブ人という意識は、それまで存在しなかったのです。また、この時期、アラブのナショナリズムは、オスマン帝国の枠組を前提としていました。つまり、帝国を解体することなど考えていなかったのです。

第一次大戦後、「民族自決」のスローガンとともに、オスマン帝国は解体されました。アナトリア地域では、ムスタファ・ケマル・アタチュルクを初代大統領とするトルコ共和国が成立した。しかし、その他の地域は、民族自決といいながら、英仏の委任統治の下にありました。英仏はオスマンの版図を好きなように分割しただけです。その結果、人口の多いクルド人が国をもたないことになった。第二次大戦後には、諸民族は独立しましたが、実質的に英・仏・米の支配下にあります。

オスマン帝国にいた多数の民族は、民族自決によって分断され、かえって自律性をなくしたのです。アラブの諸民族は、帝国時代にあった連合性を別のかたちで求めるようになりました。それを示すのが、エジプトの大統領ナセルをリーダーとするアラブ連盟です。これはたんにアラブ人を連合するだけではなく、さらに「第三世界」というグローバルな連合体を目指すものです。ヴィジャイ・プラシャドがいうように「第三世界」とは、地域ではなく、一つのプロジェクトであった(6)。したがって、その中核は、インドや中国よりもむしろアラブ連盟にあったのです。しかし、アラブ連盟もまったく新たなものではありません。ある意味で、「新オスマン人」がそのようなものを考えていたからです。つまり、アラブ連盟とは、諸国家連邦というかたちで「帝国」を回復する企画だということができます。

第一次大戦後、パレスティナを信託統治したイギリスは、それをユダヤ人の国家とするつもりはありませんでした。また、旧オスマンの地域では、基本的にユダヤ人とアラブ人の対立はなかったのです。それに対して、第二次大戦後は、米国が中東に介入し、シオニストを支援し、イスラエルを中東における橋頭堡としました。これは、ヨーロッパに固有であり且つ責任のある「ユダヤ人問題」(アウシュビッツに象徴される)を、何もなかった中東に〝転移〟することです。同時に、それによって、旧オスマン地域の(ユダヤ人をふくむ)諸民族の連合を阻止することです。

非宗教的な連合体であったアラブ連盟は、一九六七年第三次中東戦争でイスラエルに敗北し、以後、「イスラム主義」に依拠するようになりました。それによって「第三世界」というプロジェクトは終った、といえるでしょう。さらに、一九七九年イランでシーア派によるイスラム革命があって、アラブの世俗的なナショナリズムは、イスラム主義にとって代わられた。しかし、これもまた特に新しいものではありません。近代西洋の国家と資本主義に対抗するものとしてイスラム主義を考えたのは、新オスマン人でした。ただ、それは現在のような宗教的原理主義ではなく、「帝国の原理」であるようなイスラム主義でした。

オスマン帝国の崩壊が示すのは、帝国は近代世界システムの中では存在できないということです。しかし、それはたんに廃棄されるべき遺物なのではない。そこには、近代世界システムに欠けた重要な何かがある。したがって、近代の国民国家と資本主義を越える原理は、何らかのかたちで帝国を回復することになるのです。むろん、それは古ぼけたものを回復することではありません。むしろ、古い社会・慣習とつながる帝国、あるいは帝国主義とつながる帝国を否定しなければ、帝国は回復しない。すなわち、帝国を回復するためには、帝国を否定しなければならない。帝国を否定し且つそれを回復すること、つまり帝国を〝揚棄〟することが必要なのです。

結局、旧オスマン帝国の諸民族は、あらためてオスマン帝国に遡って考え直す必要があります。旧オスマン帝国の問題は、イスラエルだけではなく、むしろ、諸国に分散されたクルド人の問題に集約されます。たんなる民族自決によってそれを解決することはできない。解決は、旧オスマン諸民族の関係を根本的に変容することによってのみ可能です。その意味で、クルド人問題の解決は、イスラエル問題と同様に、旧オスマン帝国を〝揚棄〟することによって可能です。

つぎに、清朝ではどうか。一八四〇年アヘン戦争での敗北のあと、清朝は改革を開始し、洋務運動と呼ばれる西洋技術を取り入れた近代化を進めたが、法や政治制度などはそのままでした。しかし、一八九四年、明治維新(一八六八年)以来急激に発展を遂げた日本との戦争で敗れたため、清朝は本格的な改革に乗り出しました。その一つとして、大量の留学生を西洋ではなく、日本に送りこんだのです。西洋化＝近代化を、日本の経験を通して学ぼうとしたわけです。

一八九八年には清朝の光緒帝が康有為《こうゆうい》を登用し、政治改革を断行しようとしました。康有為を中心に、梁啓超《りょうけいちょう》らが「変法自強運動」と呼ばれる改革に取り組んだのですが、それは西太后《せいたいこう》のクーデターによって粉砕されました。西太后はさらに「扶清滅洋」をスローガンとする義和団の武装蜂起を暗に援助し、諸外国に向かって宣戦しました。そのため、列強八カ国が連合軍を組織して北京に進撃した。これによって清朝は国民の信頼を失い、革命運動が加速されました。

しかし、この時期、革命運動は、清朝を満州族の支配であるとして漢族ナショナリズムに訴えるものでした。それと似たことは、オスマン帝国の末期にもありました。アラブ人の独立派は、それまでトルコ人から虐げられてきたかのように語りはじめましたが、実際には、オスマン帝国はトルコ民族の支配ではなかった。帝国では、各民族・各地域の多重的な政治構造が存在し、多様な文化的アイデンティティが認められていたのです。清朝でも同様で、それを満州族の支配といって片づくものではありません。たとえば、中国革命の指導者、孫文も最初は反満州族ナショナリズムに訴えていたのですが、やがて考えを改めた。一つには、清朝を全体として受け継ぐのでなければ、中国における「革命」の正統性がないからです。

一九一一年の辛亥革命において、孫文は「五族共和」を訴えました。さらに、その後、一九二四年の「三民主義」では、「一つの中華民族」をいうようになった。それまでネーションは漢語で民族と訳されていましたが、孫文はそれを「国族」と訳し変えた。漢族でも、満州族でも、ウイグル族でもない、国族は、ちょうど「新オスマン人」に対応するものです。しかし、私が注目したいのは、清朝の打倒を考えた孫文よりもむしろ、清朝を肯定しつつそれを変革することを考えた思想家たちのほうです。

それは、先ほど述べた「変法自強運動」に参与した康有為、厳復《げんふく》、梁啓超、章炳麟《しょうへいりん》などです。彼らはたんに「西洋化」をはかったわけではありません。たとえば、康有為は清朝を立憲君主制にすることを提唱しましたが、たんに西洋の思想や制度を導入するのではなく、それを中国の伝統を読み変えることによってなそうとしました。いわば、孔子を先駆的な進歩主義者として解することによって、具体的には、それは、漢帝国を基礎づけた董仲舒の儒学を再評価するものです。また、康有為はとりあえず立憲君主制を提唱したけれども、はるかその先を考えていました。すなわち、諸国家・諸民族が消滅するような「大同世界」を考えたのです(7)。

康有為やそれに続いた清朝末期の思想家の仕事は、現にある帝国を否定しつつ、しかし、その可能性を高次元で回復しようとするものだったといえます。康有為の「大同世界」というヴィジョンもそのようなものです。それはいわば、帝国を〝揚棄〟することです。もちろん、康有為らの思想が実現されることはまったくなかったのですが、もしこのような理念がなければ、清朝を倒す革命運動は、民族自決、したがって、多民族の分解に帰結したでしょう。

こうして、清王朝末期の思想家らはそれぞれ、中国伝来の思想と近代西洋の思想を結びつけようとしたのですが、興味深いのは、彼らが参照した西洋の思想家のほうも、ある意味で、中国の思想や制度を参照していたということです。その一人は、先に述べたライプニッツです。彼は、中国にいたイエズス会宣教師との文通にもとづいて、『最新中国情報』や『中国自然神学論』などの著作を書きました。また、易をヒントにして二進法を、漢字をヒントにして記号法による「普遍学」を構想しました。しかし、私がここでいいたいのは、むしろ彼が書いていないような事柄です。

ライプニッツは、神聖ローマ帝国の選帝侯であるハノーファーの外交顧問として長く政治に関与しました。しかし、彼が考えたのは、ハノーファーの国家を強化することではなかった。あるいは、神聖ローマ帝国を再建することでもなかった。その逆に、彼はむしろ、神聖ローマ帝国内の諸国家の主権性を認めたのです。ただ、主権国家がそれぞれ隣人の立場に身を置いて、公共の福祉を優先すべきであると主張しました。これは、個々の国家の至上(主権)性を認めつつ、同時に、それらが「帝国」の下にあるべきだということを意味します。ライプニッツは、神聖ローマ帝国の再建ではなく、その外にあるフランスなどの多くの主権国家を越えた「帝国」を創設することを考えたのです。

むろん、ライプニッツの努力は失敗に終りました。この問題は、ライプニッツの哲学にとって脇筋の事柄だと考えられていますが、そうではありません。たとえば、先行者ホッブズやスピノザは国家論を書きましたが、ライプニッツは書いていない。しかし、それは、彼の思想を凝縮すると目される『モナド論』は、政治的に読むことができるものです。すなわち、多数の国家がモナドとして自立しながら予定調和的に連関するような体系、すなわち、「帝国」を意味します。それは多数の主権国家が争う「自然状態」を不可避的と見なすホッブズの考えとは対照的です。

すると、こういっていいでしょう。ライプニッツは、世界=経済の優位の下で自明化された近代国家の「自然状態」を越える道を、世界=帝国を高次元で取り戻すことに見出そうとした、と。また、このとき、ライプニッツが参照したのは、過去のローマ帝国よりもむしろ、漢以降の中国の帝国ではないか、と私は思います。先に引用したように、ライプニッツは清帝国の康熙帝に「驚嘆」しています。これは同時に、ヨーロッパにありうべき「帝国」を期待することです。この観点から見れば、清朝末の思想家らの仕事も、現実的にまったく無力であったとしても、また、今忘れられているとしても、今後に重要な意味をもつということができます。

5　オーストリア・ロシア

二〇世紀に民族問題が生じたのは、主として、旧世界帝国の地域です。それは多民族が複合的に統合されていたところだからです。また、民族とは何かについての議論が最も深くなされたのも、そこです。それは偶然ではありません。民族が互いに分離して存在しているところと、複雑に入り組んだかたちで存在しているところでは、当然事情が異なります。民族問題とは、事実上、帝国問題なのです。

主権国家と国民国家の観念は、世界帝国がなかった西ヨーロッパに生まれました。そして、世界＝経済が優越する中で、そのような観念が自明化されるようになった。しかしそれは、世界帝国の中心では簡単に成り立ちません。一六世紀以後、帝国から離れた地域の民族は、西洋列強によって簡単に植民地化されました。実際、ヨーロッパ人が「植民」したのです。が、帝国の周辺は帝国の保護を受けているので、植民地化されなかった。帝国の周辺部が植民地化されるようになったのは、一九世紀になってからです。さらに、帝国の中心には西洋列強も手が出せなかった。だから、事実上崩壊していたにしても、二〇世紀にまで帝国は存続したのです。

西洋列強が帝国を解体するために用いたのが、「民族自決」というイデオロギーです。これは本来、ヨーロッパ内部のルールとして出てきたものです。だから、ヨーロッパ人が植民地化し支配している地域に関しては適用されなかった。ところが、その原理をオスマンや清のような帝国に適用させようとしたのです。いうまでもなくそれによって帝国を解体し、ばらばらになった民族を植民地化するためです(8)。

もちろん、帝国の中にも民族的な意識はあります。たとえば、満州族が築いた清帝国では明朝系の人たちが独立することを狙っていた。しかし、それは「民族自決」ということとは違います。民族自決を実行すれば、清朝どころか明朝さえ成立しない。いわゆる「漢族」そのものがすでに多民族的だからです。ゆえに、清朝を倒しても、多民族を統合した「帝国」を維持しなければならない。清朝末期の思想家はそう考えた。この点では、孫文のような革命家も同じです。

ヨーロッパでも、旧帝国にいたマルクス主義者がそう考えました。マルクスは西ヨーロッパの歴史的経験の枠組によって、国家や民族を考えていました。したがって、民族や国家は、世界市場や資本主義的発展の中で消滅する、と考えた。このような理論的枠組は巨視的には有効でしょうが、現実の帝国が存在するところでは、そして、帝国から生じる民族問題があるところでは、それだけではすみません。

交換様式から見れば明らかですが、国家は資本と別の存在根拠をもっています。したがって、資本主義が消滅しても、国家が残ることがありえます。たとえば、社会主義国では資本主義は抑えられたが、国家権力は強大になった。また、帝国は、諸国家・民族を統合するシステムです。それは一朝一夕でできあがるものではない。それを「東洋的専制国家」といって片づけることはできません。帝国が壊れるとき、民族問題が出てくるのは当然です。帝国を解体して、民族自決にすればよい、というわけにはいきません。

マルクス主義者の中で民族問題に関して考えたのは、先ずオーストリア＝ハンガリー帝国(ハプスブルク帝国)にいた人たちです。その一人、『民族問題と社会民主主義』(一九〇七年)を書いたオットー・バウアーは、民族自決に反対し、オーストリア＝ハンガリー帝国の枠組を維持することを前提にして、新たな民族論を考えた。彼は「文化的共通性」という心理主義的な観点から、民族を「運命共同体から生じた文化共同体および性格共同体」と規定した。そして、属人主義(personality principle)の原理にもとづいて、各人が自由に自己の民族性を表明し、居住地域にとらわれない集合体をつくり、そこで、各民族の自立と平等を確立する、という「民族的・文化的自治」を主張したわけです。

それに対して、ドイツのマルクス主義者カウツキーは、バウアーを批判し、民族は言語共同体や地域共同体であると主張しました。カウツキーの考えは、西ヨーロッパでの経験にもとづいています。そこでは、民族(エスニシティ)とネーションがほぼ一致していました。民族、すなわち、カウツキーの言い方でいえば、言語的・地域的な共同体にもとづいて、大小の国民国家が形成されてきたわけです。

一方、バウアーは、オーストリア＝ハンガリー帝国での経験から出発しています。そこでは、多民族が地域・言語・宗教としてはっきり区別できないほどに入り組んでいる状況がありました。民族自決はそもそも無理なのです。したがって、民族を「文化的共通性」として、それぞれの自立性、平等性を確保しつつ、それが政治的な単位となることを斥けたわけです。これを次のようにいえば、わかりやすくなるでしょう。国民（ネーション）はそれぞれ、どのような宗教を選んでもいい、どんな言語的・文化的慣習を選んでもいい、ただし、それは政治的活動とは見なされない、ということです。バウアーの民族論は、帝国というかたちで形成された多民族国家が、民族自決によって分解されることを避けるものです。帝国を否定しながらも、それがもたらしたものを維持しようとしたわけです。

ちなみに、スターリン（一九一三年）は、バウアーとカウツキーの論争を下敷きにしてつぎのように書きました。《民族《ナーツィア》とは、言語、地域、経済生活、および文化の共通性のうちにあらわれる心理状態、の共通性を基礎として生じたところの、歴史的に構成された人々の堅固な共同体である》（『マルクス主義と民族問題』、振り仮名は引用者）。たとえば、カウツキーの観点では、ユダヤ人は言語や土地の共同性を欠いているので民族ではない、ということになってしまう。その点、スターリンの定義は、バウアーの観点を取り入れたため、非の打ちどころがないように見えます。しかし、重要なのは民族をどう定義するかではなく、民族が置かれた歴史的状況です。すなわち、バウアーとカウツキーの対立の根底に、帝国という問題があったのです。

ロシア帝国領ポーランドに生まれたユダヤ人で、その後亡命してドイツで活動したローザ・ルクセンブルクは、民族問題に関して、ある意味でバウアーと共通した観点をとっています。彼女はポーランド人の文化的自立性を強調したのですが、民族自決には反対でした。ポーランドはロシア帝国にとどまるべきだというのです。オーストリアにいたバウアーの場合、もともと民族の分離独立が困難な状況にあったのですが、ポーランドのロシア帝国からの独立は、マルクス以来唱導されていたことであり、マルクス主義者の間でも、むしろ当然のように見なされていました。ところが、ローザはそれに反対し、プロレタリア革命を民族問題に優越させたのです。

彼女の考えでは、資本主義の歴史的使命は多民族国家を統合することであり、また、多数の地域を統合することである。資本主義的な発展の中で巨大国家が成立する。ロシア帝国では資本主義的発展が可能であり、今後に、社会主義が可能である。ゆえに、ポーランドが独立することは、それを妨げることになる。一方、ローザは、オスマン帝国のように資本主義的発展がただちにありそうもないところでは、諸民族が独立して国民国家を形成すべきだと主張しました。

レーニンは『民族自決権について』(一九一四年)で、ローザを批判しました。彼女は民族問題を階級問題に解消している。ポーランド人の民族主義との闘争に心を奪われて、「大ロシア人の民族主義」が存在することを忘れてしまった、というのです。レーニンは初期から、民族自決を肯定していました。もちろん、それを「階級闘争の利害に従属させる」こと、また「民族の自決」より「民族のプロレタリアートの自治」を優位に置くことを強調しましたが、それは、諸民族の抑圧-被抑圧の関係の根底に帝国主義がある、ゆえにそれと闘うことなしに民族自決はない、と考えたからです。

さらに、一九一八年には、レーニンはそれまで否定していた連邦制を受け入れました。すなわち、次の諸点がソヴィエトの憲法に明記されたのです。民族が分離独立する権利、ロシアから分離しない民族には、大幅な地方自治が保証されること、さらに、少数民族派の権利が保証されること、です。

この中でも重要なのは、「分離する権利」というポイントです。レーニンはこれを「離婚する権利」に擬《なぞら》えました。いつでも離婚することができるにもかかわらず、自ら進んで結婚生活を続けるときに、夫婦の絆が強まる。同様に、民族が分離できる権利があるにもかかわらず、あえてそうしないときにこそ、強固な絆が形成される。分離の権利の保障が自発的な結合を促進する。したがって、民族自決権の承認こそが、中央集権的な巨大国家の形成を保証すると考えたのです。
しかし、この点に関して、レーニンはボルシェヴィキの中で少数派でした。一九二三年、ソ連邦の中でグルジア(現ジョージア)人の独立運動があった。むろん、彼らは右派ではなくてマルクス主義者でした。それを「大ロシア民族主義」の立場から残酷に弾圧したのが、グルジア出身のスターリンです。それを批判して、病床のレーニンが第一二回党大会に当てて、以下のような覚え書きを書きました。

私は例の自治化問題に十分精力的に取り組まなかったために、ロシアの労働者諸君に対して重罪を犯した。……民族問題はひとまず解決されたとされているが、その解決なるものは、実はわれわれの正当性の根拠である連邦からの離脱権を反古《ほご》にし、少数民族を、百パーセントロシア製の代物《しろもの》、すなわちロシア官僚主義の特徴たる大ロシア排外主義に引き渡すのである(「大会への手紙」)。

しかし、時すでに遅し、です。まもなくレーニンが死去し、スターリン体制が確立されました。「分離独立する権利」も「連邦」も有名無実になってしまった。が、これをレーニンのように「百パーセントロシア製の代物、すなわちロシア官僚主義の特徴たる大ロシア排外主義」と呼んでよいでしょうか。ロシア帝国にはむしろ、近代まで「大ロシア排外主義」はなかった。多くの民族が同等の権限をもって生きていたのです。そのような排外主義が生まれたのは、むしろモンゴル(タタール)のくびきを脱して西洋化しようとしたときからです。スターリンが抱いていたのは、近代国家に固有のナショナリズムです。ゆえに、同胞のグルジア人をためらうことなく弾圧したのは、彼らがスターリンの想定する「ネーション」を脅かしたからです。しかし、このようなナショナリズムは、必然的に少数民族の分離独立運動をもたらさずにいない。それを暴力的に弾圧したのがスターリン主義です。

スターリン独裁下のソ連邦は、第二次大戦後、ナチスの支配下にあった周辺諸国を軍事的に「解放」し、ワルシャワ条約機構の中に入れました。そこで、ソ連圏が形成された。これは「帝国」ではなく、「帝国主義」的なものです。しかし、そこに入らなかった国があった。ユーゴスラビアです。一つには、ユーゴの場合、チトー元帥が率いたパルチザンがソ連邦の助けを借りることなくナチス・ドイツと戦って独立を獲得したからです。しかし、もっと重要なのは、ユーゴスラビアでは旧オーストリア゠ハンガリー帝国の経験が受け継がれたこと、具体的にいえば、オーストリア・マルクス主義の伝統があったことです。

チトーは多数の民族の連邦を維持するために腐心しました。もちろん、そこから「分離独立する権利」を認めた上でです。また、大幅に言論の自由を許し、与党の中に野党を許容した。ソ連圏には入らず、経済的・文化的に西側と自由に交流しました。しかし、このことは、チトー個人のカリスマに負う面が少なくなかった。彼の死後、ユーゴでは、諸民族を統合する力が弱まり、また、資本主義経済の浸透によって生じた階級分解が民族主義的な対立に転化するようになりました。一九九〇年ソ連圏が崩壊する時点で、ユーゴスラビア連邦から、スロヴェニアをはじめとして次々と民族国家が分離しました。しかし、ユーゴスラビア連邦の経験は、たんに地域的なものではなく、人類にとって非常に貴重なものです。

6　中国

二〇世紀には、もう一つ、旧帝国で起こった革命があります。中国の革命です。その場合、私が意味するのは毛沢東による中国革命です。私は先に、旧帝国が民族主義によって分解せず広域国家として存続したのは、民族よりも階級を重視したマルクス主義者が革命を起こしたところだけだと述べました。皮肉なことに、帝国は、マルクス主義によって存続したのです。しかし、一九九〇年代にいたって、ソ連は崩壊し、ユーゴスラビア連邦さえ崩壊しました。それなのに、中国の体制は崩壊しなかった。なぜでしょうか。

孫文は最初、西洋の近代国家の観念にもとづいて中国の革命を考えていました。一九一一年、清朝は辛亥革命で倒れたのですが、その結果生まれた共和制はまったく機能しなかった。軍閥が乱立し、その一人、袁世凱が一九一五年には帝政を復活して、中華帝国大皇帝に即位した。悪しき意味で「帝国」が戻って来たわけです。それに対して、孫文は中国革命のヴィジョンを修正しました。それには、一九一七年に起こったロシア革命の影響があります。孫文はレーニンと交流し、また、「連邦」による国家を構想しました。

孫文の死後、彼の思想にあった二つの要素、西洋的近代国家建設と社会主義革命をそれぞれ受け継いだのが、蔣介石と陳独秀です。後者は、中国共産党の初期の指導者です。しかし、中国に社会主義革命を実現したのは、そのどちらでもなく、毛沢東でした。毛は彼ら二人とは違っていました。毛は、蔣介石と違ってマルクス主義者でしたが、陳独秀とは決定的に違う点がありました。陳は、中国革命の主役を産業プロレタリアートに見ていました。これは必ずしも彼がトロツキー派であったからではない。それまでマルクス主義者は一般に、農民を革命の主体と見なすことはなかったのです。ところが、毛は農民・農村革命を主張した。そのため、彼は一貫して共産党指導部から排除されました。

毛が農民による革命を考えたことは、それまでのマルクス主義の理論に反しています。

彼がそれを考えたのは、たんに現実に貧農が圧倒的多数の存在だったからだけではありません。中国の社会的政治的構造と歴史に通じていたからです。王朝の交替期には、必ず農民・流民の反乱があった。それらに支持され、また、土地改革(均分化)を掲げることによって、新たな皇帝が出てきたのです。毛の政権も同様です。孫文や陳独秀らが西洋モデルで考えていたのに対して、毛は帝国の経験に立脚したといえます。

中国では、王朝の交替は「易姓革命」であり、新王朝には正統性が要求されます。その正統性は、天命＝民意にもとづくこと、また、版図を維持ないし拡大することにあります。毛による革命は、マルクス主義から見ると異例のものですが、中国の「革命」観念には合致しています。その意味で、毛の社会主義は「中国的な特色をもった社会主義」なのです。

毛の政策として際立つのは、第一に、土地政策です。それは人民公社に象徴されます。これはソ連の模倣ではなく、これまでの王朝が何度も試みた土地公有化の伝統を継承するものです。第二に、多民族に関しても、清朝がとった政策を受け継ぎました。清朝はいわば少数民族(満州人)による王朝であって、多民族を統治することに長けていました。たとえば、周辺のチベットやウイグルを「藩部」に入れて優遇する政策をとっていた。共産党政権は、「藩部」をそのまま自治区とし、それらを優遇し援助した。これらはソ連邦の政策と似ているように見えるが、違います。毛の政策には、たんにマルクス主義にもとづくのでない「正統性」があったのです。ソ連でマルクス主義者の政権が滅んだのに、中国で壊れなかったのは、そのためだといえます。

中国で共産党がいわば王朝として存在したとき、他の地域でマルクス主義者の政権には課せられなかったような課題が課されます。どの王朝もそうでしたが、共産党による統治を正当化するのは、二つの条件です。経済的発展と社会主義。しかし、これらは根本的に背反するものです。経済的に発展しないならば、他国に従属することになり、王朝としての正統性を失う。一方、経済的に発展すれば、階級的・地域的不平等が生じる。それは多民族の不平等に帰結し、民族の自決、帝国の解体をもたらす。それによって王朝としての正統性が失われる。

中国共産党は政権を握った当初から、この矛盾する二つの課題に直面してきました。最初の一〇年間に著しい経済成長があったのですが、それはまた階級の格差、都市と農村の格差、諸民族の格差をもたらしたわけです。それに対して、毛沢東は「継続革命」を唱え、急進的な平等化をはかった。それが「文化大革命」です。この継続革命はたんにトロツキーないしマルクス主義者の継続革命(永続革命)の観念によるのではありません。それは中国における易姓革命の伝統に根ざしています。(9)

中国以外では、マルクス主義者の政権はそんなことを企てなかったし、しなくてもすんだのです。しかし、中国の政権はそれを実行しなければならなかった。それらの違いは、一九八九年の時点で明瞭になります。東欧やソ連圏では諸民族が独立しました。これらの地域で連邦国家が存続しえたのは、民族より階級を重視する社会主義を志向していたからですが、階級的格差が広がり、それが民族的格差に転化するようになってしまった。そうなれば、諸民族に分解してしまうことは避けられない。一方、中国ではそういうことにはならなかった。それは、すでに批判が起こっていたとはいえ、「文化大革命」の遺産が実質的に残っていたからです。

このあと、鄧小平の政権は、資本主義的な経済発展を急激に進め、そして、それに成功しました。が、それとともに、階級の格差、都市と地方の格差、諸民族の格差が生じた。そこから多くの問題、特に、少数民族の独立の要求が生じるのは、当然のことです。これらはおそらく、最初から予想できたはずです。「帝国」を維持するためには、経済発展と同時に社会主義的平等性が不可欠なのです。

中国に必要なのは、近代資本主義国家に固有の自由民主主義を実現することでなく、むしろ「帝国」を再構築することです。もし中国に自由民主主義的な体制ができるなら、少数民族が独立するだけでなく、漢族も地域的な諸勢力に分解してしまうでしょう。いかに民主主義的であろうと、そのような事態を招くような政権は民意に支持されない。つまり、天命＝民意にもとづく正統性をもちえない。ゆえに、長続きしないでしょう。のみならず、そのような方向をとることは、世界史的な観点から見ても愚かしい。

現在はどこでも、もはや小規模の国民国家では、やっていけない状態になっています。世界各地で、かつて世界帝国であったところに広域共同体ができつつあります。それは先ずヨーロッパ共同体から始まった。ヨーロッパでは、ナポレオンの帝国からナチスの第三帝国にいたるまで、ローマ帝国の再建をはかってきたのですが、すべて帝国主義でしかなかった。ヨーロッパ共同体は、その点で、意識的に「帝国」の原理を回復しようとしています。

ヨーロッパ共同体に対応して、他の地域でもブロックが形成されるようになりました。たとえば、イスラム圏の諸国家が、イスラム主義というかたちをとってですが、一つのブロックを作っている。このようなブロックは、過去の世界帝国の下で形成された文化的同一性にもとづいています。だから、各地で、過去の世界帝国が復活しているように見えるのです。ロシアでも、プーチンが旧ソ連諸国を統合する「ユーラシア同盟」を唱えている。その中で、中国だけは特に何もする必要がない。清朝という帝国が分節されずに残ってきたからです。その規模からいって、中国は各地の国家連合体を越えています。中国に必要なのは、そのことを自覚することです。つまり、国民国家の観念を越えて、積極的な意味で「帝国」を創出する方向をめざすことです。

先に述べたように、帝国の原理をもたないような広域国家は、必ず「帝国主義」となります。今や各地の広域国家は、世界資本主義の下で、帝国主義的な抗争に入っています。そして、世界資本主義の危機・没落が進行するとき、それは世界戦争に発展する可能性がある。では、それを阻止するのは、いかなる原理なのか。そして、それはどこから来るのか。それについては、次の章で論じます。

第6章

帝国と世界共和国

1　帝国と神の国

私はヨーロッパには帝国ができなかったと述べました。そのかわり、そこには世界＝経済が生まれた。それは本来、世界＝帝国の亜周辺にあったものです。が、それが次第に発展して、世界＝帝国を圧倒するようになった。実際にそうなったのは一九世紀以後です。以来、各地の帝国は解体されたり、変容を蒙りました。その結果、たくさんの主権国家が生まれた。このような過程は自明のように見えますが、そうでないことは、少しでも過去を考えてみればわかります。主権国家はヨーロッパから生まれたのです。それはヨーロッパ以外に存在しなかった。そして、そのことは、ヨーロッパに帝国ができなかったということと、深く関連しています。

先に述べたように、ローマ帝国が存在した時期でも、ヨーロッパでは東部と違って、在地有力領主層が競合し合う状態がありました。つまり、集権化が十分になされていなかった。さらに、そこに外部からゲルマン人が侵入した。ヨーロッパは、その意味で、ローマ帝国あるいは古代文明とは異質なのです。ローマ帝国滅亡から生じた社会は、しばしば「古代から封建へ」（ペリー・アンダーソン）として語られます。しかし、ヨーロッパには「古代」はなかった、というべきです。むろん、ヨーロッパの人々は「古代」の文明を受け入れてきましたが、たんに選択的にそうしただけです。ギリシア人がアジアの文明に対してそうしたように。それは要するに、ヨーロッパが亜周辺的であったということです。

また、封建制に関していえば、これは「古代」から一歩進んだ形態なのではありません。封建制は通常、生産関係、つまり、領主と農民の支配関係から見られますが、その点では専制国家に見られるものと大差がありません。封建制の特徴は、むしろ支配層における関係に見られます。それは、封を授ける者とそれに忠誠を誓う者という主従関係にもとづいています。先に私はつぎのように述べました。《これは交換様式Bですが、同時に、交換様式A、つまり、互酬的な関係が付随しています。たとえば、主君が従者に対して返礼の義務を果たさないなら、主従関係は終ってしまう。さらに、他の支配者との関係も互酬的な状態にあります。それが絶対的な支配を斥けるのです。封建制社会にも王はいますが、せいぜい第一人者あるいは首長のような存在でしかない。したがって、ここでは、王、領主(諸侯)、教会その他の勢力がたえず争うことになります》(第3章　専制国家と帝国)。

ヨーロッパでは、基本的にこのような状態が、近代にいたるまで続きました。しかし、まったくの混乱状態であったわけではない。そこには一定の同一性と秩序とがありました。それを与えたのがローマ教会です。ヨーロッパでは、ローマ教会が帝国の代わりをした、といえるでしょう。シャルルマーニュに西ローマ帝国皇帝の地位を与えたのも、その後に神聖ローマ帝国を創ったのも、ローマ教会です。しかし、ローマ教会は最初から強かったわけではありません。長く王・封建諸侯らが入り乱れる状況が続き、ローマ教会もそれを超越する存在ではなかった。ローマ教皇が教会改革を通して諸侯を統制する権力をもつにいたったのは、一一世紀末です。そのころ、教皇ウルバヌス二世の呼びかけで十字軍が始まった。それによって、ヨーロッパの王・封建諸侯は互いに競合しながらも、外部に対して一丸となったわけです。

ヨーロッパが「帝国」のような形をとったのは、したがって、皇帝ではなく、教皇によってです。実際、ローマ教会は中央集権的な官僚国家のようなものになりました。この時期、このような教会＝帝国を神学的に意味づけたのがトマス・アクィナスです。彼はイスラム圏から導入されたアリストテレスの『政治学』を活用しました。それは、個々の国家を現実として認めるとともに、それを「神の国」としての教会と調和させようとするものです。アリストテレスはプラトンのイデアを認めつつも経験的な個物から出発した哲学者ですが、アクィナスも同様に、アウグスティヌスの神の国を認めつつも、現にある諸国家の現実から出発しようとしたわけです。しかし、それが可能だったのは、ローマ帝国が滅びつつあったアウグスティヌスの時期と違って、教会を通してであっても帝国が存在していたからです。

このようなヨーロッパの帝国は、東ローマ帝国(ビザンツ)をふくむ、他の地域の帝国とは異質です。実際、これは国家としては統合されておらず、たんに教会として同一性があっただけです。どんな帝国の内部でも、つねに王や諸侯による反乱があり、それが帝国を崩壊させることになる。が、やがて帝国は再建されます。ヨーロッパで起こったこともその点では同じですが、ただ、教会＝帝国であるために、帝国に対する反乱は、教会批判ないし宗教改革というかたちをとりました。また、教会＝帝国の解体は、二度とその再建にはならなかった。

絶対王権は、教会＝帝国の崩壊から出てきたものです。たとえば、イギリスのヘンリー八世は自ら創設した国教会の首長となり、ローマ教会の財産を没収した。このような絶対王権を「主権」と名づけたのが、ジャン・ボダンです(『国家論』一五七六年)。ボダンは主権を二つの面でとらえました。第一に、主権は対外的に、ローマ教皇ないしキリスト教の超越的権威に対して自立すること、第二に、主権は対内的にすべての権力に優越すること、です。この二つは切り離せない。もし国外に主権に優越する権威があるなら、それは国内においてもあらわれるからです。したがって、主権国家の主張は、まがりなりにもヨーロッパに存在した「帝国」への意志を断念し、その残滓を一掃するものとして生じたのです。

このような絶対王権を正当化する理論は、当初、王権神授説でした。しかし、王権が封建諸侯を軍事的・経済的に制圧する力をもちえたのは、都市あるいは市民階級と結託することによってです。つまり、「主権者」は絶対的存在であるにもかかわらず、民衆の支持によってこそ成立するわけです。では、どうして民衆の支持によって民衆を統治する絶対者が出現するのか。この秘密を「社会契約」に求めたのが、ホッブズの『リヴァイアサン』(一六五一年)です。

彼は当初、この本を絶対王権を正当化するつもりで書いたのですが、本が刊行されたのは、ピューリタン革命(一六四八年)で絶対王政が倒されたあとです。が、それは問題にならなかった。ホッブズにとっては、主権者が王であろうと人民であろうと構わない、「主権」が存在することが肝要でした。それによって、さまざまな勢力が乱立する「自然状態」が克服され、「平和」が実現されるからです。ホッブズにとって、主権者とは、むしろ人ではなく、人が置かれる「場」であったということができます。

しかし、ホッブズは、一国の内部において平和が実現されるとしても、国家と国家の関係では「自然状態」が存続するほかない、と考えました。それを越えるリヴァイアサンとしての世界国家はありえない、と。主権国家は互いに、他の主権国家の主権性(至上性)を認めます。だが、これは、それらより上位の存在、教会や帝国を認めないということです。したがって、相手の主権を承認するということは、相互に仲良くやるということではまったくありません。したがって、主権国家の間では根本的に戦争状態が続きます。

ヨーロッパでは、絶対王権を打倒した市民革命の後、国民を主権者とする国家、すなわち、国民国家が生まれました。しかし、国民国家は先ず主権国家なのです。国民はそのあとに創造(想像)されたものでしかない。そして、主権国家は、それを越えるもの、すなわち、上位にある帝国ないし教会を否定するところに成立するものです。ゆえに、主権国家間の戦争状態は不可避的であり、それを越えるすべがないのです。

もちろん、主権国家はヨーロッパにおいて成立したものです。それは、帝国があった他の地域では考えられない。では、なぜ、それが世界各地に波及していったのでしょうか。もちろん、それは、ヨーロッパの列強が経済的・軍事的に優位に立ったからですが、主権国家の観念が一般化したのは、彼らが非西洋諸国を侵略したとき、主権国家の原理にもとづいてそうしたからです。

第一に、主権国家という観念は、主権国家として認められない国ならば、侵略されてもよいということを含意します。ヨーロッパの世界侵略・植民地支配を支えたのはこの考えです。ゆえに、そのような支配から脱するためには、諸国は自ら、主権国家であると主張し、それを西洋列強に実力で承認させなければならない。民族の解放・独立とは、主権国家の確立にほかなりません。

第二に、西洋列強は、オスマン、清朝、ムガールといった巨大な世界帝国には手が出せないので、それらの帝国の統治形態を野蛮だと非難し、あたかも帝国に従属している諸民族を解放し主権(民族自決権)を与えるかのようにふるまった。その結果、旧世界帝国は多数の民族国家に分解された。そして、それぞれが主権国家として独立する道をたどった。このように、ヨーロッパに始まる主権国家の観念が、必然的に世界中に主権国家を創り出したわけです。

2 ヘゲモニー国家

くりかえすと、世界=経済は、帝国が成り立たないところに出現しました。したがって、そこから帝国が出てくることはありえません。しかし、すべての主権国家が互いに対等であるわけではありません。世界=経済では、帝国は存在しえないけれども、他国を圧倒する強国が出てきます。それは経済的な発展によるものです。そのような強国はしばしば帝国と呼ばれますが、比喩的な表現にすぎません。誤解を避けるために、私はそれをヘゲモニー国家(ヘゲモン)と呼ぶことにします。

世界=経済では、中心がたえず移動するといいましたが、同様に、ヘゲモニー国家も移動します。つまり、ヘゲモニー国家はたえず交替するのです。そして、それが世界=

経済に固有の問題をもたらします。この点に関しては、ウォーラーステインの指摘が示唆的です(『近代世界システム　一六〇〇—一七五〇』)。

彼の考えでは、ヘゲモニー国家が存在するとき、それは自由主義的な政策をとる。それに対して、他の国は保護主義的になりますが、問題は生じない。ヘゲモニー国家は圧倒的に優越しているからです。それが「自由主義的」な段階です。つぎに、ヘゲモニー国家が衰退し、多数の国がつぎのヘゲモニーの座をめぐって争う状態がある。ウォーラーステインはこれを「帝国主義的な」段階だと考えた。さらに、彼は、近代の世界＝経済において、そのようなヘゲモニー国家は三つしかなかった、という。オランダ、イギリス、そして、アメリカ(合衆国)です。

マルクス派の経済学・政治学では、重商主義、自由主義、帝国主義という歴史的段階がいわれてきました。たとえば、レーニンは帝国主義を「資本主義の最高の段階」と見ています。しかし、このような段階論は、もっぱらイギリスの歴史にもとづく見方です。それはたとえば、つぎのような点を見ない。イギリスに先立ってオランダがヘゲモニー国家であり、したがって自由主義的段階であった。その時期、イギリスや他の国は重商主義(保護主義)的政策をとった。それは、海外貿易を握ったオランダに対して、そうするほかなかったからです。この間、イギリスでは内需を拡大する政策をとり、その結果、産業資本が発展したわけです。

ヘゲモニー国家であった時期のオランダは、政治的にも共和制であり、イギリスよりはるかに自由でした。たとえば首都アムステルダムは、デカルトやロックが亡命し、スピノザが安住できたような、当時のヨーロッパで例外的な都市でした。これは、いわば、イギリスがヘゲモニー国家となった時期のロンドンにマルクスが亡命していたのと相似する現象です。また、スコットランドの人々は数世代にわたって、大学教育を受けるためにオランダに行くようになった。これが一八世紀末のスコットランド啓蒙主義をもたらし、さらに、イギリス工業の劇的な発展をもたらしたといえます。つまり、イギリス人はオランダから学んだのです。

しかし、このオランダが没落し、新たなヘゲモニーの座をめぐってイギリスとフランスが争うようになった。これは重商主義と呼ばれていますが、ヘゲモニー国家が不在の時代、したがって、「帝国主義的」な時代です。そして、イギリスの優位が確定されたのが、ナポレオン戦争以後です。つまり、一八一五年以後が自由主義的段階に入ったと考えられる。それはむろん、イギリスがヘゲモニー国家となったことを意味します。が、一九世紀後半には、このイギリスのヘゲモニーが揺るぎ始め、新たなヘゲモニーの座をめぐる争いが生じた。それがいわゆる「帝国主義」段階なのです。

この時期、イギリスが下降気味であったのに対して、つぎのヘゲモニーの座をめぐって、ドイツとアメリカ、ロシア、さらに日本が争った。その結果、第一次大戦を境に、アメリカのヘゲモニーが確定しました。最初は、それに対して、ドイツと日本が抵抗した。それが第二次大戦です。しかし、それはアメリカのヘゲモニー、したがって、自由主義的な段階を一層確立する結果に終ったわけです。

アメリカのヘゲモニーが揺らぎ始めたのは、一九七〇年代からです。そして、それを揺るがしたのが、アメリカの援助の下に復活を遂げたドイツと日本であった。その後に、アメリカは新自由主義の政策をとるようになります。それは、アメリカがヘゲモニー国家として没落しはじめ、新たなヘゲモニーをめぐる争いが生じる段階、すなわち、帝国主義的な段階です。ゆえに、新自由主義は、自由主義とはまったく異なるもので、むしろ新帝国主義というべきものです。また、それは任意にとられた一つの経済政策ではありません。それは、没落するヘゲモニー国家にとって、同時にそれにとって代わろうとする国家にとって、必要不可欠な政策です。

世界資本主義の諸段階は、「生産力」という観点から見ると、リニアな発展に見えますが、ヘゲモニー国家という観点から見ると、違ってきます。図示したように(図4)、ヘゲモニー国家の存在、不在、さらに、存在という反復が、世界資本主義の段階を循環的なものにするのです。すなわち、「自由主義的」な段階と「帝国主義的」な段階が交互に続きます。ここから見ると、帝国主義をレーニンのように「資本主義の最高の段階」として見ることはできません。まして、それを「最後の段階」と見なすことはでき

a　リニアな様相

	1750-1810	1810-1870	1870-1930	1930-1990	1990-
経済政策	重商主義	自由主義	帝国主義	後期資本主義	新自由主義
資本	商人資本	産業資本	金融資本	国家独占資本	多国籍資本
国家	絶対主義王権	国民国家	帝国主義国家	福祉国家	地域主義
世界商品生産様式	繊維工業（マニュファクチュア）	軽工業（機械生産）	重工業	耐久商品（フォーディズム）	情報（ポスト・フォーディズム）

b　循環的な様相

	-1750	1750-1810	1810-1870	1870-1930	1930-1990	1990-
ヘゲモニー国家	オランダ		英国		米国	
世界資本主義	自由主義的	帝国主義的	自由主義的	帝国主義的	自由主義的	帝国主義的

図 4　世界資本主義の諸段階

ない。それは本性的に反復的なものだからです。

ここで、ヘゲモニー国家がいかにして交替するのかを考えます。ヘゲモニーは軍事的・政治的な問題と切り離せないのですが、同様に、資本主義経済の問題と切り離すことができません。というのも、近代世界システムにおいては、国家の「力」は、結局、経済的な「力」にもとづくからです。したがって、これを資本の蓄積という問題として見る必要があります。

マルクスは、資本蓄積の三つの形態を区別しました。(Ⅰ)商人資本M－C－M′と、(Ⅱ)利子うみ資本M－M′、(Ⅲ)産業資本M－C－P－C′－M。マルクスの考えでは、商人資本や金貸し資本は、資本主義の「ノアの洪水以前からある」形態です。それは近代の産業資本によって越えられ、その中の一契機として吸収されてしまう。たとえば、商人資本は商店や商社となり、金貸し資本は銀行となります。しかし、実は、それで終るのではない。最初の二つは、産業資本以後も、資本蓄積の形式として存続します。のみならず、それらは、産業資本の上に立つようになる。それが金融資本です。それは、マルクスが『資本論』を書いていたときには、まだ存在しなかったのですが。

ここで必要なのは、たんにそのような資本蓄積形態の変化を見ることではなく、さらにそこからヘゲモニー国家の交替を見ることです。たとえば、ウォーラーステインは、一国がヘゲモニーを確立するのは、つぎのような順序である、といいます。まず、ヘゲモニーを得るのは、生産部門であり、それから、商業部門、そして、金融部門です。もっと具体的にいうと、先ず、農＝工業における生産効率の点で圧倒的に優位に立った結果として、世界商業において優越し、つぎに、それによって金融部門でのヘゲモニーを得る。

さらに、大切なのはつぎの点です。《特定の中核国が、同時に、生産・商業・金融の三次元すべてにおいて、あらゆる中核国に対して優位を保っているような状態は、ほんの短い期間でしかありえない》(同前)。これは、ある国が全領域でヘゲモニーを得ることがあるとしても、それは短期間しか続かない、ということを意味します。このことはまた、生産の領域でヘゲモニーを無くしても、商業や金融においてヘゲモニーが維持されうるということを意味します。

実際、自由主義時代のオランダがそうでした。オランダはまず製造業で海外貿易の覇権を握ったが、まもなく商業と金融に移った。その間、保護主義をとったイギリスの国内で、繊維工業を中心にして産業資本が発展したわけです。その結果、イギリスは「世界の工場」となり、商業・金融の領域でもオランダを凌駕するようになった。しかし、それとともに、製造部門では徐々に後退していきました。一八七〇年以後は、重工業部門で、ドイツやアメリカに遅れをとったのです。むろん、イギリスは、海外投資と金融の部門では圧倒的な優位を保ったし、また、軍事的にも「世界の七つの海」を支配していました。にもかかわらず、ヘゲモニー国家としては没落する過程にあったのです。

ここから、一九世紀末の帝国主義あるいは金融資本についてふりかえってみます。ヒルファーディングは、銀行資本と産業資本が融合した状態を「金融資本」と呼びました（『金融資本論』）。重工業のためには、巨大な資本の投下が必要であり、それには株式会社や銀行が不可欠でした。しかし、イギリスではそれが発展しなかった。だから、ヒルファーディングがいう金融資本は、ドイツやアメリカに特徴的なものです。つまり、それは、イギリスに対して後進的である国家が、重工業を中心にして、国家資本主義的政策をとったことから来ているのです。

それに対して、ホブソンは、海外投資に向かったイギリスを対象として『帝国主義論』を書きました。イギリスでは、重工業をになうような株式会社は形成されず、過剰な資本はもっぱら海外投資や金融に向けられた。先にも述べたように、イギリスはこの時期、産業資本では後退したが、世界商業・金融の圧倒的な中心であったのです。比べてみると、ドイツやアメリカの金融資本は、産業資本を飛躍的に引き上げるものであり、重工業や生産の社会化において画期的な役割を果たした。その意味で、ヒルファーディングのいう金融資本は、「資本主義の最高段階」ということになります。

一方、イギリスの金融資本は、産業資本の没落とともにあらわれたものです。それを批判したのがホブソンです。レーニンはヒルファーディングを批判し、彼はホブソンのように帝国主義の「寄生性と腐朽化」を見なかったと述べた(『資本主義の最高の段階としての帝国主義』)。しかし、両者の違いは、彼らが依拠した対象の違い、つまり、没落しかけたイギリスと、それを追い上げたドイツやアメリカとの違いからくるものです。しかし、「帝国主義」はむしろ、それらがつぎのヘゲモニーをめぐって争うことにこそあるのです。

3 歴史と反復

帝国主義的な段階はヘゲモニー国家の不在として特徴づけられます。つまり、つぎのヘゲモニーをめぐる熾烈な角逐・闘争が続く。その点で、一九九〇年以後の「新自由主義」の時代は、一八七〇年代以後の「帝国主義」の時代と類似するわけです。生産力と生産関係という観点から見ると、一九世紀末と二一世紀には大きな違いがあります。しかし、それだけで見ると、世界史の反復的・循環的な様相が見えなくなってしまいます。われわれは一九九〇年以後に顕著になってきたものを、何か新たな画期的なものとして、あるいは最高の段階ないし最後の段階として、見てはいけない。それは反復的なものです。

現在がかつての帝国主義時代と類似しているのは、つぎのヘゲモニーをめぐり争っているから、というばかりではない、類似点がもう一つあります。それは、一八七〇年代に旧世界帝国(ロシア、清朝、ムガール、オスマン)が、西洋列強の帝国主義によって追いつめられながらもまだ強固に存在していたように、一九九〇年代に、それらが新たな広域国家として復活してきたということです。現在を一九三〇年代と比べる見方が根強くありますが、それはこのような違いを見ないものです。一九三〇年代には完全に無力な状態に置かれていた、中国、インド、その他が経済的な強国としてあらわれています。かつてオスマン帝国、イラン帝国であったところも、いわばイスラム圏として復活してきたといえます。また、ヨーロッパもヨーロッパ共同体という「帝国」として再登場したことを忘れてはなりません。

このように、歴史的段階としての新自由主義あるいは新帝国主義は、かつての歴史・地理的な場で生起します。だから、それは、いわば「歴史の反復」というべき事態をもたらします。東アジアにおいて、そのことは明瞭です。たとえば、現在そこで起こっているのは、かつて日清戦争の時期にあったことの反復なのです。日清戦争は、東アジア、すなわち日本、中国、朝鮮だけのものではなかった。そこにロシアが関与していることはいうまでもないが、何よりも米国がそこに関与していたことに注意すべきです。当時、米国と日本は結託しており、その後に日本が朝鮮を取り米国がフィリピンを取るという密約を交わしたのです。このような東アジアの地政学的状況は、むしろ現在蘇っています。

先ずここで、問題は、没落しつつあるアメリカに代わって、新たなヘゲモニー国家となるのはどこか、です。それがヨーロッパや日本でないことは、確実です。人口から見ても、中国ないしインドということになります。が、このような推測は、世界資本主義が存続すると仮定した場合にのみ成り立ちます。実際には、中国やインドの経済発展そのものが、世界資本主義の終りをもたらす可能性があるのです。

産業資本主義の成長は、つぎの三つの条件を前提としています。第一に、産業的体制の外に、「自然」が無尽蔵にあるという前提です。第二に、資本制経済の外に、「人間的自然」が無尽蔵にあるという前提です。第三に、技術革新が無限に進むという前提です。しかし、この三つの条件は、一九九〇年以後、急速に失われています。

第一に、中国やインドの産業発展は大規模であるために、資源の払底、自然環境の破壊に帰結します。第二に、中国とインドには世界の農業人口の過半数が存在したのですが、それがなくなることは、新たなプロレタリア＝消費者をもたらす源泉がなくなるということです。以上二つの事態は資本の自己増殖を不可能とします。グローバルに一般的利潤率が低下することは避けがたい。

もちろん、資本の終りは、人間の生産や交換の終りを意味しません。資本主義的でない生産や交換は可能であるからです。しかし、国家にとって、これは致命的な事態です。

資本の弱体化は、国家の弱体化であるから、それゆえ、国家は、何としてでも資本的蓄積の存続をはかるだろう。今後に、世界市場における資本の競争は、死にもの狂いのものになります。それは、たんに南北間の対立だけでなく、資本主義諸国の間の対立となる。そして、それが世界大戦に帰結することは確実です。

第一次大戦の場合、その直前まで、こんなことが起こると思った人はほとんどいなかった。今後においても同じです。局地的な戦争はあっても、世界戦争はとうてい起こらないだろうと、いま人々は考えている。が、突発する蓋然性は高いのです。では、戦争が起これば、どうなるのか。そのことを考えるために、かつての帝国主義時代がどのように終ったかを、ふりかえってみましょう。先にいったように、それは第一次大戦によって終った。この戦争で勝利したのは、最後に参戦した米国です。その後、米国がヘゲモニー国家となった。それによって、帝国主義段階が終ったわけですが、それだけではなく、帝国主義段階の終りを決定的にした要因がある。一つはロシア革命であり、もう一つは国際連盟の発足です。

今後のことを考える場合、そのことが参考になります。現在の帝国主義的段階も、やはり戦争を通して終る蓋然性が高いからです。ロシア革命と国際連盟とでは、これまで、もっぱらロシア革命の世界史的意味の方が強調されてきました。しかし、私は、実は、国際連盟の発足のほうが歴史的に画期的な出来事だったと考えています。それは現実にはほとんど機能しなかった。その理由の一つは、ここに、ヘゲモニー国家であり且つ国際連盟を推進していた米国が参加しなかったことです。もう一つは、ソ連邦が参加していなかったことです。その結果、第二次大戦が生じた。その後に設立された国際連合は、国際連盟よりははるかにましですが、結局、大国による支配を越えるものではありません。ゆえに、現在も、軽視される傾向があります。

4　諸国家連邦

しかし、私はそこに存在する可能性に注目したいと思います。国際連盟が本来、カントの『永遠平和のために』(一七九五年)の構想にもとづくことはいうまでもありません。カントの提唱した「諸国家連邦」に関しては夙《つと》に、ヘーゲルによる痛烈な批判がありました(『法の哲学』)。諸国家連邦や国際法が機能するためには、規約に違反した国を処罰する実力をもった国家がなければならない、と彼はいうのです。ゆえに、覇権国家がないかぎり平和はありえない、と。ヘーゲルからみれば、カントは甘い理想主義者でしかありません。このような批判は、国連に関して今もくりかえされています。

しかし、カントは決して甘い理想主義者ではなかった。彼は諸国家連邦を構想するとき、ホッブズと同じ前提、つまり、「自然状態」から出発したのです。《自然状態は、むしろ戦争状態である。言いかえれば、それはたとえ敵対行為がつねに生じている状態ではないにしても、敵対行為によってたえず脅かされている状態である。それゆえ、平和状態は、創設されなければならない》(『永遠平和のために』)。

平和状態は創設されねばならないというのは、それが自然に生じることはない、という意味です。カントがホッブズと異なるのは、いかにして平和状態を創設するのかという点に関してです。ホッブズの考えでは、暴力を独占する主権者をもつことによって、平和状態が創設される。しかし、これは一国においては可能であっても、国家間ではありえない。一方、ヘーゲルがいったのは、平和状態は事実上「ヘゲモニー国家」によって得られる、ということです。これはホッブズの考えを追求して出てくるものです。それにもとづいて、ヘーゲルはカントを批判したわけです。しかし、ヘゲモニー国家による平和は、自然状態を克服するものではない。そもそも、それは長続きしません。

一方、カントの考えはそのような考えとは根本的に異なるのです。ホッブズはすでに出現していた近代の主権国家を肯定し、それ以外にはありえない、と考えていた。ヘーゲルも同様です。別の観点からいえば、彼らはヨーロッパに生まれた世界＝経済を自明のものとして受け入れ、それ以外の道を考えなかった。が、カントは別のかたちの「平和状態」がありうると考えたのです。それは、近代国家が出現する前提そのものへの疑いをもっていたからです。

カントは「世界共和国」という理念を提示したとき、それを実現する第一歩として、「諸国家連邦」の構築を説きましたが、その理由をつぎのように述べています。《一つの世界共和国という積極的理念の代わりに(もしすべてが失われてはならないとすれば)、戦争を防止し、持続しながらたえず拡大する連合という消極的な代替物のみが、法をきらう好戦的な傾向の流れを阻止できるのである》(同前)。

しかし、カントが「諸国家連邦」を唱えたのは、本来なすべきことの「消極的な代替物」としてではありません。諸国家の戦争状態を越えるというと、ひとは「諸民族合一国家」(世界国家)のようなものを考えてしまう。それは諸国家を上から実力によって統制するものです。それでは、ホッブズやヘーゲルと同じ発想になってしまいます。一方、カントがいう諸国家連邦という構想は、諸国家の自律性をとどめたままで、徐々に国家間の「自然状態」を解消しようとするものです。だから、世界共和国への道は、「戦争を防止し、持続しながらたえず拡大する連合」しかない、というのです。

ここで考えたいのは、このようなカントの考えがどこから来ているか、という問題です。近代世界で注目されてきた政治学(ポリティックス)は、主に都市国家(コミューン)にもとづくものです。マキャベリ(フィレンツェ)、スピノザ(オランダ)、ルソー(ジュネーブ)などがその例です。もちろん、それらの中に近代国家を越える要素を見出せないことはないし、またそのように読む試みが今もなされていますが、やはり帝国という経験を欠いたポリティックスは不十分だというほかありません。

この点で、異質なのは、ドイツ、というより、神聖ローマ帝国の中で考えたライプニッツです。ホッブズがいたイギリス、スピノザがいたオランダは、当時の最先進国であり、ヘゲモニー国家でした。彼らの考えは、近代の主権国家を前提しています。それに対して、ライプニッツが生まれたのはドイツであり、カトリックとプロテスタントという宗教対立の体裁をとりながら、諸国家が勢力拡大のために争った三十年戦争が間もなく終結しようとするころです。戦場となったドイツは人口の三分の一が失われた程に疲弊していました。しかも、ウェストファリア条約（一六四八年）がもたらしたのは、たんに当面は戦争がないというだけの〝平和〟状態です。ホッブズらの政治認識は、この間に形成された主権国家のあり方を受け入れるところに成立したものです。

しかし、それをライプニッツは受け入れなかった。彼が考えたのは、いわば「永遠平和」の構想であったといえます。もちろん、彼はカントのように諸国家連合を考えたわけではない。彼が考えたのは先ず、教会の統一です。その場合、彼はカトリックとプロテスタントだけでなく、ルター派とカルヴァン派をも和解させようとしました。さらに、キリスト教と儒教をも和解させようとした。このような和解がなぜ可能か、といえば、真の教会は一つしかないからです。彼の考えでは、多数の信仰は、一つの神をモナドがそれぞれのパースペクティブによって表出するものである。彼はこの観点から、多数の宗派を統合しようとしたわけです。彼にとって、真なる教会(神)は一つであり、「見えない」カトリック教会です。しかし、彼自身はルター派にとどまった。これはどういうことなのでしょうか。

カントはこう述べています。《(真なる)宗教は一つしかないが、信仰にはいろいろな様式がありうる》(『カント全集10　たんなる理性の限界内の宗教』)。その際、彼は、信仰様式の多様性として、キリスト教諸派だけでなく、ユダヤ教やイスラム教をあげています。さらに、彼は「相違のうちに、同一の真なる宗教をみいだせる」というのです。カントがいう真なる宗教とは「純粋理性宗教」です。このような考えが、ライプニッツのモナド論に由来することは明らかです。先に述べたように、多様な信仰様式は、同一の神を多数のモナドがそれぞれの観点から表出したものです。

ところが、カントは、主権国家がそれぞれ煽るナショナリズムを、根絶すべき「妄想」として斥けた上で、つぎのように述べているのです。

> (……を理由として)、いずれの場合も、ある民族は他国よりも自国を愛するのである。各国の政府はこの妄想を歓迎する。これが、われわれが本能に任せて互いに結合したり分離したりする、その世界編制のメカニズムなのだ。一方、理性はわれわれに法を与えて、本能は盲目だから、われわれの中の動物性を導くことはするけれ

ども、理性の格率によってとって代わらねばならない、と教えるのである。そうなるためには、ここに述べた国家の妄想は根絶やしにされるべきであり、祖国愛と世界市民主義がそれにとって代わらなければならない(『カント全集15　人間学』)。

ナショナリズムを斥けて世界市民主義を主張するのは理解できます。が、なぜ祖国愛が出てくるのでしょうか。彼がここでいう祖国愛(パトリオティズム)は近代国家のナショナリズムではなく、郷土愛のようなものです。コスモポリタニズムはナショナリズムに背反するけれども、郷土愛とは両立します。コスモポリスは、多くの郷土が存在するような空間を意味する。それはいわば「帝国」なのです、帝国は、多数の郷土、言語、宗教を許容するものです。その意味で、カントのコスモポリタニズムは、「帝国」に由来するということができます。

ライプニッツは真の教会は見えない唯一の教会だけだといいつつ、自身はルター派をやめなかった。これは矛盾ではありません。もし彼にとって、見えない唯一の教会がコスモポリスだとすれば、ルター派は郷土のようなものです。だから、彼がルター派であることは、真の宗教のみを信じることと矛盾しないだけではなく、むしろ必要でもあったのです。

ライプニッツが企てたのは、もちろん、宗教の統一ばかりではなかった。諸国家・諸宗教間の「平和」を達成することです。しかし、彼の企てはすぐに挫折したし、彼の政治論はその後においても問題にされませんでした。[1] 近代国家の現実と観念が圧倒的であったからです。一方、カントも国家に関して、ルソーの影響の下に考えていました。しかし、彼はルソーの市民革命が一国だけで考えられていることに対して批判的でした。

> 完全な意味での公民的組織を設定する問題は、諸国家のあいだに外的な合法的関係を創設する問題に従属するものであるから、後者の解決が実現しなければ、前者も解決され得ない。個々の人達のあいだに合法的な公民的組織を設けてみたところで、換言すれば一個の公共体を組織してみたところで、それだけでは、あまりたいした効果はない。人々を強要して公民的組織を設定せしめたのとまったく同じ非社交性は、諸国家の場合にもまた原因となって、対外関係における公共体は、他の諸国家に対する一国家として、自己の自由をほしいままに濫用することになる(「世界公民的見地における一般史の構想」第七命題(一七八四年)、『啓蒙とは何か』)。

「完全な意味での公民的組織」とは、ルソー的な社会契約による国家です。が、それが成立するかどうかは、他の国家、というより、周囲の絶対主義的な王権国家との関係によって左右されるのです。そのような国家による干渉戦争を阻止しないかぎり、一国だけの市民革命は不可能です。ゆえに、カントはこう付け加えました。《それだから国内においてできる限り最善の公民的組織を設定すると共に、対外関係においても諸国家のあいだに協定と立法とを制定すれば、公民的公共体に類し、また自動機械さながらに自己を保存し得るような状態が、いつかはついに創設されるのである》(同前)。つまり、「諸国家連邦」の構想は、本来、市民革命を貫徹するためにこそ考えられたのです。いいかえれば、世界共和国は市民革命によってこそ実現可能であり、また、真の市民革命は世界同時革命によってのみ可能であるということです。

事実、フランス革命は「公民的組織」を実現しましたが、たちまち、周囲の絶対主義王権国家の干渉と妨害を受けました。それによって、市民革命そのものがねじ曲げられた。ロベスピエールの恐怖政治(la Terreur)も半ば、外からの「恐怖」によって増幅された結果です。また、一七九二年、立法議会は革命防衛戦争を開始しました。カントが『永遠平和のために』を刊行したのは、革命防衛戦争を通してナポレオンが頭角をあらわした時期です。

もちろん、カントの提案は何の影響力ももたなかった。まもなく、皇帝となったナポレオンによって世界戦争が起こりました。彼にとって、それは革命の防衛のためであり、また、イギリスのヘゲモニーに対抗してヨーロッパ連邦を結成するためでしたが、実際のところ、それは征服戦争でしかなかった。ナポレオンの帝国は「帝国主義」でしかなかったのです。それは結果的に、ヨーロッパ各地にナショナリズムを喚起し、多数の国民国家を創り出したわけです。ナポレオンの企ては、ヨーロッパ連邦どころか、諸国家間の戦争状態を新たに創り出した。その中では、カントの平和論は見向きもされませんでした。それが注目されるようになったのは、一九世紀末に帝国主義が隆盛し、それに対する平和運動が生まれたころです。

カントの『永遠平和のために』が第一次大戦後の「国際連盟」設立に貢献したことは確かです。が、彼の考えが十分に理解されたとは思えません。カントの構想は一般に、サン＝ピエールの「永遠平和」に始まる平和論の系譜の中で読まれてきました。しかし、カントがいう「永遠平和」は、たんに戦争の不在としての平和ではなく、「一切の敵意が終る」という意味での平和です。それは事実上、国家が存在しないこと、つまり、国家の揚棄を意味するのです。

カントの他に、国家の揚棄を考えた人は少なくありません。しかし、彼らはそのことを一国だけでしか考えなかった。国家は他の国家に対して国家である、ということを見なかったのです。もちろん、マルクスは国家が他の国家に対して国家であるということを承知していました。ゆえに、彼は一国だけで社会主義革命が可能であるとは考えなかった。それは「主要な民族が一挙にかつ同時に遂行することによってのみ可能である」（『ドイツ・イデオロギー』）と、彼は述べています。つまり、国家の揚棄は、「世界同時革命」によってしかありえないということです。実際、一八四八年頃のヨーロッパには、各国の革命が同時的に波及する状況がありました。それ以後も、「第一インターナショナル」が続く間、マルクスもバクーニンも「世界同時革命」の可能性を信じていました。

しかし、そのような状況がなくなったとき——それはまた「帝国主義的」な時代に入ったときでもありますが、社会主義革命はいかにして可能なのか。一国だけの社会主義革命はどうなるのか。この問題をマルクス主義者は真剣に考えなかった。アナキストも同様です。(2) 各国の革命運動は自然につながるだろうという根拠のない見通しをもっていただけです。「インターナショナル」組織があっても、実際には、各国の対抗運動はネーション＝国家によって分断された。その結果、第一次大戦の勃発に際して、各国の社会主義者は参戦支持にまわったのです。

彼らは国家の揚棄を主張したが、国家を一国内でしか考えていなかった。そのため、逆に国家主義に陥ったのです。したがって、国家を他の国家との関係においてとらえた上で、その揚棄を考えようとした思想家は、カントだけだ、といっても過言ではないでしょう。とはいえ、彼のような考えは必ずしも新しいものではありません。ある意味で、それは古い思想、つまり、近代主権国家以前の思想に根ざしているからです。

5　自然の狡知

カントは根本的に、ライプニッツを受け継いだヴォルフの哲学にもとづいて考えていました。むろん、彼はそのような「形而上学」を〝批判〟しました。が、彼にとって、〝批判〟とは吟味であり、形而上学あるいは神学を、ヒューム的な懐疑をくぐった上で「再建」することでした。一般には、そのことが理解されていません。カントはむしろヒュームに近いと思われている。実は、その逆です。政治的な領域に関しても同様です。カントはルソーの市民革命論を支持し、ライプニッツ的な理論を否定したように見えます。が、彼はむしろ、前者にもとづく〝批判〟を通して、後者を再建しようとしたというべきなのです。

カントの世界共和国という理念は、ルソーではなくライプニッツから来るものです。さらにいえば、アウグスティヌスの『神の国』から来るものです。カントはそれを「再建」しようとしたのです。先に述べたように、アウグスティヌスのいう「神の国」は、彼岸に想定される観念世界ではありません。また、「終末」(最後の審判)によって一気に実現されるようなものでもない。神の国は、地の国と同様にこの世に存在するものです。彼の考えでは、地の国が「自己愛」に立脚する社会であるのに対して、神の国は「神への愛」、すなわち、「隣人愛」によって成立する社会である。実際には、この二つの世界が混ざり合いつつ存在する。アウグスティヌスは、自己愛によって形成される「地の国」の中で、神への愛、隣人愛によって形成される「神の国」が徐々に浸透していくことを考えたわけです。それはカント的にいえば、「持続しながらたえず拡大する連合」です。たとえば、アウグスティヌスはつぎのようにいいます。

そのようなわけで天上の国は、この世にあって遍歴の旅をつづけているあいだ、あらゆる民族からその国の民を召し出し、多様な言語を語る寄留者の社会を集めるのである。その国は、唯一にして最高の真の神を拝すべきことを教える宗教を阻止しないなら、地上的平和を得させ、保持している慣習や法、制度の相違を慮ることなくそれらのうちの何ものかを無効にしたり廃棄したりせずに、かえってむしろそれを維持し、追っていくのである。というのは、さまざまな民族のあいだに相違が存するけれども、しかし、一つの同じ目的——地上的平和——が目ざされているからである。

それゆえ、地上において旅をつづける天上の国も地上の平和を用いるのであり、また、人間の可死的な本性に属するもろもろの事物にかんしては、それらが健康的な宗教と敬虔に害を加えることなくゆるされるかぎり、人間の意志の合成をまもり、

> かつ求めるのである。その国は地上的平和を天上的平和へと関係づける。この平和は真の平和であって、すくなくとも理性的被造物にとっては、それのみが得られるべきであり、平和とよばれるべきものである(『神の国』第一九巻・第一七章)。

神の国(天上の国)は、天上ではなく、地上的平和を実現することによって得られる、とアウグスティヌスはいうのです。それによって、「地の国」がまったく廃棄されてしまうわけではない。たとえば、諸民族の差異、さまざまな慣習や法、制度が廃されることはない。ただ、地の国における戦争状態が廃棄されるだけです。いいかえれば、民族国家が揚棄されるということです。先ほど引用したように、コスモポリタニズムとパトリオティズムが両立するというカントの考えは、ここから来るといってよいでしょう。したがって、カントのいう世界共和国は、ライプニッツのみならず、アウグスティヌスを経由して、「帝国」につながるものだといえます。カントは近代国家論の前提を根本的に疑っているのです。

ただ、カントはアウグスティヌスのように、キリスト教ないしキリスト教会を擁護するようなことは一切しません。彼にとって、普遍的な宗教は「純粋理性宗教」であり、普遍的な教会は「唯一の不可視の教会」だけです。しかしそれがキリスト教である必然はない。むしろ宗教であるかぎり、キリスト教も他の宗教と同じだというのです。《ツングース族のシャーマンから、教会や国家を同時に治めるヨーロッパの高位聖職者にいたるまで、（中略）信仰の流儀にはいちじるしい隔たりがあるにしても、その原理に隔たりがあるわけではなく、そもそも原理に関していえば、彼らは同一の部類に属しているのである》（『たんなる理性の限界内の宗教』）。つまり、ツングース族のシャーマンもキリスト教の聖職者も同じだというわけです。

また、彼はつぎのようにもいいます。《哲学的千年至福説というのは、世界共和国としての国際連邦にもとづく永遠平和の状態を願うものであるが、これが、全人類の道徳的改善の完成を待ち望む神学的千年至福説と同じように、空想だと嘲笑されるほどなのである》（同前）。つまり、カントがいうのは、アウグスティヌスの考えが「神学的千年至福説」だとすれば、自分の考えはさしずめ「哲学的千年至福説」だということで、もちろん、冗談めかしていっているのです。どちらも「空想だと嘲笑されている」というわけですから。

また、『永遠平和のために』でも冒頭で、「永遠平和のために」はオランダの旅館の看板に使われていた言葉だ、と付け加えています。これは通常、死者を祀って「永遠に安らかにお休みください」というときにいわれる文句なので、カントは議論を冗談めかしているわけです。要するに、彼はこれまで神学的であった問題をあくまで「理性の限界内で」語ろうとしたのです。たとえば、彼は神ではなく「自然」という言葉を使います。

人類の歴史を全体として考察すると、自然がその隠微な計画を遂行する過程と見なすことができる（「世界公民的見地における一般史の構想」）。

自然は人間の傾向そのものにそなわる機構を通じて、永遠平和を保証する。なるほどこの保証は、永遠平和の到来を（理論的に）予言するのに十分な確実さはもたないけれども、しかし実践的見地では十分な確実さをもち、この（たんに空想的ではない）目的にむかって努力することをわれわれに義務づけるのである（『永遠平和のために』）。

ここでカントのいう「自然」が、「神」や「摂理」のようなものを意味していることは明らかとみえます。実際、そのように読めるし、また読まれてきました。たとえば、カントは平和に関して、人間の善意を期待しなかった。逆に、人間の「非社交的社交性」こそがそれを実現する、と考えたのです。そして、この「非社交的社交性」は、「自然」が人間に与えた素質《ネイチャー》だ、と彼はいう。その意味で、自然によって平和が実現される、というわけです。

その例として、彼は先ず利己心をあげています。利己心の結果として、諸民族の間の交易が拡大する。そうすると、簡単に戦争することができなくなります。自然は諸民族を分離する。が、同時に、それは《互いの利己心を通じて諸民族を結合するのであって、実際世界市民法の概念だけでは、暴力や戦争に対して、諸民族の安全は保障されなかったであろう。商業精神は、戦争とは両立できないが、おそかれ早かれあらゆる民族を支配するようになるのは、この商業精神である》(『永遠平和のために』)。

確かにカントが指摘するような側面はありますが、同時に、「商業精神」がそれまでとは質的に違った対立や戦争をもたらすことを見逃してはいけない。すなわち、帝国主義戦争です。しかし、そのことは、カントがいったことを無効にするものではありません。カントがいう諸国家連邦のプロジェクトが現実化されたのは、第一次世界大戦の結果です。各国に国際連盟の設立を受け入れさせたのは、世界戦争の残酷な現実です。いいかえれば、人間の「非社交的社交性」の露呈です。むろん、国際連盟は十分に機能しなかった。したがって軽視されたのですが、その結果として生じた第二次大戦ののちには、国際連合が形成された。人間の「非社交的社交性」こそがこれをもたらした、といってよいでしょう。

にもかかわらず、今日では国連は、アメリカのネオコン・イデオローグの言葉でいえば、「カント的理想主義」として嘲笑されています。しかし、カントは別に甘い理想主義者ではなかった。むしろ、理想主義に対して冷淡でした。たとえば、過去に黄金時代、理想的な社会があったという考えについても、それは「希望というよりはむしろ空しい憧憬」であり、「希望したところで所望のものがついに与えられないことは誰でも承知している」という(「人類の歴史の憶測的起原」)。一方、諸国家連邦から世界共和国へというカントの理念は、たんなる希望や憧憬ではありません。すなわち、それは、戦争を廃絶する体制を創り出すのは、まさに戦争だ、という認識にもとづいています。いいかえれば、人間の「非社交的社交性」がそれ自身を制御するという弁証法的な認識にもとづいています。

ここには、実のところ、アウグスティヌスにあった「禍の神義論」がかたちを変えて出現しています。非社交性、利己心とは、神学的には悪であり、アウグスティヌスの言葉でいえば、「自己愛」です。それは地の国として帝国を創り出す。が、そのような悪ないし禍はまた、神の国を用意するものでもある。ヘーゲルなら、このような過程を「理性の狡知」と呼ぶでしょう。同様に、カントに関しても「自然の狡知」ということがいわれています。しかし、われわれはカントのいう「自然」の背後に、神ないし理性をもってくるべきではありません。

《私が自然について、自然はこれこれのことが生ずることを意志する、と語るとき、その意味は、そのことをなす義務を自然がわれわれに負わせるというのではなく(なぜなら、それは強制から免れている実践理性だけがなすことができるのであるから)、われわれが意志しようとしなかろうと、自然がみずからそれをなすということなのである》(『永遠平和のために』)。にもかかわらず、カントを読む者は、否定的にであれ、肯定的にであれ、「自然」の背後に神の摂理を見出しています。しかし、そうせずに、徹底的に自然の観点から読むときに、初めてカントの認識がもつ意味が見えてくる、と私は考えます。カントが考えたことをもっと「理性の限界内で」考え直すべきです。それが、私のいう交換様式の観点です。

6　自然と歴史

アウグスティヌスによれば、地の国は自己愛にもとづいて形成された社会であり、神の国は神への愛、したがってまた隣人への愛によって形成された社会である。カントはこれを別のいい方でいおうとしました。たとえば、道徳法則に従う社会とそうでない社会、あるいは「善の原理と悪の原理」。しかし、交換様式の観点からみると、つぎのようになります。

地の国とは、交換様式BとC(国家と資本)に立脚する社会構成体であり、神の国とは、交換様式Dにもとづく社会構成体である。現実には地の国が支配的であるが、後者が同時に存在し、且つ、次第に浸透していく。交換様式Dは、交換様式Aの高次の回復であり、それは人間にとって強迫的なものとして到来する。

カントがいったことも、この点から読みなおすことができます。彼は「商業精神」が戦争を防止するといいました。先述したように「商業精神」が戦争を防止する面は確かにありますが、それはまた、別のかたちで戦争をもたらします。交換様式の観点から見れば、カントがいったことは、CとBが異なること、そして、CがBを抑制する面があるということを意味します。しかし、多くの場合、BとCは相互補完的につながっているので、逆にCが戦争の原因にもなります。カントのいう「永遠平和」がたんにCに依拠するものでありえないこと、反対に、それを超克することによってのみ可能であることは、いうまでもありません。すなわち、交換様式Bだけでなく、Cをも越えることが必要です。すなわち、交換様式Dが支配的となることが必要なのです。

カントがいう義務あるいは道徳法則は、簡単にいえば、「他者をたんなる手段としてのみならず同時に目的として扱え」というものです。交換様式Dは、このような「自由の相互性」にほかならない。したがって、カントのいうことは、交換様式から説明できます。しかし、たとえ交換様式という観点をとっても、カントがいった問題を簡単に片づけることはできません。それはむしろ、彼が見出した問題を新たに考えることを要求します。

私は先に、交換様式Dは、歴史的に先行した交換様式Aの高次元での回復だと述べました。その場合、それは過去にあったものの回復ではなく、逆に、未来から到来するというかたちをとります。また、それは人が願望するようなものではなく、むしろ人に強いるようなもの、いわば、「神の命令」としてあらわれます。したがって、交換様式Dは歴史的には先ず、普遍宗教というかたちをとって開示されたのです。

むろん、Dはそれ自体、宗教的なものではありません。ただ宗教というかたちをとってあらわれるだけです。カントはこう述べています。《宗教とは(主観的に見ると)私たちの義務すべてを神の命令として認識することである》(『たんなる理性の限界内の宗教』)。宗教が重要なのは、それが義務(道徳法則)をもたらすからです。しかし、カントの考えでは、この義務を「神の命令」として受けとっている間は、あるいはそれを宗教として受けとっている間は不十分なのです。そこでは、義務は他律的なものになっている。道徳法則は、それを自らの自由な意志として行うときに、初めて実現されるのです。だとすれば、道徳法則は外的ではなく、人間の内部になければならない。

しかし、義務が理性の中にあるのだとしても、それは生得的なものだということにはならない。それは何らかのかたちで「外から」来たものです。通常、人がもつ義務の意識は、親や共同体の規範を内面化したものです。したがって、他律的です。ところが、カントがいう義務は、自律的なものである。それは家族や共同体に課せられるものではないどころか、むしろ、それに反して行うべきものです。ゆえに、そのような義務は、別の意味で「外から」来たものだ、ということになります。

そうすると、結局、それは神の命令だということになってしまいます。しかし、カントは、この問題を神を持ち出さずに、「理性の限界内」で解決しようとしました。すなわち、それをすべて、「自然」が人間に与えた素質《ネイチャー》から説明しようとしたわけです。しかし、それに成功したとはいえません。私の見るところ、このことを徹底的に唯物論的に解明しようとしたのが、フロイトです。

すでに、私は、フロイトのいう「抑圧されたものの回帰」という概念について述べました(第1章、第2章参照)。フロイトは精神分析の経験から、抑圧されたものが回帰するとき、それが強迫的なかたちをとって到来することに注目しました。そこで、彼は『トーテムとタブー』では、氏族社会の「兄弟同盟」を、原父殺しから説明しました。殺された原父は、「抑圧されたものの回帰」として出現し、強迫的に「義務」を与える、とフロイトは考えました。

しかし、氏族社会以前に、原父のようなものは存在しなかった。むしろ、原父は、定住以後に国家の形成とともにあらわれるものです。原父殺しとは、そのような家父長ないし国家の可能性をあらかじめ「殺す」ことです。そこに出現したのが、互酬的な贈与の制度です。それは三つの掟からなります。贈与しなければならない、贈与を受けとらなければならない、贈与にお返ししなければならない。これらは、実行しなければ、ただちに精霊の処罰を受ける厳しい「義務」なのです。

もちろん、このようなシステムは、人々が相談して創り出したものではありません。それはいわば「神の命令」としてやってきた。すなわち、他律的なものです。フロイトはそれを説明するために「原父殺し」を想定したわけです。しかし、このような観点では、他律的な義務を説明できても、それを越えるような自律的な義務を説明できません。

フロイトは『自我とエス』(一九二三年)で、超自我という概念を提起しました。これは、一見すると、『夢判断』(一九〇〇年)で「夢の検閲官」と呼んでいたものをいい換えただけのように見えます。それは、無意識界で快感原則に従うエスを、現実原則によって統御するものです。このような検閲官は、親や社会の規範といった外部が内面化されたものです。しかし、フロイトが新たに提起した超自我は、それとは異なります。それはたんなる社会的な規範の内面化ではない。つまり、他律的なものではなく、自律的なものです。どうして、そんなことがありうるのか。

それを見るためには、その前に、彼が『快感原則の彼岸』(一九二〇年)という論文で提起した「死の欲動」という概念を見る必要があります。そこで、フロイトは、本来なら不快であり避けられるべき行為が反復される事実に注目した。すなわち、不快な災害の場面を反復する外傷性神経症の患者や、母の不在という不快な体験を遊戯によって幾度もくりかえす子供の例です。彼は、そこにある反復強迫が、快感原則より第一次的で根源的なもの(欲動)に由来すると考えた。そこから、超自我という考えが出てきたのです。簡単にいうと、これまでの見解では、自我の「検閲官」は「外から」到来し内面化されたものである。つまり、他律的です。ところが、超自我はむしろ「内から」生じる。それは攻撃欲動が自らに向かうことによって形成される。そして、その超自我が攻撃欲動を抑えるのです。たとえば、まったく寛容な親に育てられた子供が、厳格な倫理感をもつことがあるのは、そのためです。その意味で、超自我は「自律的」なのです。また、フロイトは、ユーモアを、超自我が「おびえて尻込みしている自我」を励ますものだという。このように、これまで他律的・抑圧的と見なされてきたものに、積極的意味を見出したのです。

フロイトがこのように意見を変えたのは、第一次大戦後です。大戦の渦中では、彼はこう考えていました。戦争の最中には、エスが現実原則から解放される。そこで、人は「原始人」に戻る。しかし、それは一時的な現象であって、戦争が終れば、人はまた理性的・現実的になるだろう、と。ところが、彼は戦後に、そのような見方を打ち消さざるをえない体験をしました。それは戦後に大勢の戦争神経症患者に出会ったことです。彼らは毎夜、戦争の悪夢を見てとび起きる。このような夢は、夢に欲望の実現を見出す『夢判断』の原理を越えています。そこから、フロイトは「快感原則を越えて」、死の欲動(攻撃欲動)を根底に認めるようになったのです。

ここで私が想起するのはカントです。フロイトは、カントのいう「義務」を社会的規範の内面化として片づけています。しかし、後期フロイトの観点から見直すと、カントに対する見方も違ってくるはずです。それは社会的規範のたんなる内面化ではない。むしろ、その逆に、社会的規範に抵抗するような自律性をもっています。では、それはどこから来たのか。その秘密は、宗教ではなく、あくまで「自然」に見出されなければならない。とすれば、カントがいう「非社交的社交性」は、フロイトがいう「死の欲動」ないし「攻撃欲動」に類するものだというべきです。

フロイトの考えでは、攻撃欲動を抑えることができるのは、攻撃欲動から生まれた超自我であるということになります。いいかえれば、戦争こそが、戦争を抑える制度を作り出す。カントの考えも同様です。また、このように見るとき、カントのいう「義務」が他律的なものでないということが明らかとなります[3]。

カントは、「平和状態」の創設を宗教に期待しなかったし、人間の道徳性にも期待しなかった。《実際、道徳性からよい国家体制が期待されるのではなく、むしろ逆に、よい国家体制からはじめて国民のよい道徳的形成が期待されるのである》(『永遠平和のために』)。「よい国家体制」はむしろ、むごたらしい戦争から、あるいは、攻撃欲動から生まれるのです。カントは戦争から諸国家連合が実現されるだろうと予想しました。事実、第一次大戦ののちに、カント的理念にもとづいて国際連盟ができたのです。

ちょうどこの時期に、フロイトが精神分析の原理を『快感原則の彼岸』に転換させたことは、たんに偶然の符合ではありません。今後の世界戦争と新たな世界の創設を考えるとき、第一次大戦がもたらした、この世界史的な転換をふりかえる必要があります。前者ロシア革命と国際連盟は、第一次大戦に伴って起きた二つの大きな出来事です。前者はマルクス・レーニン主義にもとづくものであり、後者はカントの理念にもとづくものです。これまで、前者の世界史的意味がもっぱら強調されてきましたが、すでに述べたように、私は、国際連盟の発足のほうがむしろ重要であると考えています。というより、それらは別個に切り離して比較できるようなものではありません。それらがいずれも失敗したのは、切り離されていたからです。一方で、国際連盟はほとんど機能しなかった。それは実質的に、帝国主義的諸国家の連合体でしかなく、市民革命あるいは社会主義の要素をもたなかったからです。他方で、ロシア革命は一国革命として孤立し、国家主義化し、結果的に、社会主義そのものへの幻滅をもたらした。いずれも、失敗の原因は、この二つの要素が切り離されたところにあります。

では、それらはどう結びつけられるか。それは、各国の内部での資本国家に対抗する運動をいかに連結するかという問題と同じです。いいかえれば、それらの運動が資本＝国家によって分断されるのをどのように避けるか。私の考えでは、諸国家連合によって、資本＝国家の策動を「上から」抑える必要があります。具体的には、国連の根本的改革です。むろん、それを可能にするのは、「下から」の運動、つまり、各国での対抗運動です。そして、その二つをいかにして結びつけるかが、われわれの課題です。

最後に、諸国家連合から世界共和国への進展において働く「力」について述べておきます。カントはつぎのようにいう。

連合制度は次第にすべての国家の上に拡がり、そうして永遠平和へと導くことになろうが、連合制度のこうした理念の実現可能性(客観的実在性)は、おのずから証明されるのである。なぜなら、もし幸運にもある強力で啓蒙された民族が一共和国(共和国は、その本性上、必然的に永遠平和を好むが)を形成することができたら、この共和国がほかの諸国家に対して連合的結合のかなめの役をはたすからで、その結果諸国家はこの結合に加盟し、こうして諸国家の自由な状態は国際法の理念に即して保障され、連合はこの種の多くの結合を通じて次第に遠くにまで拡がっていくのである(『永遠平和のために』)。

ここで、カントは強力な国が中心的となることを否定しないどころか、むしろ期待しています。しかし、それはヘーゲルがいうような「世界史的理念」を担うヘゲモニー国家ではありえません。「強力」といっても、それがいかなる力なのか、が問題なのです。

それは武力なのか、金銭の力なのか。世界＝経済においては、その二つの力がすべてです。が、国家以前の社会には、それらとは異質で圧倒的な力がありました。贈与の力です。それが交換様式Aを支える。このことは、交換様式Dがどんなものかを見るためのヒントになるはずです。交換様式Dは、交換様式Aの高次元での回復であるから、そこで働く力も一種の贈与の力だといえるでしょう（宗教ではそれを「愛の力」と呼ぶでしょうが）。

ホッブズは、平和状態を、各人の自然権の譲渡に見ました。しかし、この譲渡は実際には、屈服です。各人は服従する代わりに、保護を与えられる。それは交換様式Bです。国家間のレベルでいえば、それはヘゲモニー国家に服従することです。それによって一定の平和が得られる。しかし、その「力」は長続きしません。他の国がたえずヘゲモニー国家に挑戦するからです。

それに対して、諸国家連邦から世界共和国にいたる過程で働く力は、贈与の力です。すなわち、武力や金銭の力ではなく、それらを贈与することがもたらす力です。贈与は、たんなる譲渡とは違います。戦争に負けて降伏した国は、武装解除され賠償金を払う。自然権の譲渡とは通常、そのような意味です。一方、贈与はいわば勝者のほうが武装放棄することを意味します。だからこそ、それは贈与と呼びうるのです。それは贈与の力をもちます。それはいかなる武力よりも強い。具体的にいえば、国際世論が震撼されるからです。これに対抗するためには、自ら贈与によって報いるほかない。このように贈与の連鎖的拡大によって創設される平和状態が、世界共和国です。アウグスティヌスなら、それを隣人愛によって形成される神の国と呼ぶでしょう。しかし、それはカントが示したように、もっぱら「自然」によって実現されるということができます。

第7章

亜周辺としての日本

1　周辺と亜周辺

私は世界＝経済を、世界＝帝国の「亜周辺」の現象として見ました。亜周辺とは、中心から隔たっているが、中心の文明が伝わる程度には近接した空間です。それ以上に離れると「圏外」となります。亜周辺は、周辺とは違って、中心による直接的支配の恐れがなく、文明の摂取を選択的に行うことができるような空間です。それに関して、私は古代ギリシアを例にとり、また、近代ではイギリスを例にとりました。

ウィットフォーゲルは、亜周辺の例として、ギリシアのほかに、日本とロシアのキエフ公国を例にあげています。キエフ公国は一二四〇年にモンゴルによって征服・破壊された。ロシアに「帝国」を築いたのはモンゴルです。実は、それより少しあとに、モンゴルは高麗を征服したのち、日本にも到来しました。一二七四年と八一年に大軍を送ったのですが、二度とも敗北して断念しました。このように、大陸から海で隔たった島であったことが、日本の亜周辺性を存続させたということができます。

日本は一九世紀の後半、西洋列強が世界中を支配した中で、それを免れただけでなく、自ら列強の中に加わった。これは世界史における一つの謎です。ウェーバーからブローデルにいたるまで多くの歴史家がこれを説明しようとしてきました。しかし、このことは、帝国の亜周辺ということからしか説明できないと私は思います。しかも、ギリシアやキエフとは違って、日本の場合、それについて考える資料が十分にあります。

まず中国の帝国における「周辺」から考えます。それは多種多様です。たとえば、匈奴(トルコ系)、ウイグル、キタイ、モンゴル、女真などは周辺にいる遊牧民ですが、中華帝国の外に帝国を築き、あるいは、侵入して帝国を作った。このような遊牧民は中華王朝から見た場合には周辺的ですが、中心に従属したわけではない。その逆です。彼らがむしろ「中心」となったわけです。

彼らは、中国の文化や制度に全面的に同化することはなく、むしろ草原にいたときの原理を保持しました。漢字の「文化」という点からみてもそうです。たとえば、契丹文字や西夏文字、また、モンゴルのパスパ文字などが作られた。その点では、チベットも同様です。チベットも吐蕃帝国を作り、唐をおびやかす存在でした。その後も、遊牧民によって建てられた元帝国や清帝国に従属したとはいえ、基本的に自治を保っています。中国文化の影響は少なく、漢字も受け入れなかった。元と清の時代には、逆に、チベット仏教(ラマ教)が強い影響力をもちました。

それらに比べて、典型的に「周辺」的だと考えられるのは、コリアとベトナムです。いずれも中心によって征服され、また、それにたえず抵抗しながら、帝国の冊封の下にあり、また、中心の文化や制度を全面的に受け入れた民族です。それが周辺的なものの典型だとすると、日本は違います。日本も中国の制度を受け入れているのですが、コリアやベトナムと違って、受け入れが選択的であった。日本人は中国の制度を受け入れつつ、事実上換骨奪胎し、しかも、廃棄することはせず、自分らに必要なかぎりで維持する、というようなやり方をしたのです。このことは、日本が中国・台湾のほかに、唯一、現在も漢字を用いている国だという事実に示されています。コリアもベトナムも、日本と違ってはるかに本格的に漢字・漢文を使用し名前まで漢姓にした国ですが、現在は漢字公用をやめてしまった。

日本の国家は、七世紀から八世紀に、隋や唐から律令制度を導入しました。それは中国の帝国を中心と見なし、それに対して自らを位置づけるものです。「日本」という国名そのものも、このときに始まります。しかし、彼らは中心から受けとったものを、十分には実行しなかった。たとえば、最初から文言だけがあって、まったく実行されなかった法令があります。それは近親婚を禁止する法令です。日本では王族・貴族から庶民にいたるまで、双系制的であり、また、近親婚的でした。家父長制にもとづく中国の制度や観念(儒教)は、明らかに日本の実情に反していました。しかし、彼らは近親婚を禁止する条項を廃棄することもせず、そのまま放置したのです。

このことは他の事柄にもあてはまります。たとえば、七世紀から八世紀にかけて、律令制の根幹として公地公民制が実行されましたが、それはまもなく形骸化されて荘園制となり、それが律令制国家とは異なる貴族政治(摂関政治)をもたらした。もちろん、他の国家でも、律令制はこのように没落したのですが、日本が特異なのは、律令制が廃棄されないまま残ったということです。新たな制度ができても、かたちの上では、律令制にもとづいていたのです。

現実には、荘園制の解体によって、領主制と郷村制が生まれ、武家政権(鎌倉幕府)ができました。そのとき、新たな法令「貞永式目」が出されたのですが、律令制は廃止されなかった。律令制はむしろ、武家の法を根拠づけるものとして保持されたのです。以後、数々の政権が登場したが、律令制は廃止されることなく、明治維新まで続いたわけです。実は、明治維新＝「王政復古」も形式的には律令制にもとづいています。

律令制はこのように不可欠なものとして存在したのですが、にもかかわらず、それは存在しないも同然でした。同じことが天皇についてもいえます。徳川幕府は「尊皇」を掲げていましたが、この時代に日本人の多くは天皇が存在することさえ知らなかったのです。このようなことがどうしてありうるのか。これは、日本が帝国の「亜周辺」であるということを見ないと、説明できません。いいかえれば、日本に起こったことの特性は、たんに帝国の「中心」と比較するだけではなく、「周辺」と比較しないと、わからないのです。

日本の歴史家・思想家に欠けていたのは、そのような視点です。通常、彼らは日本の制度・思想を中国との比較によって見ます。たとえば、日本人が中国の文化、制度をどう受けとめたかを考察する。また、明治以後の日本では、「中国」に代わって「西洋」と日本を比較しようとします。が、コリアのような周辺国家と比較することはしない。そのため、コリアが理解できないだけでなく、日本についても理解ができないのです。

たとえば、律令制に関して、それを中国から導入された制度と見なす通常の見方に対して、日本のマルクス主義の歴史家(野呂栄太郎に代表される講座派)は、それを日本における経済的下部構造の変化から説明しようとしました。公地公民制が採用されたのは、日本にそれを必要とする現実があったからだ、という。つまり、新たな生産力の発展によって、旧来の生産力にもとづく既成の生産関係(氏族社会)と対立するような事態が生じたから、というわけです。しかし、彼らは、律令制がコリア、ベトナムなど周辺諸国によって一斉に採用された事実を見ない。そして、なぜそうなのかを考えようともしない。

講座派のような見方が新鮮に見えたのは確かです。というのは、マルクス主義以前では、こうした制度の改革はもっぱら中国の文化的影響によると考えられていたからです。つまり、観念のレベルだけで見られていた。マルクス主義者はそれを「経済的下部構造」から見直したのです。マルクスは『ドイツ・イデオロギー』で、こう述べています。

《しかし、たとえこうした理論、神学、哲学、道徳等が、現存の諸関係との矛盾におちいるとしても、そのことは、現存する社会的諸関係が、現存する生産力との矛盾におちいることによってのみ、起こりうるのである》。

この観点からいえば、律令制やそれに伴う諸観念が当時の日本に導入されたことを、たんに外国から来た観念の影響としてではなく、日本の社会そのものに生じた、生産力と生産関係の矛盾を解決するものとして見るべきだ、ということになります。戦前の講座派マルクス主義者はそう考えた。むろん、古代日本に対してだけでなく、近代日本に関しても同じ態度をとりました。

結局、戦前のマルクス主義者は、日本で、近代資本主義国家において古代的な天皇制が機能したわけを考えようとしなかった。それをもっぱら生産関係から説明しようとしたのです。すると、天皇は大地主だということになる。つまり、近代日本の天皇制は、地主階級と資本が結託する絶対王権であるということになるわけです。一九二五年以後の日本では、すでに重工業が発展し普通選挙が実現されていました。ところが、この時期に、彼らは天皇制打倒を第一目標に掲げた。その結果、国家に弾圧されただけでなく、大衆からも孤立して総転向するにいたったのです。

そのような経験を踏まえて、戦後の左翼は、天皇制の秘密を解明することを課題にしました。その場合、二つの態度がありました。一つは、天皇制を生産様式のような経済的下部構造によって根本的に規定されるとはいえ、それから自立した観念的な領域にあるものとして見る態度です。すると、天皇制が執拗に残ったことは、観念的な上部構造の自律性を示すものだということになる。

同じ現象が、ドイツにもありました。ナチズムをたんに生産関係の観点からとらえて敗北したマルクス主義者は、その後、それまでの経済決定論を斥け、上部構造の自律性を強調するようになった。そのため、フランクフルト学派は、たとえば精神分析を導入したのです。日本でも同様です。天皇制ファシズムを説明するために、丸山眞男は政治学・社会学を導入し、吉本隆明は「共同幻想」に関する理論を考えた。しかし、このような見方は結局、経済的下部構造を無視するようになります。

ただし、私がいう「経済的下部構造」とは、交換様式を意味します。観念的領域とされる共同体、国家、ネーションは、それぞれ交換様式に根ざしているのであって、それから独立してあるわけではありません。また、もっぱら経済的と見える領域も、ある意味で極めて観念的です。たとえば、資本主義経済は、根本的に「信用」によって成り立つものです。それは商品交換(交換様式C)の発展としてあるからです。マルクスの『資本論』はそれを示しています。しかし、多くのマルクス主義者は、交換様式という観点をもたないために、経済的土台と観念的領域というような区分によって、不毛な議論に終始したのです。

つぎに戦後には、天皇制の問題に関して、もう一つの態度が反省として出てきました。それは、天皇制を古代に遡って、東アジア世界の「交通」において見るものです。たとえば、マルクスは『ドイツ・イデオロギー』で、生産あるいは生産様式を重視するとともに、「交通」を重視しました。交通という概念は交易、コミュニケーション、運輸などをふくむだけでなく、戦争をもふくみます。要するに、一社会の変化は、外国との関係を省いては考えられないのです。また、国家は根本的に、他の国家との関係において存在するものです。

戦後の講座派マルクス主義を代表する歴史家、石母田正は、『日本の古代国家』で、国家が本来他の国家に対して存在するという認識にもとづいて、国際関係が国家成立の要因であることを強調しました。そこで、日本の古代史を、東アジアの国際関係から見るようになったわけです。しかし、石母田の見方は、これまでの、中国＝先進国、日本＝後進国という見方と大差がありません。それについては後述しますが、彼に欠けているのは、帝国の中心、周辺、亜周辺というような地政学的構造の認識です。これは究極的には、交換様式の観点がないことから来ています。

律令制を考える際にも、このような地政学的構造の把握が不可欠です。律令制は、隋唐王朝の時期に周辺領域に一斉に広がった。このことは、通常、先進国の制度が後進国に広がったのだ、と見られます。しかし、必ずしもそうとはいえない。隋唐律令制の根幹をなす均田制は、国家が土地を所有し、農民に均等に土地を与えると同時に、租庸調を確保するというものです。実は、これは、中国では五世紀に、遊牧民(鮮卑)の作った国家、北魏において開始された。それまで均田制は、孟子によって周にあった制度として理念化され称揚されてきたものの、実行されたことはなかった。それをあえて実行に移したのが周辺の民族であったということは、重要です。なぜ北魏がそのようなことを始めたのか。周辺にいた遊牧民が「帝国」を築くためには、たんなる武力では足りない。そこで、漢帝国からあったが実施されたことのないプランを実行に移したのだ、と私は思います。

北魏(拓跋氏)が創始した諸制度は、北魏の武将であった者らが築いた隋および唐の王朝によって受け継がれました。隋唐の制度が、コリア・ベトナム・日本にいたるまで、広く周辺の国家に受け入れられた理由の一つは、そこにあります。たんに中心の制度だから受け入れられた、ということではない。周辺に始まる制度だったから、周辺に受け入れられたのです。同様の現象として、北魏で仏教が国教化されたことを付け加えておきます。仏教も先ず周辺部族の間に広がったのです。帝国としての唐の新しさは、秦漢帝国において周辺部にあったものが中心に存在するようになったことにあります。だからまた、その文化はかつてなく広範に広がったのです。

2　ヤマトとコリア

このように、律令制は東アジアにおいて普遍的となった現象です。したがって、日本の律令制を、中国と日本の比較だけで考えることはできません。日本とほぼ同時期にそれを導入した帝国の周辺国家、すなわちコリアやベトナムと比較すべきなのです。

たとえば、石母田正は『中世的世界の形成』で、ほぼつぎのように述べています。日本社会は律令制の導入によって、中国型の専制国家に向かったが、そのような「古代」は荘園制を経て、領主‐農民を軸とする封建制によって乗り越えられた。石母田はそれを「中世」と呼びます。これは日本に起こった過程を、マルクスの提示した史的唯物論の定式、つまり、東洋的専制国家からゲルマン的封建制への発展に対応させるものです。そこで、石母田は、このような「中世」の成立を「中国文化からの解放」と見ています。

しかし、日本は律令制を導入したとき、中国文化に「従属」したということはできません。先にいったように、律令制はもともと周辺から来たものであったから、周辺国にとって受け入れやすかった。文化的従属の意識をさほどもたなかったはずです。また、日本における律令制のあり方は、中国におけるそれと比較するだけではわかりません。もともと、両者には大きな違いがあったからです。日本と比較すべきなのは、類似した状況にあったベトナムやコリア、特にコリアです。ベトナムでも類似したことがあったのですが、コリアの場合、日本が直接に関係しているからです。

高句麗、新羅、百済が争う「三国時代」のコリアと、ヤマトは深く連関していました。ヤマトに生じた国家的改革は、このような国際関係にもとづいています。先ず、唐がコリアに侵入してきたことが、ヤマトに危機意識を与えた。大化の改新(六四五年)が決行されたのは、そのためです。実際、その後に、新羅は唐と結託して、ヤマトと近い関係にあった百済を滅ぼしたのです(六六〇年)。滅亡した百済勢の多くがヤマトに亡命した。それに対して、ヤマトは百済救援のために派兵したのですが、大敗に終った。それが白村江の戦い(六六三年)です。

ヤマトの朝廷が冠位二十六階を制定したのは、その翌年です。そして、これが律令制への第一歩となった。これが施行されたのは、唐が新羅とともにヤマトに到来することが必至と見えた状況においてです。現実には、このあと新羅が唐に反抗したため、ひとまず危機を脱したのですが、律令制の導入は、以後、本格化しました。そのことは、七一〇年、唐の長安を模倣した奈良の平城京の建設・遷都に示されます。ヤマトが律令制を導入した背後には、以上のような情勢があったわけです。この時期、ヤマトとコリアで似たようなことがなされたのは、当然です。だからこそ、両者を比較することに意味があるのです。

日本の律令制の場合、官位令は、それまでのシステム(貴族層が生まれによって何らかの「位」を得て、それに相応する「官」に就任する)を言い換えただけのものであり、また、公地公民制・班田制は、首長に統治されたそれまでの共同体のあり方を言い換えたものでしかなかった、といわれます。また、天皇も、有力氏族の中での首長であったそれまでの大王《おおきみ》と大差がなく、事実上、貴族層が支配していました。

しかし、コリアでも、多かれ少なかれ、事情は同様です。新羅の王は、祭司的であったヤマトの大王と似たようなものです。たとえば、善徳女王は巫女的でした。また、部族連合体の合議制(和白)が残っていて、王権は弱かった。このようなところに隋唐の律令制を導入しても、それは形式的なものにとどまります。実際、官位は、旧来の族長(豪族)勢力にもとづいた身分制(骨品制)にもとづくものであり、均田制も族長らのもつ共有地を公地と言い換えたものでしかなかった。また、そのような公地は、日本と同様に、まもなく豪族による私有化によって解体されていったのです。

では、コリアと日本はどこが違うのか。それは何よりも、帝国の「中心」との関係のあり方にあります。ベトナムもそうですが、コリアのような「周辺」には、中心からの圧力が直接的にかかってきます。日本に対しては、それは間接的なものであった。そして、そのことが「亜周辺」を特徴づけるのです。

コリアの場合、漢王朝のころから、その統治が直接に及んでいました。新羅、百済、高句麗という「三国」も元来、漢の郡県制による区分に根ざしていたわけです。そして、三国のなかで、新羅が百済や高句麗を制圧したのは、唐に従うことによってですが、その後に、唐と戦い、コリアを統一しました。しかし、あとでいうように、コリアの「中国化」はむしろ、中国からの独立とともに始まっています。政治的に独立しても、帝国からの脅威はつねにある。それに対して、帝国からの冊封を受け、また、積極的に中心のシステムを取り入れることによって存立をはかるようになったのです。

同じことが、ベトナムについていえます。ベトナムも、漢帝国のころから中国の統治下にありました。以後、何度もなされた反乱が失敗に終り、呉権がベトナム人の国家を創建したのは、九三九年、唐帝国の崩壊後です。しかし、むしろ中国への従属が終るとともに、「中国化」が本格化しました。中央集権的な体制の確立によって、文人官僚制が定着し、儒教思想が普及しました。一三世紀には、科挙制度が始まった。

一方、ヤマトには中国からの支配が及んでいません。三・四世紀、邪馬台国の時期には中国の王朝から冊封を受けていた記録がありますが、隋王朝の時代では、ヤマト朝廷が冊封を拒否したことが記録にあります。聖徳太子は六〇七年に、隋に国書を送り、「日出る処の天子、書を日没する処の天子に致す」と伝えたといわれます。聖徳太子という人物がたとえ架空であるとしても、その時点で、ヤマトが冊封体制に入らないという意志を表明したことはまちがいないでしょう。『隋書』によれば、この書簡は、隋の煬帝を激怒させたという。では、なぜヤマトを放置したのでしょうか。むろん、それはヤマトが簡単に攻められないほど遠方にあったからでしょう。

ただ、日本の亜周辺性は、たんに中心からの隔たりによって生まれたとはいえません。隋がヤマトを攻撃しなかったのは、当時、高句麗と苦戦しており、背後にあるヤマトと敵対してはならなかったからです。また、唐が日本に攻め込まなかったのは、新羅が唐に反抗したからです。さらに、最初に述べたように、元が高麗を占領したあと日本に襲来して失敗したのは、高麗における抵抗に長く悩まされたあとであり、また、動員した高麗の兵士が消極的であったからです。つまり、日本の亜周辺性は、ある意味で、周辺的なコリアの存在によって保障されたといえるのです。

つぎに、ヤマトの王朝は、六八九年「飛鳥浄御原令」で、国号を「日本」と名乗り、王の称号を「天皇」としました。天皇は皇帝より上位の概念です。つまり、天皇と名乗るのは中国の天子に対抗することであり、また、「日本」が帝国であると宣言することです(1)。しかし、七〇二年に、ヤマトの使者が日本および天皇という変更を伝えたとき、則天武后はそのことを不問に付した。則天武后自身が勝手に唐の名を周と改めていたからだという説もありますが、要は、日本を帝国の「圏外」と見なしたということです。それは、日本が何をしようと干渉できないし、またその必要もない、ということを意味します。遊牧民国家と違って、侵入してくる恐れがなかったからです。

3　皇帝と天皇

日本は中国の律令制を取り入れた。しかし、中国との関係、あるいはその圧力の下でそうしたわけではない。自分らの必要に応じて、それを受け入れただけです。天皇という名称もその一例です。つまり、それは中国皇帝に対して立てられたものですが、同時に、国内における支配権を確立することを意味します。律令制以前の大王《おおきみ》は、畿内の豪族たちの合議で決められる首長でした。その支配は、畿内の外には及ばなかった。大王(首長)が世襲的でもなく、もっぱら互酬的な人格関係にもとづいているのに対して、律令制は、それを官職と位階を媒介とする非人格的な関係に変容します。「天皇」は、律令制にもとづくことによって、大王とは異質の専制王権の地位を与えられたのです。

しかし、他方で、日本の律令制では、大王の時代にあったようなものが保持されています。たとえば、七〇一年の大宝律令の官制では、祭司を管掌する神祇官が設定され、行政権力である太政官と並ぶ格が与えられた。これは中国の律令制にはないものです。それは、天皇が権力の中心というより、権力を権威づける祭司として位置づけられているということを意味します。

このことは、そもそも、天皇が、その名称はともかくとして、中国の皇帝(天子)とはまるで異なるということを意味します。日本の天皇は、大王、すなわち、祭司＝首長の延長としてあった。律令制の下でも、それが保持されているのです。天皇の正統性は神によって与えられる。中国の皇帝に正統性を与えるのは、天命です。どう違うのでしょうか。中国において、天は超越的な存在であるといわれる。しかし、日本の神も超越的です。だから、それらを超越的であるかどうかで区別するのは、意味がありません。

重要な点は、中国では、天子の正統性 legitimacy は、王朝が交替することを前提して考えられているということです。もし一つの王朝が続くのであれば、正統性の問題はとくに生じません。王の権威あるいはカリスマは、血統によって与えられます。しかし、天子の正統性が真に問われるのは、ある王朝が倒され次の王朝が生まれるときです。「天子」あるいは「天命」という観念は、王朝の交替という歴史的経験に根ざしています。天命は民意である、という考えも、ここから来ます。王朝が崩壊するのは、人民の支持がないからだと考えられる。したがって、天命は、抽象的な観念ではなく、神がかりの観念でもありません。それは、政治的な変革の理念と結びついています。

漢帝国において、儒教(孟子)にもとづく、易姓革命という観念が定着しました。それはまた、均田制のような観念と結びつくものです。周辺の遊牧民であった北魏が帝国を形成したとき、均田制を実現したのは、それによって、王朝の正統性を確立するためであったと思われます。易姓革命はたんなる権力交代ではなく、政治的な理念の問題です。

中国の新王朝はしばしば、民衆の反乱を契機にして、創設されます。民意の実現にこそ、新王朝の天命があるということです。たとえば、明の太祖朱元璋は、仏教系の白蓮教の指導者として権力をとり、その後、白蓮教を弾圧しました。元や清のような征服王朝はこのケースとは違いますが、それでも、「正義」の理念を示さなければ、王朝として存続することはできなかった。

一方、日本の天皇は、そのような存在ではありません。天皇は血統以外に、その存在を正当化する必要がなかった。むしろ、天皇は自ら権力をもつことはなく、たえず交替する権力者の存在を法的に正当化する〝権威〟となったのです。その意味で、天皇制が存続しえたのは、律令制にもとづくことによってです。奈良・平安時代には中国の皇帝のように振る舞おうとした天皇もいましたが、それは例外で、水林彪がいうように、天皇は、次々と交替する権力者を法的に支える〝権威〟であった。だからまた、存続しえたのです(2)。

実権をもった者(貴族や武士)はその命令を、天皇の詔として発した。では、この場合、正統性の問題はどうなるでしょうか。天皇の正統性はたんに血統によるので、何らかの能力あるいは行為によるのではない。そのことは、女帝が数多かったことからもいえます。また、幼児天皇もあらわれた。では、実権をもった者の正統性はどうかといえば、それはもっぱら、天皇を掌握することから得られたのです。天皇の詔があれば、官軍であり、なければ賊軍です。そして、〝勝てば官軍〟である。彼らが実際に何をするかは問われない。ゆえに、天皇も実際の権力者も、その存立根拠を問われることはなかった。日本では、「天命」というような考えには縁がなかったのです。

「天命」は、中国の場合、たんなる観念ではなかった。それは、具体的には史官という官僚制とつながっています。史官が統治者を容赦なく論評する。たとえ同時代にそれを弾圧しえても、後の時代に対してそうはいかない。のみならず、そのような弾圧をしたこと自体を批判的に書かれる。それがわかっているので、支配者は歴史を意識して振る舞うようになります。

日本では、律令制導入とともに、『日本書紀』が編纂された。この〝歴史〟は、内外に対して、皇室支配の正統性を示そうとしたものです。しかし、それはたんに血統による正統性です。日本で正統性が問題として生じたのは、一四世紀、南北朝の時期です。この時は、血統上ではどちらが正統であるか決められない、二つの王朝が争った。だから、理論が必要となったのです。重要なのは、このとき、朱子学を通して「正統」という観念が初めて日本で論議の的となったことです。たとえば、その観念にもとづいた北畠親房の『神皇正統記』が人々を興奮させた。

しかし、日本と中国を比較して考えるだけでは不十分です。たとえば、コリアでは天命＝民意という観念が定着しました。三国の長い抗争を経て、六六八年統一新羅の王朝ができたのですが、それはもともと唐の支援によってなされたため、国内で、王朝としての正統性を示す必要がありました。新王朝は、百済や高句麗の王族や貴族を排除することなく、新たな官位の中に組み込んだ。

日本で奈良・平安時代にあたる、統一新羅の時代に、コリアの「文化」(＝中国化)は画期的に進んだといえます。たとえば、漢姓が採用された。これはまた、父系外婚制(同姓不婚制)を採用することです。ついでにいうと、この時期、ベトナムでも漢姓が採用されました。しかし、先に指摘したように、同時期(奈良・平安時代)の日本では、唐の律令制を導入しながら、親族制に関してはそれをまったく無視していました。

日本の親族制は、東南アジアに多く見られるものですが、父系でも母系でもない、双系制です。双系制は、出自(リニージ)ではなく組織(イエ)の維持を重視する考えにつながります。したがって、広く養子制がとられた。たとえば、多くの商家では母系制がとられた。つまり、後継者として息子を選ばず、実力をもつ者を娘婿にしたわけです。養女に婿をとる場合もしばしばあった。一五世紀ごろに日本の親族制度は父系制・家父長制に転じたといわれます。しかし、それは武士や支配層だけであり、そこでも双系制がベースに残っています。その証拠に、武士の間でも、養子制が広汎に行われました。このため、日本では父系制にもとづく中国の儒教は、観念にとどまったのです。

コリアでは、新羅の滅亡後、後三国時代を経て、高麗王朝が成立しましたが、これは統一新羅が新羅の延長であったのと違って、まさしく「易姓」(王朝の交替)でした。高麗王朝の太祖王建《ワンゴン》は、降伏した新羅国王や後百済の王らを王朝の親族に組み入れた。それによって、高麗王朝が「禅譲」によって生まれた王朝として正統性をもつこと、つまり、武力による権力簒奪ではなく、「易姓革命」だということを強調したのです。その意味で、コリアでは、儒教的な観念が根づいたといえます。

新羅の頃に始まっていた官僚制や儒学は、高麗において一層進められました。たとえば、官僚を選ぶ一般選抜試験が始められた。それは科挙の前段階のようなもので、門閥・貴族制を越えて中央集権化を進めることになります。日本でも、奈良・平安時代、官僚育成機関としての大学寮が作られたのですが、官位は生まれながらの身分によって決まった。このようなところでは、科挙のようなシステムは成り立たない。コリアの場合、新羅では日本と似たり寄ったりでしたが、高麗では科挙がかなり進んでいます。

ちなみに、中国で科挙の前身は北魏に始まり、隋、唐でも採用されたのですが、実質的に門閥・貴族制を越えるものではなかった。一般的選抜という科挙の理念が実現されたのは、宋代(九六〇―一二七九)です。この時期、事実上地主階級だとはいえ、科挙を通して、士大夫と呼ばれる普遍性を追求する知識人階層が形成され、そこから、朱子に代表される「宋学」が生まれました。その後、元朝で科挙が一旦廃止されたのですが、一三一五年に再開され、また朱子学が公認された。明朝(一三六八―一六四四)にいたって、科挙は、朱子学を教義化し学問を固定化する弊害をもたらしました。

科挙を始めた高麗では、文武両班《ヤンバン》の官僚体系が整備されました。しかし、文官が圧倒的に優位にあり、文尊武卑の傾向が強かった。そこで、反発した武官が反乱を起こし、一二世紀末に「武臣政権」が生まれた。これは時期的にも、日本の武家政権の成立(一一九〇年頃の鎌倉幕府開設)と類似します。日本で土地の私有化とともに、非公的な荘園制が普及し、公的な支配の外に武家の権力や法が芽生えてきたように、当初公地公民制を実行した高麗でも同じような事態が生じたわけです。その上、北方の遊牧民国家(契丹)などが侵入する危機があった。武臣政権をもたらしたのは、そのような内的・外的な危機です。事実、その後、武臣政権(崔氏)はモンゴル(元)に征服されて滅びました。

しかし、高麗の武人はあくまで武官(官僚)であり、律令政治の枠組に属するものでした。一般に尊敬されたのは、文官や儒者です。中でも、学識・見識があり、権力と富を拒否する高潔な人柄と行動力をもつ人が〝ゾンビ〟と呼ばれて、尊敬された。日本でそれに対応するのが〝サムライ〟ですが、いうまでもなく、サムライは武人です。このような違いは、平安時代あるいは高麗王朝の時期に始まったといえます。

日本の武家は、律令国家の中での武官と違います。武家の国家は、律令制とは別の法的枠組を作りました。一二三二年、執権北条泰時が制定した「貞永式目」がその一つです。ただ、これは律令制にとって代わるものではなく、律令制の権威に依拠しつつ、それが及ばない範囲、たとえば、荘園などの私有地を管理するものです。こうして、旧来の体制(天皇の権威)と、新興の体制(武家の権力)が相互補完する体制が、この時期にできたわけです。

石母田正は、この時期に「古代」から「中世」(封建時代)への移行が生じたというのですが、注意すべきことはむしろ、そこに「古代」が残ったということです。鎌倉時代の封建制は、公家(古代)と武家(中世)の二元性にもとづいていました。その後、一四世紀には、王政復古を目指す後醍醐天皇の企てがあり、いわば、「古代」と「中世」がせめぎ合う、南北朝時代が起こったのです。

4　官僚制と文字の問題

私がここまでに述べてきたのは、日本では律令制の導入にもかかわらず、官僚制国家が成立しなかった、ということです。コリアでは高麗王朝において、さらにその後の朝鮮王朝にいたって、科挙にもとづく両班が支配する官僚体制が確立されました。また、中国に倣って宦官を使うようにもなった。一方日本では、官僚制は確立されず、律令制を維持しつつも実際にはそれと無関係の武家政権の体制ができた。どうしてこのような差が生じたのでしょうか。

私はそれを周辺と亜周辺の違いから説明してきたのですが、ここで、それをもう一つの観点から考えてみます。それは文字の問題です。以前に私は、官僚制はどこでも、官僚が文字(知識)を独占することにもとづいていると述べました。東アジアでは、そのような文字が漢字です。漢字は書き言葉であり、音声と関係なく、誰もが自らの音声で読むことができます。その意味で、漢字は周以来、帝国の言語として広がった。つまり、漢字は周辺・亜周辺にも広く用いられた。とはいえ、漢字は習得することが大変難しいものです。漢字の読み書きができる者とそうでない者の間には、決定的な格差が生じる。その意味で、官僚の権力は漢字にもとづくといえるわけです。

ついでにいいますが、表意文字だけが帝国の言語なのではありません。エジプト帝国を除いて、帝国の言語は概して、表音文字でした。たとえば、ヨーロッパにおけるラテン語がそうです。しかし、中世ヨーロッパでは、ローマ帝国から受け継いだラテン語は、表音文字ではあるが、主として書き言葉であった。その意味で、帝国の言語の特性は何よりも、書記言語であるということができます。

エジプトでは、複数の文字体系に通じていないと官僚(書記)にはなれなかった。過去の公的文書を自由に読み書きできることが、官僚に力を与えるものです。古代ギリシアは、エジプトの影響を受けていますが、そこに官僚制が生まれなかったのは、一つには、フェニキア文字を改良して作られたアルファベットによるといわれます。もう一つは、コインを発行したことです。同時期のペルシア帝国では、食料などの価格は官僚が統制しますが、ギリシアでは、それを市場(アゴラ)に任せた。したがって、官僚の仕事の大部分が不必要になったわけです。

文字に関していうと、アルファベットは、誰でも簡単に修得できます。誰でも文字にアクセスできることは、官僚制の力を削いでしまいます。たとえば、文字の面から見ても最も古い歴史をもつエジプトでは、文字修得の困難な状態が長く続いたにもかかわらず、官僚は文字を簡易化しようとはしなかった。なぜなら、簡易化すれば、官僚の特権的な力が失われるからです。

先ほどいったように、表音文字だからといって、誰もがアクセスできるわけではありません。たとえば、中世ヨーロッパでは、キリスト教の神父はラテン語で聖書を読みましたが、一般の者は読めなかった。聖職者階級は、一般の者が聖書を読めるようにはしなかったのです。大衆が聖書を読めるようにするのは、聖職者の権力を無化してしまうことになるからです。イギリスでは一四世紀にジョン・ウィクリフが、それを受けてボヘミアでヤン・フスが、さらに、一六世紀ドイツでマルティン・ルターが宗教改革者としてあらわれましたが、彼らはそれぞれ聖書を俗語に翻訳した。彼らの宗教改革は、そのことと切り離せません。

朝鮮王朝では一五世紀に、世宗が表音文字のハングルを創って公布しました。彼がそうしたのは、根本的には、官僚の支配から王権を取り戻すためでした。したがって、このプロジェクトは官僚の抵抗を受けました。公布以後も、公的な場では使われなかった。そのため、普及しなかったのです。そのようなことを企てた世宗が名君としてうたわれるようになったのは、第二次大戦後にコリアが独立しハングルを使い始めて以後であり、特にナショナリズムを喚起しようとしたパク・チョンヒ大統領の時期です。

それとは対照的に、日本では、八世紀から一〇世紀にかけて、表音文字の仮名が創出されました。それは特定の誰かが創ったのではなく、漢字を表音的に利用した万葉仮名から、自然発生的に生まれたのです。万葉仮名は、八世紀末に編まれた『万葉集』で使われたからそう呼ばれるのですが、七世紀以前に成立したと思われます。固有名を漢字の音を借りて表記する方法は、もともと中国にあったし、コリアでも三国時代に、漢文を、漢字を表音的に用いた文字記号で補足して読む「吏《り》読《とう》」が発達していました。日本の万葉仮名はそれを受け継ぐもので、たぶんコリアからの帰化人がもちこんだものです。ただ、コリアではあくまで漢文を読み書くことが主ですから、漢字を表音的に使って固有語を表記する方向には進まなかった。

日本では、このような万葉仮名が一般的に用いられるようになりました。一つには、日本語の音声が母音子音ともに単純であり、そのため、万葉仮名の数も少ないので、修得するのが容易であったからです。さらに、それが自然に簡略化されるようになった。

たとえば、「いろは」という音は、万葉仮名では「以呂波」という漢字であらわされますが、「以呂波」を草書体で簡略化して「いろは」という仮名が創られた。また、字の一部だけをとると、イ、ロ、ハという片仮名ができる。ゆえに、仮名や片仮名によって日本の表音文字が成立したといわれるのですが、ここで重要なのは、先ず万葉仮名が定着したことです。

なぜ万葉仮名が定着したのか。それは何より官僚制が弱かったからだ、ということができます。万葉仮名を使えば、わずかな漢字を覚えるだけで、日本語の音声を表現することができる。これは、漢文の読み書きができる能力を特権としている官僚にとっては困ることです。だから、コリアにおいてそうであったように、官僚制が強ければ、万葉仮名が普及することはなかったでしょう。また、逆に、万葉仮名や仮名が普及したために、官僚制の強化が妨げられたといえます。

たとえば、コリアには武官に対する文官の優位がありましたが、それは根本的に、武官が漢詩文を十分に読み書きできないということから来ています。漢詩文に習熟しようとすれば、「武芸」に専念する暇がない。ゆえに、どうしても文官が優位に立つのです。しかし、日本の場合、武士は漢字仮名交じり、最低でも仮名で書けばよかった。たとえば、武家法である「貞永式目」は、漢字仮名交じりで書かれています。日本でも、徳川時代になると、幕府のイデオロギーとして朱子学を採用し、武士は一種の官僚として漢学を学ぶ義務を課されるようになりましたが、それ以前は「武芸」が中心で、学問などやらなかった。それでもさほど困らなかったのは、仮名があったからです。

5 漢字と仮名

中国の周辺国では、漢字の修得が困難であり、また、文法的に中国語と異質な言語をもつことから、表音文字が創られました。モンゴルのパスパ文字がその一例です。朝鮮王朝で創られた表音文字(ハングル)は、高麗王朝時代に入ってきたモンゴルの文字に由来すると考えられます。それらは漢字とはまったく無縁です。だから、そのような表音文字を採用すると、結局、漢字を廃棄してしまうことになります。

ベトナムでは、一三世紀末から、チュノム(字喃)という文字が使われるようになった。これは日本の仮名と同様に、漢字の万葉仮名的使用から生まれたものです。また、この文字が単独で使われることはなく、漢字と一緒に使われました。その点でも、日本の仮名と似ています。また、日本で歌謡が万葉仮名や漢字仮名交じりで記録されたように、ベトナムでも、チュノムは主として詩文を記録するために用いられた。しかし、一般に庶民が日常的にチュノムを使うことはなかったようです。それは科挙に示されるように、ベトナムに中国的な官僚制国家が発達したからだと思います。

一方、日本の場合、漢語を特権的に使用する官僚の支配がなかった。そのために、仮名が支配層にも普及し、庶民にも普及するようになった。このことは、逆に考えることもできます。先に述べたように、仮名があるからこそ、官僚制支配が成立しなかった、と。ハングルだけでなく、チュノムも官僚や支配層が考えたものですが、日本の仮名は宮廷文化とともに作られたとはいえ、「自然発生的」です。したがって、普及したのです。

ベトナムでは、フランスの植民地支配の下で、アルファベットを採用しました。漢字のみならず仮名(チュノム)も放棄したわけです。しかも、独立後もそれを回復しようとはしなかった。コリアでも第二次大戦後、南北ともに漢字の使用をやめました。対照的に、日本では漢字は廃棄されなかった。通常、ナショナリストは、他国への文化的従属に反発します。日本にもそのようなナショナリズム(国学)がありますが、それさえも漢字廃止に向かうことはなかった。そもそも日本語のエクリチュールは、漢文を読むことにもとづいて形成されたからです。もっと根本的にいえば、日本人は漢字あるいは中心の文化を、選択的(自主的)に取り入れたからです。くりかえしますが、それは「亜周辺」に特有の現象です。

日本では漢字と仮名は区別されますが、相互補完的です。漢字を表音的に用いる万葉仮名を使っていたときも、同時に、漢字を表意的に用いていました。そして、それを訓で、ないしは漢音や呉音で読んでいた。仮名が普及したのちも、漢字仮名交用が標準的でした。仮名だけで書くということはめったになかった。それはかえって読みにくいからです。元来、日本の書き言葉は、漢文を訓で読むこと、つまり、漢字の文に仮名を付加して読むということを通して形成されたのです。たんに俗語を仮名で書いても、書き言葉にはなりません。俗語が書き言葉になりえたのは、漢文が元にあったからです。それはつぎのような理由からです。

先に、ルターが聖書を俗語に翻訳したことは、聖職者の権力を否定することになったと述べましたが、同時に、注意したいのは、彼が採用した一地域の俗語がナショナルな言語(ドイツ語)になったということです。一地域の俗語がそのような地位を獲得できたのは、聖書の言葉であることによって、ただの俗語であったときにはなかった価値を得たからです。もう一つの例をあげると、イタリアのダンテはラテン語の名手として知られていたのですが、『新生』をあえてイタリアの一地域の俗語で書きました。そして、のちにそれがイタリアの書き言葉、ひいては、標準的な話し言葉になった。それは、その方言が有力だったからではなく、ダンテの書いた作品が、いわば、ラテン語を俗語に翻訳したものであったからです。ナショナルな書き言葉は、その権威をラテン語という「帝国」的な書き言葉から得ているのです。

日本では、仮名のおかげで和歌や物語が発展しました。が、それはたんに仮名によるのではありません。表音文字によって、民間で、特に女性の間で文学的表現が生じることは、朝鮮王朝の時代、ハングルによって多くの歌や物語が書かれるようになったことからも明らかです。しかし、コリアでは、それは近代にいたるまで評価されなかった。官僚体制の下で蔑視されてきたからです。では、なぜ日本で女性たちによって書かれたものが、その当初から高く評価されていたのか。それは、日本で、公的な世界に対して、民間的あるいは女性的な世界が重視されたから、ではありません。

日本の宮廷では、男女を問わず、和歌が不可欠でした。物語はむしろ和歌の延長としてあったわけです。しかし、日本の宮廷で和歌が重視されるようになったことは、元来、宮廷では詩文が重要だという中国の観念にもとづいていたのです。それ以前に、文学が重視されたことはなかった。文学の重視は、漢詩文の重視にもとづくものです。したがって、漢詩文を斥けて、和歌や物語を作ったのではありません。

和歌が中心になっても、漢詩文の重要性は変わらなかった。むしろ漢詩文から得た着想によって、新たな和歌や物語が作られるようになったのです。たとえば、『源氏物語』の著者、紫式部は宮廷にいたときから歌や物語に関して著名でしたが、彼女が宮廷の女房となったのは傑出した漢詩文の能力を買われたからです。実際、中宮(皇后の一人)の彰子に、『白氏文集』を講義するほどでした。そして、彼女が五四巻の大長編を書きえたのは、司馬遷の『史記』を愛読するような人であったからこそです。

日本において漢詩文がもった地位は、律令制がもった地位とパラレルです。先ほど述べたように、日本では、律令制は事実上、実行されていない。しかし、廃止されることもなかった。というのも、天皇制がそうであるように、あるいは武家法がそうであるように、その根拠が究極的に律令制に置かれていたからです。ゆえに、律令制がなければやっていけない。それと同様に、漢字がなければ、仮名だけではやっていけないのです。

日本の書き言葉は、漢字と仮名の交用です。どちらにも統合されない。両方が必要なのです。日本人にとって、漢字はすでに内面化されています。だから、それを廃棄しようとは考えない。しかし、ある意味で、漢字はあくまで外在的です。漢字と仮名の交用は、漢字と仮名の差異、というより、漢字で示されるものと仮名で示されるものとの差異を、たえず意識させることになります。

一般に、概念は漢字で表現されます。助詞や平俗な言葉は仮名で書かれる。別の言い方をすれば、漢字は公的、論理的、難解なものを、仮名は心情的、感覚的、平易なものを示す傾向があります。それはまた、人の態度にも関係してきます。たとえば、知的・道徳的な態度は漢字的であり、感情的・美的な態度は仮名的である、と見なされる。むろんこのことは、和歌が万葉仮名、さらに仮名で書かれたことと結びついています。仮名による和歌が生きた感情を直接的にあらわす、と見なされるのに対して、漢詩文は日本人にとって概念的でフォーマルである。

このような漢字と仮名の区別は、仮名が広く使われた平安時代には意識されていたようです。少なくとも、紫式部はそれを意識していました。彼女は『源氏物語』を漢字交じりとはいえ、もっぱら和語で書こうとした。宮廷では律令や官位官職など漢字が氾濫していたのに、それをわざと和語に〝翻訳〟したのです。一八世紀後半にいたって、本居宣長は、『源氏物語』のなかに、「漢意《からごころ》」への批判を読み取りました。漢意は、具体的には儒教ですが、もっと広く、理論的・道徳主義的な態度を意味します。それに対して、宣長がいう大和心は、美的・直観的な態度です。このような姿勢が『源氏物語』にあることは確かです。しかし、『源氏物語』には、そう簡単に片づけられないところがあります。美的・直観的な態度というのであれば、むしろ、同時代の清少納言の随筆集『枕草子』にこそあてはまるでしょう。彼女の態度は、趣味判断を理論的・道徳的な判断の上に置くものです。たとえば、彼女は「春はあけぼの」と断定します。それ以上の説明はない。趣味判断の根拠など、問うてはならないのです。

それに対して、紫式部の『源氏物語』はたんなる断片的直観ではなく、相反するものを綜合する構成力をそなえています。『史記』を愛読した著者ならでは、というべき作品です。彼女はむしろ「漢意」を強くもっていたというべきです。彼女はこの作品で、ただ一度「大和魂」という言葉を使った。これは、のちにいわれるようなもの、つまり、「日本精神」などとは対極的なものです。それは、実践的な生活上の知恵というような意味です。それと対照的に、「漢才《からざえ》」は机上の学問という意味になります。とはいえ、紫式部は別に学問あるいは漢学を否定していない。《才《ざえ》を本《もと》としてこそ、大和魂の世に用ひらるる方《かた》も強う侍《はべ》らめ》(『源氏物語』二一帖「乙女」の巻)。すなわち、学問の裏づけがあってこそ、実践的な知恵も活きてくるのだ、というのです。

紫式部は清少納言をつぎのように評しています。《清少納言こそ　したり顔にいみじう侍りける人。さばかりさかしだち　眞字《まな》書きちらして侍るほども、よく見れば、まだいとたへぬこと多かり[清少納言は賢そうに漢字を書き散らしているけれど、よく見れば足りないところが多い]》(『紫式部日記』)。しかし、一般的にいえば、日本の文学の特徴は、清少納言の系列にあります。それは、美的、直観的、断片的です。社会的な現実性がなく、普遍的な理念性がない。というより、それを斥けているのです。

このような特徴は「亜周辺性」から来ていると思います。「中心」においては、堅い骨格となる理念性が必要です。また、「周辺」でもそれが要求される。しかし、「亜周辺」にはその必要がない。だから、理論的・道徳的な態度を嫌い、手仕事のようなものに価値を与えます。その点で、自由でフレキシブルです。しかし、限界も実は、そこにあります。理論的・道徳的なものを軽蔑する態度は、普遍的に世界に通じるようなものではありえないのです。

6　日本の封建制

日本に武士の政権、封建制、そして武士道が生まれたことについては、いろいろな観点から論じられています。しかし、日本の中だけでこのことを見ていても、大した認識は得られません。といっても、中国と比較することにもあまり意味がありません。すでに述べたように、コリアと比較することが必要です。つまり、この現象を亜周辺的なものとして見るべきだということです。

この観点は、日本のケースを西ヨーロッパと比較する場合にも必要です。たとえば、先に述べたように、石母田正は、奈良・平安時代(律令制)から鎌倉時代(封建制)への変化を、「古代」から「中世」への移行としてとらえた。これは、古典古代(ギリシア・ローマ)から封建制(ゲルマン)へという、マルクスの社会構成体の歴史的段階論を日本史に適用したものです。それとは別に、日本の封建制や武士道が、西ヨーロッパの封建制や騎士道と類似性があることは、よく指摘されてきました。新渡戸稲造の『武士道』がその嚆矢《こうし》ですが、この作品は、武士道と騎士道の類似をいうことで、日本人・日本文化が西洋に類似すること、したがって、日本がアジアにおいて例外的だ、と主張するものです。

このような議論とは系統が異なりますが、日本の封建制を、日本が非ヨーロッパ圏で唯一産業資本主義を達成した秘密を示す鍵として見る見方があります。マルクス、ウェーバーからアナール学派(ブロック、ブローデル)にいたるまで、多くの学者が日本の封建制に注目してきたのは、そのためです。今日では、中国で資本主義化がめざましく進んだことで、このような議論への関心は失われていますが、私は今こそ、この問題を論じたい。いうまでもなく、それは西洋中心主義的な史観を反復するためではありません。その逆です。

私の考えでは、西ヨーロッパに封建制が生じたのは、日本と同様に、それが亜周辺であったからなのです。西ヨーロッパには、帝国が成立しなかった。西ローマ帝国の滅亡後、ヨーロッパには、帝国が成立しなかった。そこでは、支配層の間での関係は、封土と服従という互酬的な関係にもとづくものであった。それが封建制です。したがって、ここでは、専制国家が成立せず、多くの王、領主が競合する状態が続いた。

日本に封建制が成立したのも、同様の理由です。それは、日本が中心の帝国に対して亜周辺的であったからです。周辺のコリアは、新羅において律令制を導入したのち、高麗から朝鮮王朝へと、徐々に官僚制国家を形成していった。ベトナムも同様です。それに対して、同時期に律令制を導入した日本では、官僚制国家が成立しなかった。その結果、各地の武士の抗争の中から、武家政権が生まれたのです。

日本史学者は、武家政権が「東国」に生まれたことを強調します。つまり、それが周辺から生じたということを。しかし、この見方は、日本が全体的に亜周辺的であるということを忘れさせます。確かに、京都は亜周辺的とはいえ、「周辺」的なところがある。つまり、「中心」を忠実に模倣しようとしている面があるからです。その意味では、東国のほうが亜周辺的です。それは、「中心」から来たものを選択的に受け入れる。そして、勝手に政府や法を創設するにいたる。

このような面を見て、石母田正が、京都の公家文化をローマ、東国の武家文化をゲルマンになぞらえたのは、それなりに妥当性があります。しかし、ローマからゲルマンへ、あるいは、公家文化から武士文化へという変化を、たんに歴史的な発展段階として見るのは、誤りです。それらは同時代的な構造として存在したのです。ゲルマンの部族国家は、ローマ教会の権威、また、滅亡したとはいえ西ローマ帝国の伝統に依拠していました。それと同様に、東国は、京都に従属しなかったけれども、政治的・文化的に、京都の王朝(律令制)の〝権威〟を必要としたのです。

武士の発生に関しては、概ね二つの見解があります。石母田正は、武士を在地領主として、農民を代表する者のようにとらえました。それは、公家の老朽し頽廃した文化に、潑剌とした新興の武士階層が挑戦したという図式になります。それは、武士をゲルマン人の戦士＝農民になぞらえる見方と同じです。一方、網野善彦は、そのような見方が、領主-稲作農民の体制が確立した南北朝以前の現実をそれ以前に投影するものだと批判しました。それ以前には、商工業をふくむ非農業民が多く存在したこと、武士も「武芸」をもつ職人ないし芸能人の一種であったことを強調したのです。

いいかえると、これは武士を卑賤視することです。が、これは、武士が権力をもち高貴な身分と見なされた時点で成立した見方を覆す意味があるとはいえ、それほど、画期的な理解とはいえません。むしろ、日本ではなぜ武家が高貴なものと見なされるようになったかを問うべきなのです。一般に、官僚制国家では、武人は卑賤視される傾向にあります。コリアでも新羅のころ、ファラン(花郎)と呼ばれる武人文化があったといわれますが、実際は文官が優位にありました。特に官僚体制が確立した高麗では、武官は蔑視され、それに反発した武官のクーデターによって「武臣政権」ができた。しかし、それは武人の栄光を取り戻すことにはならなかったのです。

中国の周辺の遊牧民(騎馬民族)は、生まれながらの戦士であり、それを誇っていましたが、「中心」からはいつも卑賤なものとして見下されていました。彼らが征服者として「中心」に立っても、この事情は変わらなかった。というのも、国家機構は文官に拠っていたからです。その中でも、正史を書く史官が独立した力をもっていました。一方、遊牧民のほうは、中心に行ってしまった者らを堕落したと考える。そして、新たな征服を企てる。このような反復を、アラビアのイブン・ハルドゥーンは『歴史序説』で歴史の法則として指摘しています。彼がいうことは、東アジアの遊牧民国家にもあてはまります。

日本には、遊牧民はいなかった。武士は本来、狩猟・移動農業民でした。(3) 彼らが騎馬を取り入れるようになったのは、のちのことです。一方、海にも、武士がいました。漁業や海上交易に従事する者たちです。したがって、武士はもともと中央から見れば、山賊や海賊の類ですが、次第に、律令制国家に組み込まれた。が、そこに完全に従属することはなかったのです。

武士の上層部は公家を警備する「侍」として、律令制国家の末端に従属しましたが、総体的に武士は辺境にいました。しかし、律令制国家の機構の外に私有地(荘園)が発展すると、国家に代わって、警察・裁判のような仕事を受け持つ者が必要になった。武士がその役目を果たしたのです。彼らは、中央の国家機構とつながる棟梁と、主従関係を結んだ。平家や源氏という集団は、そのようにしてできたのです。主として、平家は西国あるいは海、源氏は東国あるいは陸を基盤にしています。

この武士らが結ぶ主従関係は、「封」を介した互酬的(双務的)関係です。したがって、これは集権的なピラミッド型の官僚組織にはなりません。また、この主従関係は互酬的なので、軍事的貢献に応じた臣下に恩賞を与えないと続かない。たとえば、モンゴル来襲に対する戦争では、たんに防衛するだけで獲得した領地がないから、北条政権は恩賞を与えることができなかった。そのために、政権が揺らぎ始めたといわれます。このような互酬制(交換様式A)は、のちに「武士道」と呼ばれるようになったあり方とは、本質的に違います。「武士道」は、武士がもはや戦士ではなく官僚となった時期に発生したイデオロギーにすぎません。

武士の中で最初に政権を握ったのは、西国および水軍を基盤にした平家です。しかし、平家は朝廷政治、つまり、文官的政治の中にのみ込まれた。平家を倒した源氏の源頼朝は、平家がたどった道を避けた。つまり、一一九〇年頃、京都から離れて、東国に新たな政府を開設したのです。とはいえ、それは律令制の下での「征夷大将軍」という官職でした。その後、一二三二年、執権北条泰時は「貞永式目」を発布しました。先述したように、この法は律令体制の否定ではなく、ただその空白を埋めるものです。武家政権は実際の権力を得たにもかかわらず、皇室の〝権威〟を否定しようとはせず、逆に、それに依拠しようとしたのです。しかし、このように旧来の国家の権威を利用することは、封建制的な要素を抑制することになります。すなわち、そこにあった互酬的(双務的)な関係を弱めてしまう。

マルク・ブロックは、日本の封建制がヨーロッパのそれと酷似するにもかかわらず、そこに「権力を拘束しうる契約という観念」が希薄であるといい、その理由を、つぎの点に見出しています。《日本では、西ヨーロッパの封建体制にきわめてよく似た人的並びに土地的従属関係の体系が、西ヨーロッパにおけると同じように、それよりはるかに古い王国に相対峙して少しずつ形成されることになった。しかし、日本では(国家と封建制という)二つの制度は相互に浸透することなく並存していた》(『封建社会』)。

この「二つの制度」が併存したのは、鎌倉時代からです。たとえば、古代からの公家法と新たな武家法が併存した。日本の封建制が変容していったのは、それらが相克するようになってからです。そして、その口火を切ったのは、「古い王国」の側からの反撃です。すなわち、後醍醐天皇が鎌倉幕府から実権(天皇の親政)を取り返そうとしたことです。しかし、このことは日本の内部からだけでは説明できません。

先ほど述べたように、日本で武家政権ができたころ、高麗でも武臣政権(崔氏)ができていました。しかし、これはモンゴル(元)によって打倒されてしまった。さらにモンゴルは、征服した高麗の兵を動員して、武家政権下の日本に二度「襲来」し、敗退しました。日本の北条政権は、一応安泰を保ったのですが、その後に危機に直面します。その理由の一つは、先に述べたように、この防衛戦争では勝利したのに、獲得したものが何もなかったため、武士らに恩賞を与えることができなかったことです。各地の武士の不満が沸き起こった。

律令制＝古代国家を回復しようとする後醍醐天皇の企ては、そのような不満をもった武士階層と結託するものでした。注意に値するのは、これが、中国的な「正統性」の観念に動かされたものだということです。具体的にいえば、この時期、人々は、宋学、というより、正統性に関する朱子の理論に震撼された。北畠親房の『神皇正統記』はそれを示しています。彼は天皇親政を説きつつ、それを武家か公家か、南朝か北朝かという党派性を越えて考えようとした。このような観念性が人々を昂揚させたということができます。律令制が導入された八世紀にも、このような観念的昂揚があったはずです。そのときは、均田制のような社会的構想があった。しかし、後醍醐天皇らの場合、実現すべき何ものももっていなかった。たんに「正統性」を主張しただけです。彼らのいう「建武の新政」は、まったく内容空疎なものです。

この正統性をめぐる争いが、南朝と北朝という皇室の分裂・抗争だけでなく、それらを担ぐかたちで、武士勢力の分裂・抗争を全面化させました。それが日本の「南北朝」時代です。この結果、南朝側は敗れ、「復古」的勢力は滅んでしまいます。逆に、武家の支配は、この過程を通して一層浸透しました。それまで皇室、公家、寺社などが所有していた領地が、武家によって所有されるようになった。こうして、鎌倉時代以後の公家と武家の二元的体制が滅んだのです。

しかし、それでただちに、武家による中央集権的国家が成立したわけではありません。なぜなら、武家の主従関係は、互酬的な人格的関係(交換様式A)によるもので、組織的な支配関係(交換様式B)にはなじまないからです。そこから、中央集権的な体制が作られるまでの過程は、全国の武家集団が戦う時代を通過せねばならなかった。それは戦国時代と呼ばれますが、実際、そこには中国の「戦国時代」と似た要素が多々あります。

この時期に生じた上下の転倒を指す言葉として、「下克上」があります。それは古代国家の権威にもとづいてきた既成権力を否定するものです。それはたんに公家や武家に限定されるものではなく、全社会に及びました。下克上の根底には、農業・商工業の発展によって民衆が自立してきたことがあります。いいかえれば、それは交換様式Cが浸透してきたということです。

下克上の兆候は、南北朝時代に始まっています。たとえば、〝ばさら〟と呼ばれる態度が生まれた。それは明らかに市場から来るもので、華美な服装や派手な振舞などで目立つことです。が、それはもっと広汎に、旧来の価値秩序を挑戦的に否定するアヴァンギャルド的傾向です。これは末端の武士から大名にまで及んだ。「戦国時代」は下克上の全面化にほかなりません。これはまた、一向宗の一揆に代表されるように、旧来の生産関係や身分制を否定する千年王国的な社会運動をもたらしました。

一六世紀には、交換様式Cあるいは下克上を促進する契機は、外からも来ました。それは、近代の世界市場の到来です。メキシコを経由して、スペイン、ポルトガルらが交易を求めてやってきたのですが、日本人はたんにそれを受け入れただけではなく、自ら交易するために大勢が東南アジアに渡りました。その結果、堺などの自立的な都市が興隆した。それらに加えて大きかったのは、鉄砲の伝来と普及です。西洋では鉄砲の普及が騎士の存在理由を無化しましたが、日本の武士にとっても同じです。それぞれが恩賞を期して、名乗りを上げ一騎打ちで戦うというような光景は、もはやありえない。武士は事実上不要になったのです。

多くの大名が競合する中で覇権を握った織田信長は、特に鉄砲を活用したことで知られています。信長やその後を継いだ豊臣秀吉の時代には、鎌倉時代にあったような封建制、あるいは、互酬的な主従関係は成立しなくなっていました。たとえば、秀吉はおそらく賤民の出身でありながら最高位（関白太政大臣）に立った。これは「下克上」の極みであり、封建的な主従関係や身分制が消滅したことを示すものです。

このように、一六世紀末には中央集権的な政権が形成されようとしていました。それは、西洋の絶対王政に近いものです。実際、信長や秀吉はスペインやポルトガルとの交易や宣教師らとの交際を通じて、それを熟知していました。信長は自らを絶対的な主権者と見なしていたようです。たとえば、比叡山を攻めて多数の僧侶を焼き殺しても平然としていた。皇室の権威を尊重するふりはしましたが、いずれは破壊するつもりだった。しかし、そのせいもあって、中途で暗殺されてしまいました。

信長の地位を継承した秀吉は、逆に皇室に接近し関白となったのですが、それに満足することはなく、明を征服して皇帝となることを考えた。実際、そのために、朝鮮半島に攻め込んだのです。しかし、彼の考えは根も葉もない誇大妄想とはいえません。彼の企図の背後には、戦国時代を経て強化されてきた軍事力だけでなく、東南アジアにいたる広域通商圏がありました。明朝は元と違って、そこから内に閉じこもろうとした。だから、明に代わって、それを制覇しようと考えたのは、別に奇矯ではありません。この時期すでに、日本は「大航海時代」の世界＝経済にコミットしていたのです。秀吉の誤りは、海洋国家を目指すかわりに、陸の帝国を目指したことにあります。そのため簡単に挫折してしまった。しかしある意味で、日本国家が明治以後にやろうとしたことを、秀吉はいち早く実行し、そしていち早く挫折したといえます。秀吉の生存中には彼に服従し、その死後権力を握った徳川家康は、すぐさまこのような路線を撤回しました。

一方、秀吉軍を撃退した李朝は、その後に、厄介な問題に出会いました。それは、彼らが夷として蔑視してきた女真(満州族)のヌルハチが、明王朝を倒して清朝を築いたことです。そこで、李朝の人たちは、明の文化を真に受け継ぐのは自分たちだと考えた。つまり、朝鮮王朝こそ〝中華〟だという観念を抱くようになったのです。儒学に関しても、清朝では批判的に見られるようになった朱子学を発展させた。徳川時代の日本に伝わった朱子学は、それです。一九世紀後半になって、清朝がそれなりに西洋化をはかろうとしていたとき、〝中華〟意識を強くもつ李朝はそれを拒否しました。これは、ある意味で、〝周辺〟に特有の現象だということができます。

7　徳川体制とは何か

徳川幕府体制は、一口で定義することができないような体制です。たとえば、これを封建制と見るのは、普通の見方です。しかし、その場合、西洋でいう feudalism と中国でいう封建制を区別する必要があります。中国の場合、周の時代が封建的で、戦国時代を経て、秦によって集権的な国家体制(郡県制)が形成された。徳川も、戦国時代を経て、他の封建領主を完全に制圧したのですが、中央集権的な体制(郡県制)を作ることはなく、他の領主に各地を支配させた。ゆえに、徳川体制は、中国的な意味で「封建制」です。したがって、明治維新によって「郡県制」が実現されたことになります。

しかし、こういう概念だけでは、徳川体制がどのようなものかを理解できません。やはり、封建制を feudalism という意味で考える必要があります。日本の「戦国時代」は先ほど述べたように、一六世紀の世界市場・交通のただなかにあった。それは、それ以前の封建的(feudalistic)な社会を解体するものであって、そこから、西洋の絶対王政のようなものが出現するように見えた。ところが、徳川家康は、そのような方向をあえて回避しようとした。まさにそのことから、徳川体制の奇妙な形態が生じたのです。

第一に、徳川家康は、信長や秀吉のように京都の朝廷の元にいることは危険だと考えました。したがって、源頼朝がかつて東国の鎌倉に幕府を開いたように、東国の江戸に幕府を開いた。また、皇室や公家に形式的な敬意を示すことによって、自らの「正統性」が皇室から来るという格好にしたのです。こうして、家康は、鎌倉時代にあった武家と公家の二元性を取り戻そうとしたといえます。

といっても、江戸時代の〝封建制〟は、鎌倉時代のそれとは異質です。第一に、江戸時代では、主従関係はかつてのように「封」にもとづく互酬的なものではなくなっています。武士はもともと在地領主として農民との強いつながりをもっていました。戦争になれば、農民が戦士となった。が、徳川体制では、武士は都市に集められ、農民も武装解除(刀狩り)させられた。武士と農民が完全に分離されたわけです。武士はいわば武官となったわけですが、戦争がないので、事実上、文官と同じようになった。にもかかわらず、武士が官僚であることは「否認」されたのです。ここにも、徳川体制を定義することの困難があります。武士に関しては、後で述べます。

徳川体制はもはや封建制 feudalism だとはいえません。では、それは絶対王政に比することができるでしょうか。もちろん、できない。信長や秀吉の体制は絶対王政に近いところがあった。しかし、徳川は、そのような方向を否定したのです。西ヨーロッパの絶対王権は、領主の封建的特権を奪い、彼らを宮廷貴族・官僚の中に組み入れました。それに対して、徳川は封建領主(大名)をそのままにした。また、絶対王政が重商主義政策をとり富国強兵をはかったのに対して、徳川はまったく反対のことをしたのです。

第一に、〝鎖国〟政策をとった。もちろん、オランダとの交易を続けたし、また、中国・コリアとの交易も続けたけれども、その程度の海外交易では、一六世紀にあったような経済発展はありえない。さらに、商人を「士農工商」という身分制の最下位に置いた。実際には、たえず、商人の力に屈していたのですが、建前では、商人を最下位においた。徳川はこのように、一六世紀に世界市場とつながって開花した商人資本主義を抑えようとしたのです。

第二に、徳川幕府は軍事的な発展を停止させた。鉄砲などの開発を他の大名に禁じただけでなく、幕府自身もそれを凍結した。要するに、徳川は絶対王権なら行うであろうことを、すべてやめてしまったのです。徳川の原則は、経済発展であれ、軍事的発展であれ、拡大主義の否定です。一六世紀に世界市場あるいは近代に向かっていた日本の社会は、徳川によって、それを押しとどめられたといえます。

ある意味で、徳川は、日本が壊した旧来の東アジアの秩序を取り戻そうとしたといえます。秀吉の侵攻と破壊のあとですから、コリアとの関係を修復するのは容易ではなかった。徳川家康は、それに真剣に取り組みました。たとえば、将軍の代替わりのたびに、朝鮮通信使を迎えるようにした。朝鮮王朝との関係修復は、朝鮮を冊封する明や清との関係を回復することでもある。その意味で、徳川家康は、東アジアにあった帝国とその周辺という世界秩序を回復しようとしたのです。

また、家康は、朝鮮の朱子学を導入して幕府の公認の教義としました。儒教を優位に置くことは、戦国時代にあった価値を否定するものです。それはいわば、礼楽を武に優越させることだから。にもかかわらず、家康は、文官による官僚制国家を作ろうとはしなかった。武士階級を従来のままにとどめたのです。というのも、徳川は武家政権としての正統性を必要としたからです。朱子学が重要だったのは、そのためです。それはかつて後醍醐天皇が朱子学にもとづいて南朝の正統性を主張したのと類似します。それは著作でいえば、北畠親房の『神皇正統記』に代表されます。一方、徳川時代では、武家政権の正統性を示すために書かれたのが、新井白石の『読史余論』です。公家と武家の立場は異なるとはいえ、いずれも朱子学の「正統性」の観念に立脚していたわけです。

徳川体制には、このように相矛盾した面が各所に見られます。たとえば、家康は郡県制(中央集権制)をとらず、封建制(地方分権制)をとったのですが、実際には、徳川体制はきわめて中央集権的でした。それを如実に示すのが、参勤交代制度です。これは、大名が家族を江戸に人質として置き、また、一年おきに江戸に居住するというものです。この移動の経費、江戸での滞在費が大変な負担でした。これは諸大名に浪費を強いることによって、彼らの経済的・軍事的な発展を阻止するものです。

この参勤交代制度は、徳川体制の性質を凝縮して示すものです。中国の専制国家やヨーロッパの絶対王政においても、王権を確立するために王が地方を巡回したり、官僚を地方に移動させたり、貴族を宮廷に集めたりはします。しかし、王が移動せず、支配階層のみが定期的に大量に移動するという例は、ほかにありません。たとえば、中国の皇帝は、地方の領主らを毎年「参勤交代」させるほどの力をもたなかった。その意味では、徳川政権の中央集権的な力はもの凄い。にもかかわらず、徳川はあえて各藩を解体せず「分権制」(封建制)を保とうとしたのです。

同じことが武士についていえます。徳川時代に、武士はもはや戦士ではなく、官僚となってしまった。にもかかわらず、武士はあくまで武士であって、官僚にはならなかったのです。たとえば、武士だけが帯刀を許された。しかし、武士が実際に刀を使うことはほとんどありませんでした。ここから矛盾に満ちた態度が生じます。山鹿素行などは、武士が儒学を学び詩文を書くことを奨励し、それを「士道」と呼びました。大半の武士はそのような規範に従ったといえます。それは鎌倉時代の武士とはまったく違います。その時期は、「切り取り強盗は武士のならい」といわれたのです。武士はろくに字も読めない乱暴者であった、ということです。

一方、「士道」の観念が標準的な中で、「武士道」を説いた者がいます。山本常朝は、たとえば、「武士道は死に狂ひ也」という(『葉隠』)。それは、理屈を唱えず、ただ無闇に死ぬのが武士なのだ、ということです。しかし、徳川時代には、武士が死ぬような機会はほとんどなかった。また、それ以前に武士が死を賭けた時代には、自分や遺族に恩賞が与えられることを期していました。だから、『葉隠』でいうような武士道は、実は一度も存在したことがない。武士道とは、徳川時代に官僚でしかなくなった武士が、自分の存在理由を見出そうとして考えた観念にすぎません。

徳川時代に武士は、すでに官僚となっていたにもかかわらず、自らが官僚であることを〝否認〟したわけです。そして、官僚を蔑視し続けた。奇妙な矛盾に満ちた武士のあり方は、徳川体制そのもののあり方を象徴しています。では、どうしてこんなものができたのでしょうか。それは、一言でいえば、徳川の支配を永続化させるという動機にもとづくものです。

徳川家康は、一六世紀に浸透した貨幣経済が「下克上」を促進すること、また、それが中央集権的な国家に帰結することを知っていました。それらは、結局、徳川家の支配を崩壊させてしまう。だから、あくまで〝封建制〟を確保しなければならない。すでにそれが滅んでいたにもかかわらず。要するに、徳川は一六世紀に一度世界資本主義に内属した日本の社会を、そこから強引に引き揚げさせようとしたのです。しかし、結果的に、それに挫折した。なぜなら、そんなことは不可能だからです。

徳川幕府が参勤交代を強制したのは、封建諸侯の服従と忠誠をたえず確認し、また、彼らに経済的な負担を課して弱体化させるためでした。が、参勤交代はそのための経費に苦しんだ諸藩をいっそう貨幣経済・商品生産に向かわせ、且つ、それを通して大坂などの商人階級の力を強めた。コンスタチン・ヴァポリスは、『日本人と参勤交代』で、参勤交代が幕府を倒す結果をもたらしたことを指摘しています。たとえば、参勤交代によって、全国各地から来た大勢の武士が江戸に滞在し、交流するようになった。また、中央の文化が地方に伝わるだけでなく、逆に、地方の産物や情報が中央に伝えられた。さらに、大名行列が立ち寄る京都・大坂、さらに、街道沿いの都市もまた発達した。このように、江戸を経由した中央と地方の相互交流によって、統一された「ナショナルな文化」が形成された、というのです。が、こうして、封建体制を永続させるための制度が、それ自身を解体させることに帰結したわけです。

要するに、徳川幕府は一六世紀に開かれた世界市場(交換様式C)の浸透を抑えようと懸命に努めたが、結局それができなかった、ということです。明治維新のあとに、日本は急速に産業資本主義的発展を遂げました。しかし、それは、明治時代に始まったものというより、一六世紀に存在し徳川時代に抑えられてきたものが、その足枷《あしかせ》を外された結果だというべきです。

最後に、徳川幕府がその永続性のためにとった政策が裏目に出たもう一つの例は、自らの正統性を天皇の権威に求めたことです。徳川御三家の一つ、水戸藩では、尊皇思想が唱導されました。むろん、それは徳川の正統性を根拠づけるためです。しかし、皮肉なことに、それが幕府を崩壊させる一原因となりました。具体的にいえば、一九世紀半ば、幕府は、米国などの西洋諸国の圧力に屈して「開国」し、不平等条約を結んだのですが、そこから、「尊皇攘夷」を掲げる討幕運動が起こった。それは、幕府が皇室をさしおいて外国(夷)に屈したということを糾弾したのです。

8　明治維新以後

明治維新のリーダーらは、倒幕を命じる天皇の詔を得ることで徳川幕府に勝利しました。明治維新が実質的にブルジョア革命であることは、明らかです。しかし、その種の事柄が公言されたことはなかった。逆に、維新は、天皇親政を掲げること、つまり、律令国家の回復を目指すことによって実現されたのです。実際、明治政府は当初、神祇官を復興させています。また、郡県制を採用して、それまでの藩主(大名)を知事に任命しました。それが徳川の「封建制」を否定する維新(復古)だったのです。

実際には、明治維新以後、復古どころか、富国強兵、すなわち、産業資本主義化と軍事的強化が急速に進められました。そのことは、先ほどもいったように、徳川幕府によって抑制されたとはいえ一六世紀以来存続してきた潜勢力を考えると、別に不思議ではありません。重要なのは、日本の国家＝資本がそれを、天皇という古代的な〝権威〟に依拠して成し遂げたということです。のみならず、一九三〇年代の経済的政治的危機において、それを克服するために、国家＝資本は、天皇という〝権威〟を再喚起しようとした。それが特に、〝天皇制ファシズム〟と呼ばれるものです。ファシズムは西洋では一般に王政を斥けるものだから、日本のファシズムは特にそう名づけられたのです。

戦後には、天皇制に関するさまざまな議論がありました。資本主義的発展の中で、なにゆえ古代的な権威が機能するのか。旧来のマルクス主義ではそれを説明できない。最初に述べたように、そこで、精神分析、人類学、政治学、記号論、その他の諸学問が総動員されたわけです。しかし、日本で長く天皇制が残り、且つ現代においても機能したことは、生産様式の観点からでは説明できないだけでなく、観念的上部構造として見ても説明できません。ゆえに、私はこれを、交換様式の観点、さらに帝国・周辺・亜周辺という地政学的な構造から説明しようとしたわけです。

たとえば、戦後の日本では、天皇制ファシズムは否定されました。が、日本の支配層が天皇の権威に依拠することに関しては、何の変化もなかったのです。そもそも、戦後の米占領軍による統治がそうでした。マッカーサー将軍は、内外で戦争責任を問われた天皇を支持し、戦争責任を免除させた。それは、日本の社会主義勢力に対抗して、日本を統治するためです。日本の歴史ではいつも、このように、実際の権力をもつ者が天皇制を利用してきたのです。

的に見て最も発展している日本に、天皇制がまだ残っている。これをどう説明すればよいでしょうか。亜周辺という概念がそのために必要です。日本の天皇制は、亜周辺であることによってのみ可能だったのです。そもそも帝国の周辺では、皇帝よりも上位にある天皇という称号を名乗ることはありえません。亜周辺だからこそ、こんなことが許されたのです。

一般に、旧帝国およびその周辺は、世界＝経済の中で適合することができなかった。それに比べて、日本は近代世界システムの中に容易に適合しえた。国民国家の形成もスムーズになしえたし、産業資本主義的な発展も迅速であった。それは日本が亜周辺にあったからです。ゆえに、天皇制が存続したことと、産業資本主義が発展したこととは、別に矛盾しないのです。

しかし、逆に、ここにこそ日本の問題があります。それは、亜周辺の者には「帝国」ないしその周辺のあり方が理解できないということです。一六世紀に明を征服して帝国を築こうとした豊臣秀吉も、また、明治以後の「日本帝国」も、帝国のあり方を理解できなかった。ゆえに、帝国主義にしかならなかったのです。戦後の日本人は、それまでの帝国主義を否定しました。しかし、「帝国」を理解できないという点において、変わりはありません。そのため、東アジアの近隣諸国との間によい関係を築くことができない。結局、内に引きこもるか、ないしは、攻撃的に外に向かう。つまり、内閉的孤立と攻撃的膨張の間を揺れ動くことになります。日本が今後、「アジア共同体」の中に入ることはおそらく無理でしょう。

しかし、日本人には「帝国」的であることが絶対にできない、というわけではありません。それを可能にする条件は、実はすでに日本にあります。すなわち、戦争の権利そのものを放棄した憲法、とりわけその九条にある。日本人はこれを、自らの「帝国主義」の結果として得たのです。ただ、日本人はその意義を十分に理解しているとはいえません。実際、この憲法はたんに文面だけであって、実行されてはいない。日本は実際には強大な軍備をもっているからです。憲法は確かに帝国主義への歯止めになっていますが、それ以上ではない。

この憲法九条は、日本の中では、米占領軍によって強制されたものだという理由で批判されてきました。しかし、米占領軍がその後まもなく朝鮮戦争に際して日本に憲法改正と再軍備を迫ったとき、日本人はそれを斥けた。ゆえに、憲法九条は日本人自身が作ったものだといってよいのです(4)。この憲法の根底にあるのは、カント的な「永遠平和」の理念です。そして、この理念は近代国家ではなく、「帝国」に由来するものです。したがって、憲法九条は、もしそれを真に実行するのであれば、たんに一国にとどまるものではない。それは世界共和国への第一歩となりうるものです。

注

第１章

（１）マルクスに先行する社会主義者、イギリスのロバート・オーウェンやフランスのプルードンなどは、スミスやリカードの労働価値説にもとづいていた。彼らは資本主義を越えるためには、貨幣に換えて「労働貨幣」を用いればよいと考えた。マルクスが古典経済学を批判したことは、同時に、このようなユートピア社会主義への批判を含意する。いうまでもなく、ここでいう「批判」とは、カント的な批判、すなわち、徹底的な吟味を意味する。

（２）経済人類学者カール・ポランニーは、人間の経済一般の主要な統合形態として、互酬や商品交換のほかに「再分配」をあげている。私が交換様式Ａ・Ｂ・Ｃと呼ぶものは、それと似ているが、つぎの点で、決定的に違っている。ポランニーは、再分配を、未開社会から現代の福祉国家にいたるまで一貫して存在するものと見ている。しかし、未開社会における再分配と、国家による再分配とは異質である。前者の場合、もともと共同所有された、あるいは共同寄託されたものを、平等に分けるだけである。したがって、これは交換様式Ａである。一方、後者は、国家による強制的な略取（課税）と再分配である。国家による再分配は、歴史的には、灌漑や社会福祉、治安のような公共政策というかたちをとってきた。その結果、国家は共同体がやることを代行しているかのように見える。もちろん、そうではない。国家が再分配をするのは、略取(課税)を継続的に行うためである。が、国家はそれをあたかも人民のために行うかのように見せなければならない。したがって、国家は交換様式Bにもとづくのである。

第2章

(1) 西田正規『人類史のなかの定住革命』(講談社学術文庫)。ただし西田は互酬性原理が定住によって生じることを書いていない。

(2) マルクスは『資本論』第一巻の最後に、資本主義的私有を否定することにより、共同所有にもとづいて、「個人的所有」が作り出される、と書いている。ここから、彼の考えるコミュニズムが、氏族社会よりも遊動民社会に近いということができる。

(3) 柳田国男は山人と山民を区別した。いずれも平地から山に逃れた人たちであるが、次の点で異なる。山民は平地を拒否するがたえず平地民と交流し、ときには平地におりて国家を形成する。その点で、東南アジアの山地民と同じである。一方、山人は日本列島に先住した狩猟採集民であり、到来した農業民に追われて山に逃れた者である。山人は平地人と交流することはなく、しばしば天狗や妖怪の類と見られている。日本の民俗学者・人類学者は、これを平地民の「共同幻想」であると見なしてきたが、柳田は彼らが今も実在すると考えた。しかし、それは検証可能であるということではない。山人は、ラカン流にいえば、「リアル」なのである。詳しくは、『遊動論――柳田国男と山人』(文春新書)を参照されたい。

第3章

（1）　皇帝に対して忠実な官僚や軍を作るために奴隷を使用するケースは、イスラム王朝でも見られる。中央集権化をめざしたアッバース朝（七五〇―一二五八）が、服従しないムスリム軍隊を抑えるために、マムルークと呼ばれる奴隷の軍人を使って常備軍を作った。マムルークはのちにエジプトで王朝を作り、他のイスラム国家が簡単にモンゴルに征服された中で、唯一モンゴルを撃退した。オスマン帝国にあったデヴシルメ制（強制徴用）も、奴隷軍人制の一種である。

（2）　私が帝国の「中心、周辺、亜周辺」という区別をするのは、ウィットフォーゲルの考えにもとづくものだ。ただ、私はそれを練り直したのである。ウォーラーステインは、近代世界システムは、中心が周辺から収奪するシステムだという。その場合、彼は中心、周辺に加えて、半中心を想定した。しかし、彼は、それがウィットフォーゲルが述べたものと類似することに気づかなかったか、ないしは無視したのである。私の考えでは、両者の考えの違いが重要である。世界＝帝国における中心と周辺、半周辺の関係と、近代システムにおけるそれとは、決定的に異なるものである。後者では、旧来の世界＝帝国は周辺に置かれる。そして、もはや圏外も亜周辺も存在しえない。

（3）　ラエルティオスの『ギリシア哲学者列伝』（岩波文庫）によれば、アレクサンドロス大王がディオゲネスを訪問し、何か自分にやってほしいことはないかと尋ねたとき、日陰になるからそこを退いてほしいと、ディオゲネスはいった。また、アレクサンドロスは、自分が王でなかったら、ディオゲネスのようになりたい、といった。以上のような逸話は、両者の類縁性を示すものである。一方、アリストテレスとアレクサンドロスは政治的に敵対関係にあった。アレクサンドロスが突然死を遂げたのは、アリストテレスらの陰謀によるという風説があった。難波紘二『誰がアレクサンドロスを殺したのか?』(岩波書店)を参照。

(4) ローマ帝国では、キリスト教が公認された後も、伝統的な宗教に対しても、ユダヤ教その他に対しても寛容な政策がとられた。それが変わったのは、四世紀のコンスタンティウス二世のときである。彼はキリスト教信仰を強制し、ローマの伝統的な信仰を禁止し、神殿を破壊した。だが、次の皇帝である、「背教者」と呼ばれたユリアヌスは、そのような政策を撤回し、元のローマ帝国のあり方を回復しようとした。それに比べて、東ローマ帝国では、コンスタンティウス二世が作った専制国家体制が回復されたといえる。とりわけ、皇帝ユスティニアヌス一世はネストリウス派を異端として追放するとともに、学問が異端の巣窟になると考えて、五二九年「禁学令」を出した。これによって、ギリシアのアカデミアの伝統が絶えた。ギリシアの学者らはササン朝ペルシアに移動した。アリストテレスをはじめとするギリシア語文献の多くは、ペルシアに、そして、その後イスラム国家に移ったのである。ヨーロッパ人がそれを知るようになったのは、一二世紀である。

(5) 「すべてのひとは、上に立つ権威に従うべきである。なぜなら、神によらない権威はなく、おおよそ存在している権威は、すべて神によって立てられたものだからである。したがって、権威に逆らう者は、神の定めにそむく者である」(新約聖書「ローマ人への手紙」13)

第4章

(1) エリアスは『文明化の過程』(法政大学出版局)で、ドイツにおける「文明」と「文化」の区別を考察している。一八世紀まで、ドイツでは、フランス語で、あるいはできるだけフランス語を交えて話すことが「文明的」であると考えられていた。つまり、「文明」はフランスの宮廷文化に由来する。一方、「文化」はドイツ語の農民的世界を指す。一九世紀には「文化」が重厚深長な意味を、「文明」は軽佻浮薄な意味を帯びるようになった。

（2）マルクスは「アジア的生産様式」あるいはアジア的な農業共同体を、未開社会（氏族社会）から転化した最初の形態としてみた。そして、アジア的国家をそこから説明しようとした。《かかる簡単な生産有機体は、アジア的諸国家の絶えざる瓦解と再建、および絶え間なき王朝の交替とは著しい対照をなすところの、アジア的諸社会の不変性の秘密を解くべき鍵を提供する》（『資本論』第一巻・第四篇・第一二章）。つまり、彼は、アジア的な共同体が永続的であるから、専制国家が永続的であると考えたのである。しかし、マルクスがいう農業共同体は、インドのインダス川流域のパンジャブ地方に残存していたものにもとづいている。少なくとも、中国ではそのような原初的共同体は残っていない。中国の共同体は、農民が国家が押しつけた機構に対抗して作ったものである。

（3）仏教は、八四五年、道教に傾斜した武宗によって弾圧され（会昌の廃仏）、以後、急速に衰えた。廃仏の理由は、仏教寺院が人々が賦役を逃れる場所となったことにある。その中で、衰えることがなく宋代でも栄えたのは、最も中国的な仏教であった禅宗である。

（4）内藤湖南の観点をさらに追及したのが宮崎市定で、彼らは中国研究の〝京都学派〟と呼ばれている。宮崎はイタリアのルネッサンスに先立って、アッバース朝、および宋代文化に〝ルネッサンス〟があったという。宮崎はそれを絵画の比較研究を通じて示そうとした。しかし、内藤と違って、宮崎はモンゴルが宋代の美術を破壊したとは考えなかった。むしろ、モンゴルがそれをイスラム圏に伝えたこと、さらにそれがイタリアに伝わったことを強調している（「東洋のルネッサンスと西洋のルネッサンス」『中国文明論集』所収、岩波文庫）。

（5）宋朝は、遊牧民が作った唐帝国の諸要素から、漢民族的な要素だけを取り出そうとした。その意味では「帝国」を否定したのである。宋代を代表する思想家は朱子（一一三〇―一二〇〇）である。彼は気と理の二元性（ギリシア哲学でいえば質量と形相）にもとづいて体系的な哲学を作り上げた。彼は一世紀ほどのちのヨーロッパで、信仰（キリスト教）と理性（アリストテレス哲学）を和解させる神学体系を作り上げたトマス・アクィナスに比肩しうる。朱子の課題は、儒学と唐代に中国に入ってきた仏教を和解させること、それによって新たな知的体系を作りだすことであった。しかし、そこにはもう一つの意図があった。それは、唐代に隆盛した仏教を克服すること、のみならず、そもそも唐帝国を超克することを意味する。

　彼のそのような意図は、正統論においてもっと露骨に示されている。朱子は王朝を継承する正統性をもちえない者として、簒臣《さんしん》、賊后《ぞくこう》、夷狄《いてき》をあげた。簒臣とは反乱を起こして政権を簒奪した臣であり、賊后とは則天武后のように権力を握って政治をほしいままにする者であるが、注目すべきなのは、夷狄、すなわち、周辺の遊牧民をあげたことである。これは漢民族だけが王朝を継承する正統性をもつ、ということを意味する。この観点からいえば、唐王朝も正統性をもたないことになる。南宋がたえず北方の「夷」からの脅威の下にあったとはいえ、このような正統論は帝国の原理ではありえない。しかし、皮肉なことに、南宋で迫害された朱子学を承認し科挙の標準テクストとして採用したのは、朱子が夷狄と見なしたモンゴルの王朝（元）であった。

（6）本論では、私は汗あるいはkhanを原則的にハーンと呼ぶが、他人の著作から引用するとき、カーン、カン、ハンなどと呼んでいる。たとえば、日本では一般にジンギスカンと呼ばれる人物を、専門家はチンギス・カーンないしチンギス・ハーンなどと呼ぶ。また、フビライをクビライと呼ぶ。しかし、私はあえてそれらを統一しなかった。

（7）海上パワーといえば、明朝の宦官、鄭和《ていわ》が有名である。彼は三〇〇隻、二万七〇〇〇人の大艦隊を率いて、インド、アラビア、さらには東アフリカまでの七回の航海（一四〇五―一四三三）をした、といわれる。しかし、これは明朝時代に海外交易が重視されたことを意味しない。明朝では、交易は皇帝が私的に管轄する領域と見なされていた。したがって、鄭和が個人として活動したのであり、それは正史にも記録されなかった。また、明朝は新たな北方の遊牧民の南下に直面して、海上交易を中止してしまった。むしろ中国沿岸は「倭寇」が席巻する場となった。

第5章

（1）琉球を征服した日本の薩摩藩は、そのことを清朝に隠し続けた。琉球が朝貢によって清朝から得た莫大な返礼品を横取りするためである。

（2）一六世紀から一八世紀にかけて、イエズス会宣教師によって中国思想が紹介された。それは、近代ヨーロッパの「理性」の形成に大きな役割を果たした。近世儒学は、神を要請することなしに、人間が理性的でありうることの証であると見えたのである。それは啓蒙主義一般を鼓舞するものであった。哲学では、それはライプニッツからカントにいたる流れの基調としてあった。特に、ドイツの哲学者ヴォルフは、宋明の儒教から、理性の自律的な純粋作用が存立しうることを見出した。

(3) イギリスで産業革命が起こったのは、そこに産業資本主義が発展したからだが、それはイギリスが世界=経済の頂上にあったからではない。一八世紀には、オランダが世界市場において通商・金融の領域を押さえていた。そのようなヘゲモニー国家オランダが自由主義的であったのに対して、イギリスは保護主義(重商主義)をとって、国内産業(製造業)を育成しようとした。そこから、産業資本と国内市場が発展したのである。

(4) オスマン帝国では、貿易拡大とともに経済が西欧諸国への原材料輸出へ特化したために農業のモノカルチャー化が進んだため、経済面で半植民地化していった。ゆえに、外からの軍事的・外交的な圧力によってでなく、内部において帝国の経済的基盤が解体されたのである。

(5) 新井政美『オスマン帝国はなぜ崩壊したのか』(青土社)を参照。

(6) 「第三世界」という言葉は今も使われるが、ほとんどの場合、途上国や経済的後進国という意味でしかない。それに対して、ヴィジャイ・プラシャドは、「第三世界は場所ではない。プロジェクトである」ということを強調した。このプロジェクトはたんに、これまで植民地下にあった諸国が独立し、西洋先進国と並ぶようになるということではない。それまで前近代的として否定されてきたものを高次元で回復することによって、西洋先進国文明の限界を乗り越えるというものである。このような理念がなくなれば、「第三世界」は消滅するほかない(『褐色の世界史――第三世界とはなにか』水声社)。

(7) 康有為は、国境が廃され、中国と夷狄の区別がなくなり、人類同胞の世界が実現される世界を、大同世界と呼んだ。「大同」は、儒教の概念である。それは、「大道が行われ、天下を公とし、万人平等にして争いなき地」（『礼記』）である。その反対が、「小康」＝「大道が隠れ、天下を私せんと争い、礼儀を立て君権の行われる世」である。もちろん、現在は「小康」である。しかし、康有為は儒教にもとづいたというより、儒教を普遍化しようとしたといえる。

（8）「民族自決」という考えは、帝国主義のためにも使うことができる。たとえば、第一次大戦後、ドイツ帝国は領土を失ったが、ナチスはそれを取り戻すために「民族自決」の観念に訴えた。つまり、チェコ、ポーランド、オーストリアに住むドイツ系民族を保護するという名目で、その地域を侵略したのである。

（9）毛沢東は自らを秦の始皇帝に擬したことがある。ある意味で、それは正しい。その類推でいえば、鄧小平は、漢代に老子にもとづくレッセフェール（無為）政策を実行した竇《こう》太后に擬《なぞら》えられる。そのお陰で経済的な発展が生じたが、階級差が生じ各地の諸侯が勢威をふるうようになった。それを儒教を導入することによって解決しようとしたのが武帝である。それは、現代中国の文脈でいえば、鄧小平の路線＝新自由主義を根本的に修正することを意味するだろう。

第6章

（1）ライプニッツのモナドロジーは、現状にもとづくのではなく、現状を越えて実現されるべき理念である。そのかぎりで、今後も有効である。しかし、モナドロジーは現状を肯定するために使われる場合、イデオロギーにしかならない。その一例として、西田幾多郎をあげてよい（柄谷行人「ライプニッツ症候群」『ヒューモアとしての唯物論』所収、講談社学術文庫）。西田は、大東亜共栄圏をモナドロジーによって根拠づけようとした。大東亜共栄圏は日本が支配する体制ではない。アジアの諸国は、それぞれがモナドであって、自律的である。それらのモナドを統治するような上位の権力はない、ただ、それらは絶対無を通してつながっている、というのである。しかし、西田は、その絶対無の場所に、天皇をもって来たのである。したがって、それは日本の帝国主義的支配を美化するイデオロギーにしかならなかった。

(2) 一八七〇―七一年の普仏戦争は帝国主義段階における戦争である。それはまた、ヨーロッパにおける世界同時革命の終りを告げるものであった。たとえば、フランスが敗れたあと、パリでプルードン派やブランキストが蜂起を唱えたとき、マルクスは強く反対した。その理由は、プロイセン軍がパリを包囲しているのだから、無残な敗北に終ることは目に見えている、そして、その結果、革命運動は数十年再起不能になってしまう、というものである。パリ・コミューンは世界同時革命につながるようなものでは百パーセントなかった。しかし、彼らが蜂起に踏み切ったとき、マルクスはパリ・コミューンへの称賛を惜しまなかった。ただ、そのことはむしろ、マルクスの「反対」にあった認識を覆いかくすことになったのである。

(3) 私はこの点について、次の論文で詳しく論じている。「死とナショナリズム、フロイトとカント」(『定本 柄谷行人集4 ネーションと美学』岩波書店)

第7章

(1) それゆえに、石母田正は、この時期の「日本」を「東夷の小帝国」と見た(『石母田正著作集4』、岩波書店)。このような態度は、一六世紀に明の征服を唱えた豊臣秀吉によって反復されている。しかし、これは帝国の亜周辺に特徴的な態度である。亜周辺的なヨーロッパの中でもさらに亜周辺的であったイギリスについても、同じようなことがいえる。たとえば、ヘンリー八世（一四九一―一五四七）は突然、イングランドは「帝国」であると宣言した。一五三四年には国王至上法を発布し、自らをイングランド国教会の長とするとともに、カトリック教会から離脱してその財産を没収した。これは絶対王権の一種であるが、ヨーロッパ大陸では、絶対王権であってもこのような暴挙はありえない。

（2）　水林彪は、天皇制が持続した理由を宗教的呪術的権威から説明する通説を批判し、それが存続したのは、支配を法的に正当化する装置として機能したからだ、という（『天皇制史論――本質・起源・展開』岩波書店）。

（3）　日本の武士が遊牧民ではなく狩猟民であったことは、例外的なことではない。たとえば、ラテンアメリカ歴史学者の増田義郎は、農耕民社会の周辺にいる狩猟民は遊牧民と類似するという。彼の考えでは、古代メキシコの王国テオティワカンを滅ぼしたのは、周辺にいた狩猟民である。《彼らは決して農耕民を根だやしにしたり全滅させたりはしない。ただ、彼らの首根っこをおさえて、生産物を貢物として差出させ、支配者として君臨するのである。初めのうち、狩猟民は、蛮勇なだけで、文化程度はいっこうに高くない。しかし、やがて、彼らは、支配する農耕民の高い文化の影響をうけて、だんだんと文明化してくる》（『太陽と月の神殿』新潮社）。日本の武士も同様であった、といってよい。

（4）　柄谷行人『憲法の無意識』（岩波新書

あとがき

私は『世界史の構造』を出版して以後、そこでは十分に書けなかった問題を書こうとしてきた。まずギリシアに関して「哲学の起源」(『哲学の起源』)を論じ、つぎに、帝国、さらに、帝国の周辺と亜周辺という問題に取り組もうとした。ちょうどそのころ、中国の友人、汪暉《ワンフィ》氏に北京の清華大学で講義するように頼まれたのである。それは私の考えようとしていた主題にとって恰好の場所であった。ちょうど、『世界史の構造』の漢訳が出版されたため、二〇一二年九月から二カ月あまり、その本に詳しい解説を加えるというかたちで講義をした。また、北京哲学会、中央民族大学、社会科学院、上海大学で講演も行った。いずれも、『世界史の構造』を追考する内容であった。

帰国後、中国での講義、講演をまとめ、雑誌『現代思想』に「中国で読む『世界史の構造』」という題で連載した。今回これを単行本として出版するにあたって、それを全面的に改稿し表題も変えることにした。本書によって、『世界史の構造』で提起した多くの論点がより明確になったと思う。私が本書でとくに考えたかったのは、旧帝国の問題であった。本の表題を「帝国の構造」としたのも、そのためである。近代国家は旧世界帝国の解体として生じた。ゆえに、旧帝国は一般に否定的に見られている。しかし、そこには近代国家にはない要素がある。真に近代国家を越えるためには、それをあらためて検討しなければならない。よって、私は旧帝国がはらむ可能性をさまざまな観点から考察したのである。

最後に、特に名をあげないが、本書を書くための機会を与えてくれた皆さんに心から謝意を表したい。雑誌での連載に際しては、押川淳氏、単行本制作に際しては、贄川雪氏の協力をいただいた。記して感謝する。

柄谷行人

二〇一四年三月二一日

対談
柄谷国家論を検討する——帝国と世界共和国の可能性

柄谷行人
佐藤優

——今日は、柄谷さんの最新著書『帝国の構造——中心・周辺・亜周辺』を契機としたご対談をお願いします。

佐藤さんは『帝国の構造』の書評を『文學界』(二〇一四年一〇月号)に書かれています。あらためてご感想や、『世界史の構造』あるいは直前の『遊動論』などからどのような変化を感じられたか、お話しいただくところから始めたいと思います。

佐藤　柄谷思想の特徴は、つねに生成過程にあり、それがだんだんと精緻になっていくところにあります。この『帝国の構造』は、東西冷戦崩壊後、『トランスクリティーク』『世界共和国へ』、さらに『世界史の構造』や『哲学の起源』で扱った問題の集大成として出てきたものだと言えると思います。

そこでまさに扱っている主題の一つが、国家について正面から語ることの重要性です。

この関連でいくつかの概念の混同を交通整理する必要が出てきます。要するに、広域帝国主義、広域で展開される国家主義にすぎないようなものを、「帝国」が展開する運動と混同することや、あるいは「帝国」と帝国主義の区別という基本概念をきちんと整理するということです。

もう一つは、言い方に少し語弊があるかもしれませんが、柄谷さんは、人生の持ち時間が非常に少なくなっているということを意識されていて、世界革命を本気でやりたがっているのだろうな、と私は思いました。

ただ、そこで重要なのは、柄谷さんがつねに生成過程を思考しつづけているため、そこに断絶がないことです。ここで私が意識しているのは、例えばやはり同様にマルクスの強いインパクトを受けて、生涯その周辺を歩いてきた廣松渉です。彼の『存在と意味』の第二巻は、私はその構成が完全に破綻していると思うのです。要するに、「共同主観性」と言っていた人であるにもかかわらず、一方では、未来の正義などと言って、共産主義運動が未来を先取りしているのだという主張で目的論を持ち込むことによって最終的に社会倫理を解決しようとし、目的論を排除するはずだった廣松哲学の構成がガタガタになってしまっている。

あるいは、革マル派の黒田寛一のような人は、短歌を詠んで日本に回帰していった。これは最終的には天皇に包摂されるような可能性のある神話のなかに自らを回収していこうとするベクトルを指しています。

しかし、柄谷さんは強靭な思考力によって、いずれのかたちもとらない。なおかつそこで、普遍的な方向へと向かっていきます。たしかに資本は普遍化できるかもしれませんが、しかしここでどうしても障害としてぶつかるのが、この国家という問題、あるいはこの民族という具体的な問題です。このような問題をどのように超克するかという点において、柄谷さんは、日本で思想をやる人があまり正面から取り扱わない宗教の問題に最終的に至っている。ここが非常に面白いと思うのですよね。

これは私から見ると、第一次世界大戦のインパクトを経たあとの神学者たちととても似ていると思うのです。カール・バルトにしても、エミール・ブルンナーにしても、フリードリヒ・ゴーガルテンにしても、あるいはヨゼフ・ルクル・フロマートカにしても、柄谷さんと同じ問題意識を持っていたと思います。そうすると、実は『帝国の構造』のなかでは「現在は危機に直面している」という時代意識が非常に濃厚だと感じられるし、筆は非常に抑えて書かれているものの、世界戦争の予感が相当に強くなっている。だから、その戦争というものを思想的に正面から捉えて言語化している。それは戦争を肯定するという意味ではありません。むしろ反対に、実際の戦争というものをいかに回避する、あるいは世界戦争が起きてしまったらそれをどう脱構築するのか。そういった、現実に影響を与えるような思想をどうやってつくり出していくか。この問題に取り組まれているのがこの『帝国の構造』なのだと思いました。

柄谷　哲学、経済学から神学におよぶ、たくさんの論点を出していただきました。このような問題についてお話しできる相手は、たぶんあなた以外にいないと思うので、今日は楽しみにして参りました。まず、順番に話していきたいと思います。

私が交換様式論というものを考えたのは、『トランスクリティーク』と名づける前の原稿を書いていた最後のころです。この交換様式という考えが成立したのは、一見交換と見えないものを交換として考えたところにあると思います。それが交換様式Bです。普通、これは交換だと思われてはいませんね。しかし、ホッブズはそのことをよくわかっていて、これを「恐怖に強要された契約」だと言っています。今日ではこのような契約は無効になります。しかし、合意による契約については、それが履行されなかった場合には、国家が暴力をもって介入してきます。つまり、合意による契約の背後に「恐怖に強要された契約」が隠れているわけです。そして、この契約は、服従すれば保護を受ける、少なくとも相手の暴力から解放されるという種類の「交換」です。つまり、従うかぎり、得るものがあるようになっているわけですね。それは互酬交換ではないし、商品交換すなわち交換様式Cとも異なるが、交換の一種であるといえます。

私が複数の交換様式という観点から歴史を考えるようになったのは、この交換様式Bを考えるようになったからです。それによって、これまで政治的次元と見なされていた領域を、交換様式の観点から見ることができるようになった。マルセル・モース以来、贈与の互酬性交換と商品交換については、論じられてきていましたが。

佐藤　例えばカール・ポランニーもそうですね。

柄谷　そうです。ポランニーは、互酬、商品交換、再分配の三つを考えていました。ただ、彼がいう再分配は非歴史的で、国家以前の社会から国家社会にまであてはまるものと見なされている。しかし、私は、再分配は国家によって行われるものだと考えます。国家は先ず奪取(課税)し、その後に再分配する。これは今日でもなされていることです。そして、それが交換様式Bです。ポランニーは再分配を非歴史的に見たので、国家論が欠けている。

佐藤　交換様式Bが交換であるというのは、私は皮膚感覚でよくわかります。それは、私がもともと官僚だったからです。というのは、官僚は、永田町の政治家たちと日常的に接触している。官僚にとって政治家は、恐怖そのものだからです。政治家との接触というのは、突然何をされるかわからないものですから。しかし一方で、政治家は大まかな意味では官僚たちを保護しているという側面もある。そういったことをこれまでの経験で感じてきました。

それから、国家にとって何か都合が悪いことが出てくれれば、国家権力が牙を剝き出してくるということを、私は、ソ連時代を含むロシアに勤務していたときに皮膚感覚で知りました。ロシアにいると、もちろんロシアの国家権力が見える。日本のなかで私は権力を行使する場にいるので、言ってみれば暴力を使う側でもあるし、また権力闘争に巻き込まれると暴力を使われる側になる。ただ問題は、日本で思想をやっている人たちが、この問題をどの程度皮膚感覚でわかっていたのかということだと思うのです。

柄谷　少なくとも、彼らはそれを一種の交換として見ることはないと思います。交換というと、商品交換か贈与の互酬ということになってしまうのです。また、商品交換についても、深く考えてはいないと思います。それを当たり前のことだと考えているのでしょう。しかし、この交換はとても危なっかしいものなのです。交換が成立するかどうかわからないからです。私は文芸批評家としては稀なことですが、一貫して商品交換の問題について考えてきました。それは一つには、学生時代に宇野弘蔵の経済学を学んだからだと思います。同時に、それは、私が文芸批評家であったからだと思います。経済学者はこういう問題にこだわらないからです。

普通のマルクス主義者は生産様式から出発します。つまり、生産手段を持つ資本家と賃労働者の階級的関係から始め、それが資本制経済では貨幣交換というかたちで消去されてしまうことを暴露する。つまり、階級関係の「物象化」を指摘する。しかし、『資本論』ではマルクスは商品交換から始めています。資本制経済は、あくまで交換Ｃの発展としてとらえなければならない。たんなる交換が資本に転化していくのは、そもそも商品の交換が危ういものだからです。貨幣が成立してもそれは変わらない。貨幣を持てば、いつでも商品と交換できるが、その逆は成り立たない。だから、貨幣を貯めようとする。そこから資本が始まる。だから、マルクスは守銭奴を資本の根底に見ています。マルクス経済学者の中で商品交換の問題を徹底的に考えたのは、宇野弘蔵だけだと思います。しかし、現在でも、なぜマルクスが最初に価値形態論をやっているのかがわからない人が多い。物象化を裏づけるためだと思っている人が多いのです。

佐藤　御指摘の通りと思います。いま挙げられた物象化論の話で最近興味深く感じたのは、熊野純彦さんの『資本論の思考』(せりか書房)です。彼は廣松門下からスタートしているにもかかわらず、この本は宇野経済原論の素描になっていたので驚きました。

加えて、いま柄谷さんがおっしゃったことで興味深く感じたことは、たしかに宇野は価値形態論からスタートして、形態から実体を摑んでいきましたが、『経済原論』や『資本論研究』で『資本論』の読み解きをするときに、あの冒頭の交換過程の部分を逆に捨象しているということです。宇野派の学者もそれを踏襲しています。その宇野が捨象した交換過程の部分を丁寧に読み解いていったというところが、宇野学派からは出てこなかった柄谷さんの宇野読解だと思うのです。逆説的になりますが、宇野がどうして交換過程の箇所を捨象しようとしたかといえば、やはり交換の問題をすごく真面目に考えたからだと思います。

柄谷　そうですね。彼は商品交換に「命がけの飛躍」(マルクス)を見た人です。ただ、彼が交換過程を捨象したことは、それが共同体と共同体の間でなされるということを、それ以上に考えないということを意味します。つまり、商品交換はある意味で国家を前提するのです。もちろん、マルクスもそれを見落としてはいないが、それ以上は言わない。『資本論』では、交換様式C以外はカッコに入れられています。宇野もそうした。しかし、それではすまないことがある。彼は資本主義の歴史をイギリスの経済政策による段階で区別しました。この「段階論」は実際は、経済政策という名目で国家を再導入することです。

佐藤　「段階論」という言い方がよくないのであって、これは宇野の国家論であると言ってしまえば良いのだと思いますが。

柄谷　そうですね。それ以外で、宇野の考察に欠けているのは、商品の価値関係を一つの体系として見る観点です。例えば、商人資本は安く買ってきて高く売ることから剰余価値を得るわけですが、それは別に不等価交換によるのではない。同じ物が一つの体系では安く、遠隔地にある他の体系では、高いということがある。だから、商人はいずれでも等価交換を行いながら、剰余価値を得ることができる。実は、産業資本でも同じなのです。そこでは、価値体系は時間的に差異化される。私は『マルクスその可能性の中心』でそれを書きましたが、そのときはソシュールの言語学からヒントを得たのです。

そのあと、逆に、言語について考えるようになりました。そして、私が注目したのは固有名です。言語学では一般に、固有名が除外されます。言語学は、言語を指示対象から自立した示差的な関係体系としてとらえるので、固有名は邪魔なのです。例えば、固有名は他の言語体系に翻訳されない。つまり、それは体系の中に属するようでいて、属していないのです。また、指示対象と完全に分離することもできない。その点で、固有名は貨幣に似ています。同様に、経済学でも貨幣は、事実上省かれています。だから、私は一九八〇年代の後半、『探究Ⅱ』で固有名について書きましたが、それも、広い意味で、交換様式Cについて考えることだったといえます。

しかし、C以外の交換様式を考える、というより、そもそもそれを交換様式として見るということ自体、一九九八年頃、『トランスクリティーク』執筆の最後の段階で考えついたのです。私はこう考えた。マルクスは交換様式Cを『資本論』で徹底的に考察した。が、彼はそれ以外の領域をやらなかった。C以外の要素をカッコに入れたのです。一方、私は、交換様式A、B、そして、Dについてやろうとした。それらは、マルクスがやらなかった領域です。したがって、マルクスを参考にすることはできない。

ただ参考にできるのは、マルクスがCの探究に関してとった態度です。彼は、『資本論』で、商品の交換という一番基礎的な形態から出発し、資本制経済の生産と信用の全体系をとらえようとした。同様に、私は国家論を、最も基礎的な交換様式Bから始めて、そこから巨大な世界帝国にいたるまでを論じようとしたわけです。マルクス主義者の国家論では、帝国は考察されていません。それはアジア的生産様式ないし東洋的専制国家ということで片づけられている。だから、この領域では、ブルジョア的な政治学者の皮相な考えが支配的なのです。しかし、それはマルクスの責任ではなくて、その後のマルクス主義者の責任です。マルクスは生涯をかけて『資本論』を書いたのだから、それでいいと思う。

私が今回『帝国の構造』で試みたのは、交換様式Bという観点から、どこまで国家について論じられるのかということです。それは、また、先ほど佐藤さんが指摘されたように、戦争と平和の問題になります。別の視点でいえば、「力」の問題になります。一般に、力というと、暴力、権力、経済力などが考えられるのですが、平和の問題を考えるとき、それらと異なる力を見出す必要があります。そもそも、力とは何かを考える必要があるのです。私は、力は交換様式によって性質が異なってくるのではないかと考えた。

先ず、Aから生じる力。それは呪力のようなものです。例えば、未開社会では、特に刑罰はいらない。贈与を受けとらない、あるいは、お返しをしないと、ただではすまない。禁令を破ったということがわかったとたんに、もう生きていけない。たぶんストレスで死んでしまう。つぎに、Bに基づく力(権力)はよく知られています。そして、Cから生じる力も。しかし、Aに基づく力はあまり知られていません。このように、力というものは交換様式によって異なるのですが、さらに、力はいま述べた三種類だけではない。私は、交換様式Dから来る力があると考えています。そして、それが、カントのいう「永久平和」をもたらすものである、と。

佐藤　読者の理解のために、少し丁寧に整理させて下さい。図式的な整理になりますが、交換様式Aの領域では、力＝呪力ですね。交換様式Bの領域になると、力＝権力です。そして、交換様式Cの領域では、力＝経済力になるわけですね。

柄谷　さらにいうと、これらの力は互いにつながっています。例えば、交換様式Bの領域で生じる権力は、そのベースには暴力あるいは武力があるとはいえ、それとは異なる何かです。なぜなら、権力とは社会契約によって成立するものであるから。つまり、支配される側にも支配を受け入れる能動性がなければならない。

佐藤　イメージ的には、ストックホルム症候群に近いところがありますね。人質にされている人間は、人質にされている限りにおいては食べ物も飲み物も与えられる。

柄谷　そのとおりです。したがって、権力には、ある意味で、交換様式Aがベースにあると思うのです。支配者が一方的に権力を行使するということはできない。支配者は、服従する側に対して何か恩恵を与えなければならない。例えば、封建領主は何をやってもいいわけではなく、人民の生命・生活を保障しなければならない。そうしなければ、人民は領地から逃げ出してしまいますから。一方、人民のほうも課税されても、領主から略奪されていると思わず、保護してくれる領主の恩に報いているのだと考える傾向がある。そこには互酬性が働いているのです。つまり、交換様式Bといっても、Aの要素が全面的に消し去られることはない。それは、交換様式Bの根底で働いています。同様に、交換様式Cにも交換様式Aはあります。古来、売買は、口約束や手形といった「信用」でなされてきました。信用を支えるのは、法や国家ではなく、互酬的な義務ですね。例えば、中小企業の経営者が手形の不渡りを出さないために、高利の金を借りて自滅するケースが多い。不渡りを出すと、取引相手に迷惑をかけることになるから、ぎりぎりまで頑張るのです。

佐藤　柄谷さんはご覧にならないと思いますが、テレビドラマで『闇金ウシジマくん』というシリーズがあります。タイトルの通り、闇金融の世界が描かれているわけですが、そこでも法的にはお金を返さなくていいはずなのに、みんな返済します。そこには確実に、暴力が怖いという理由以外の力が働いています。歪んだ形での人間的信頼関係がある。これが目に見えないが、確実に存在する力になっている。

柄谷　『世界史の構造』で、私はこのような交換の諸タイプについて説明したし、帝国についても一応書いていますが、そのなかでは十分に書き足りていなかった交換様式Bに関して、今回の『帝国の構造』でさらに深く論じたわけですね。

佐藤　非常にクリアカットになったと思います。やはり柄谷さんの見方は正しいと私は感じました。単なる暴力による支配は不可能です。北朝鮮の現状体制を見ても、どうにか国民は最低水準の生活をしているわけです。つまり、あの国家のなかには、こうした力の交換が維持できる物語が出来ている。

柄谷　また、私はマルクス主義者のなかには西洋中心主義があると思います。それが世界認識を妨げている。この偏見はヘーゲルから来るものですが、例えば、ギリシア・ローマを別格に扱う。マルクスはそれを「古典古代」という歴史的段階と見なしています。それは奴隷制の生産様式によって特徴づけられるもので、その前の段階は、アジア的生産様式に基づく東洋的専制国家だと見なされる。しかし、奴隷制によって帝国ができるというのはおかしいし、ローマ帝国はギリシアとは異質です。ローマ帝国はギリシアではなく、ペルシア帝国を継承したものです。アレクサンドロス大王の帝国がすでにそうであった。ヘレニズム(ギリシア文化)と呼ばれるけれども、アレクサンドロスはエジプトで神(ファラオ)と自称しています。のみならず、ローマ帝国に始まったと考えられている諸制度は、ほとんどペルシアにあります。というのも、ペルシア帝国はそれまでメソポタミアとエジプトの諸国家で達成されたものを包摂したからです。世界帝国は一朝一夕でできるものではない。

ただ、ペルシア帝国について考えるときの困難は、史料が少ないことです。ところが、ペルシア帝国と同時期に、東アジアには中国の帝国があった。こちらは、実に史料が豊富です。だから、帝国がいかにして形成されたかについて考えるためには、中国史を参照するほかない。ローマを中心に考える西洋中心主義の観点では、帝国について認識できない。それなのに、マルクス主義者は中国人もふくめて、まだ中国の帝国を「東洋的専制国家」として片づけている。むろん、マルクス主義以外でも似たようなものですが。

佐藤 だから柄谷さんが関心を持たれたのは、例えば、マルクス主義の枠のなかではマージナルなところに位置づけられている、ウィットフォーゲルを非常に掘り下げられたわけですよね。

柄谷 ええ。私はウィットフォーゲルの東洋的専制国家を灌漑から説明する理論には賛成できませんが、彼の中心・周辺・亜周辺という歴史的な空間の認識は良いと思います。ウェーバーも周辺に注目して、周辺革命という説を立てました。しかし、周辺といってもさまざまある。結局、ウェーバーはヘーゲルの歴史哲学と同様に、文明が中国・インドから西方に向かって発展したことを、周辺革命で説明しようとしただけです。一方、ウィットフォーゲルは周辺と亜周辺を区別した。また、彼がいう亜周辺は必ずしも西方ではありません。彼は例えば、日本やキエフを亜周辺だという。キエフはモンゴルに征服されたのですが、これは日本の鎌倉時代の蒙古来襲とほぼ同時期です。日本は征服を免れた。他の地域でもそうですが、モンゴル世界帝国がその後の世界史に実に大きく影響しましたね。元、インド、アラビア、イランはいうまでもありませんが、例えば朝鮮王朝でハングル文字が発明されたことも、モンゴルに征服された高麗時代に表音文字(パスパ文字)を経験したからだと思いますね。

佐藤　ロシアがモンゴルの世界帝国に入ったということを非常に意識したのが、オーストリア・スラヴ主義者たちですね。例えば、「チェコ民族の父」と呼ばれるフランチシエク・パラツキーでしょう。一八四八年のプラハのスラヴ民族会議で、彼は次のように言っています。われわれにとっては、スラヴ民族というのはもともと平和愛好的である。それだから、権力を用いる統治を好まない。それゆえにわれわれは、さまざまな異民族(ドイツ、トルコなど)の支配下に置かれた。われわれにとっての脅威は二つある。一つはドイツの軍国主義、もう一つはロシアの帝国主義・軍国主義である。ロシアはスラヴ民族の一員であるけれども、「モンゴル・タタールのくびき」が長かったため、アジア性がそのなかに入ってしまった。そのため、スラヴ民族が持つ平和愛好的、平和共存的発想ができなくなり、暴力による統治に頼むようになっている。こうしたロシアとドイツの脅威から中東欧のスラヴ民族を守るためには、オーストリア皇帝の庇護を仰ぐべきだとパラツキーは強調しています。このような論調をはって、中央ヨーロッパのスラヴ民族のいわば「ミニ国連」のようなものを作ろうとしたのがパラツキーだった。

だからモンゴルの支配の元に入ったスラヴ地域ということで、ロシアに対する違和感があるのですね。あるいはベラルーシ(Belarus)の「ベロ(belo)」というのは「白い」という意味ですが、それも「モンゴル・タタールのくびき」を受けていない「潔白な」という意味があるのです。

柄谷 どこで読んだのか忘れましたが、ロシアがモンゴルの下で帝国となったことを評価すべきだという主張も、有力であったようですね。

佐藤 ピョートル・サビツキー、トゥルベツコイ、フロロフスキーをはじめとするユーラシア主義者、民族学者レフ・グミリョフがそういう考えをしています。ベルナツキーもほぼ同様の発想をしている。現在のロシア知識人の中で、かなり多くの人たちが支持している見解です。山内昌之さんはロシア皇帝がイスラーム世界では「白いハーン」と言われていたと紹介しています。ロシア側ではユーラシア主義という考え方がそれに非常に近いですね。

柄谷 ともかく、そういうことを考えるためには、ロシアがどう、モンゴルがどうということではなくて、「帝国」が何であるかを明らかにする必要があると思うのです。そもそも帝国と帝国主義の区別が不可欠です。ロシアが帝国主義的となったのはむしろ、「モンゴル・タタールのくびき」、すなわち、モンゴル帝国の制約から離れて、西洋諸国と同一化するようになって以後ではないか、と思います。

佐藤 そう思います。ピョートル大帝が西欧列強をロシアの発展モデルと考えるようになってから帝国主義化しています。ところで現下のウクライナ内戦も、「モンゴル・タタールのくびき」を歴史にどう位置づけるかという問題と関係しています。ウクライナとロシアをどこで分節化するか、ということです。キエフ・ルーシから、通常のロシア史、あるいは世界史の教科書は、「モンゴル・タタールのくびき」のなかにいたモスクワ帝国にいくという連続性を見ています。しかし、今のキエフ(キーウ)で権力を握っているナショナリストたちは、ガリツィア公国の方に継承されたので、世界帝国とは別なのだと言う。だからウクライナがネーション＝ステート的にエスニック・クレンジング(民族浄化)のようなことをやりかねないというのは、帝国的な発想がいまのウクライナには希薄だからなのです。

柄谷　なるほど。それがキエフだけは元々あって……という考え方ですね。

佐藤　そうです。彼らはそれをガリツィアに繋げていくわけです。そしてガリツィアに繋がった人たちというのは、第二次世界大戦中はナチスに加わります。三〇万人のナチス側のウクライナ軍団に加わり、ユダヤ人やポーランド人、チェコ人の排斥をやりました。しかしそれに対して、ソビエト側というのは非常に帝国的でインターナショナルだったのです。その残滓は今も生きていて、いまでもロシアでは「キエフのファシスト」という言い方をする。モスクワから見ると、ナチス・ドイツに協力したそのウクライナ人たちの末裔に見えるのですね。西側はそれをプロパガンダだと思っているのですが、ロシア人とロシアに在住する少数民族にはプーチン政権のプロパガンダに見えない。そうすると、帝国を踏まえている、帝国の感覚が分かる人たちとそうではない人たちとでは、世界の見え方がだいぶ変わってくると思うのです。

帝国と宗教

柄谷　例えば、現在、中東の問題をイスラム教からだけ考えるのはまちがいだと思います。イスラム教を擁護する人たちでも、イスラム教は本来、もっと寛容であったといいます。しかし、そういう言い方は正確ではないと思う。イスラム帝国は、もともとモンゴル帝国でした。つまり、イスラム教徒が帝国を築いたのではなく、帝国の支配者がイスラム教に入信したのです。その場合、帝国は他の宗教にも寛容でした。それは帝国の原理です。だから、寛容なのは帝国であって、イスラム教というわけではありません。

佐藤　特定の宗教は寛大で、特定の宗教が偏狭だということはありませんね。要するに原理主義的な潮流があれば、エキュメニカル（宗教・教派間の対話を重視する運動）な潮流もある。どの宗教にもそのスペクトルがあります。

柄谷　そうですね。広域・多民族を統治する帝国では、宗教にこだわってはやっていけないとわかっています。と同時に、普遍宗教がないと、多民族を統治することができない。その両方が必要です。一宗教が国家的宗教となる一方で、多数の宗教が保護されるようになっている。ローマ帝国でキリスト教が国教とされたときも、そうです。

佐藤　ロシアでもそうです。

柄谷　例えば、インドのムガール帝国もそうですね。支配者はトルコ系のイスラム教徒ですが、宗教的強制はなかった。しかし、多くのインド人がイスラム教に入った。一つには、低いカーストの人たちが、カーストを否定するイスラム教を選んだ。もう一つは、イスラム教のなかのスーフィズムという神秘主義的な宗派がインド中世の神秘主義と類似していたことですね。そのどちらが起源なのかわからないくらいのものです。

佐藤　中央アジアからスーフィーたちが非常に出てきていますが、それはインドの影響が明らかにあると思います。

柄谷　インド人はイスラム教に入っても以前と同じようなことをやるのだから、違和感がなかった。イスラム教だけでなく、キリスト教でもユダヤ教(カバラ)でも、神秘主義には共通したところがありますね。

佐藤　非常に似ていると思います。それからソビエト帝国が出来たときも、やはりイスラム教の人々とロシア正教の人々は意外とシステムの中に簡単に組み込まれてしまいました。ソビエトも宗教に対しては意外と寛容だった。

柄谷　そうですね。アナクロニズムというか、近年に起こったことを過去の方に投射する傾向が非常に強いと思うのです。過去にそのような事実が無かったにもかかわらず、です。

佐藤　それこそがナショナリズムの特徴です。

柄谷　だから「帝国」をもっと見習ったほうがいいと思います。私は二年前の中国・清華大学のセミナーでそう話したのです。『帝国の構造』はその時の講義に基づいています。清朝は満州族ですから、皇帝がものすごく気を遣っている。そうでないと、帝国を維持することはできないから。さらに、彼らは将来「歴史」にどう書かれるかを非常に気にしていた。それには、ライプニッツが感銘を受けています。ヨーロッパの王たちのほうがはるかに専制的ですからね。

イギリスと帝国――海洋帝国をいかに考えるか

佐藤　帝国というのは、例えば大英帝国だってそうだと思いますが、血筋から言えば王室はドイツ系です。それからロシアの王朝だってドイツ系の人が多かった。エカチェリーナ二世はどう考えても現代的な感覚だとドイツ人ですね。

柄谷　ヨーロッパで帝国と称するものは、名称だけで、力がなかった。力を持つ帝国ができたとき、それは国民国家の拡張としての「帝国主義」でしかなかった。それに対して、イギリスは違います。イギリスはいわば海洋帝国を形成した。それは近代以前の帝国とは異なるとはいえ、近代の帝国主義でもない。それをどのように扱うべきか迷いましたが、やはり、イギリスは本来の帝国ではないと考えています。

佐藤　本来の帝国ではない、とはどのような意味においてですか。

柄谷　世界＝帝国の段階における帝国ではないということですね。イギリスの「帝国」が形成されたのは、世界＝経済の段階であり、交換様式Cが優位な段階です。イギリスが支配する国家に深入りしないのは、交易さえできればよいという考えだったからですね。いわゆる自由主義的帝国主義です。この点で、イギリスは大陸の帝国主義とは違う。例えば、独立以前の北アメリカでも、イギリスの統治は、フランスやスペインとは違います。税金を払うかぎり、何も干渉しない。

佐藤　それで価値観を共有しない。

柄谷　そうです。それでもやれるのは、交換様式Cがベースになっているからですね。しかし、私は、それもやはり帝国主義に向かうと思います。『帝国の構造』にも書きましたが、イギリスが文字通り帝国主義になったのは、ヴィクトリア女王がインド皇帝になったときだと思います。たんにインドを植民地にするだけではすまなかった。これは、本当の帝国を築くには海だけでなく陸の帝国でなければならないと、イギリス国家が考えていたからではないでしょうか。

佐藤　イギリスの中学生が現在使用している歴史の教科書は、*The Impact of Empire*『イギリスの歴史　帝国の衝撃』(明石書店)という題名です。そのなかの一つの章がインドですが、その章での生徒たちへの課題は「マウントバッテン卿に、インドからイギリスは引き上げるべきだという内容を訴える手紙を書きなさい。またその論理をどのように構築するのか考えなさい」というものです。いま、私が朝日新聞出版の『一冊の本』で連載しているのは、この教科書の読み解きです。

この教科書には、一ページ目にイギリスの普通の町の絵が掲載され、「この町の絵の中に、どのような帝国の遺産がありますか」という課題がある。また、終盤のページにも似たような絵が掲載されていて、「この教科書を読んで、指摘できる帝国の遺産はいくつ増えましたか?」という設問がある。そして最終章には「この教科書を批判しなさい」という課題が出されるのです。そこで生徒たちは、「なぜこの教科書にはセシル・ローズとかゴードン将軍といった英雄が出てこないのか」「なぜ男性の物語ばかりで、女性が出てこないのか」「イギリスはタスマニアであれだけ酷いことをやっているのにもかかわらず、なぜそれが書かれていないのか」といった疑問を出し、それについて考えさせるという、非常に不思議な教科書です。要するに、ここで見て取ることができるのは、イギリスが、われわれは宗主国を継承しているのだという意識の表れであるし、だから帝国という言葉も中学生からきちんと教えていくということは、イギリスにとって重要な教育姿勢なのだと思います。

柄谷　イギリスがヨーロッパ諸国と一線を画する理由も、一つには大英連邦があるからでしょうね。

佐藤　コモンウェルスですね。私がイギリスの陸軍学校で勉強したときのロシア語の教科書の例文には「ソビエト連邦が地理的に世界で二番目の国であり、一番目はコモンウェルスだ」と出ていました(笑)。イギリス人にとってはそのような感覚なのでしょう。しかも国名自体が、「グレートブリテンおよび北部アイルランド連合王国」であって、ネーション＝ステート的な要素が一切ない。

柄谷　そうですね。例えば、スコットランドが独立しても、本当はたいしたことではない。

佐藤　そう思います。スコットランドの独立に対して、イギリスはイギリスで牙をむき出した。たしかにこのイギリスと帝国の問題というのは、非常に扱い難いですね。

私は柄谷帝国論を勉強するときの参考書として、この教科書を薦めています。現下日本の文脈で言うと、旧植民地に対する贖罪というような捉え方をするからわけがわからなくなる。そうではなく、宗主国の責任として考えれば良い。イギリスがコモンウェルスを維持して、旧植民地との関係を比較的安定的に維持できるのは、植民地の側から見るのではなく、宗主国の側から見るという歴史を義務教育段階できちんと教えているからです。これが私の作業仮説です。

柄谷　私は『帝国の構造』で、ヨーロッパはオリエント（アジア）の亜周辺であり、さらに、そのなかでもイギリスはヨーロッパの亜周辺であったと書きました。イギリスが陸ではなく海の帝国を形成するにいたったのは、古代アテネがそうであったのと同様です。イギリスは一五世紀頃から海洋国家として発展した。既にスペイン、ポルトガル、オランダが進出していたので、イギリスはむしろ遅れて行ったのですが、最後に勝った。もちろん、たんに武力ではなく、産業資本主義的な発展によって勝ったのですが。

私が考えたのは、では、日本はどうか、ということです。日本も亜周辺だから、海洋国家として発展するほかない、と思います。実際、一六世紀までに、日本の海上交易は進んでいて、東南アジアに多くの日本人が渡っていた。一つには、中国が明の時代に東南アジアでの交易から撤退したからです。元は、海陸両方をふくむ唯一の世界帝国でしたが、明は海を放棄した。その隙に、日本が進出しました。同時に、ヨーロッパ諸国も東南アジアに進出してきた。それは、日本が海洋国家となる絶好の機会であったはずです。実際に大勢の日本人が東南アジア各地に移住していた。このような趨勢を変えたのは、明の征服を唱えて朝鮮半島に向かった豊臣秀吉です。要するに、秀吉は陸の帝国を目指したのです。しかし、それがうまくいくわけがない。例えば、イギリスが大陸に入って何ができると思いますか？

佐藤　やっていたらフランスに干渉して失敗していたはずです。

柄谷　イギリスは大陸に入り込もうとはしなかった。それに対して、日本国家は秀吉の失敗を教訓にしなかったのでしょうか。

佐藤　外務官僚で、外務省のナンバー2の外務審議官をやって、その後韓国大使をつとめた小倉和夫という人がいます。この人が日韓関係の本を書いていて、面白かったのは、過去の朝鮮半島との戦争において朝鮮半島の国家単独で日本が戦争したことは一度もなく、必ず中国と一緒だったということです。大陸に出て行くことの危険性というのは、外国実務家には皮膚感覚で分かっているのですね。

柄谷　日本の場合、大陸に向かうような帝国主義は失敗すると思うんですが。

佐藤　私もそう思います。そしてそこが非常に重要なところだと思います。しかし、裏返して言えば、日本は海洋国家であり、海洋国家にとって一番対立するのは海洋国家です。その観点から、アメリカとの関係はものすごく注意しなければならない。

柄谷　日英同盟も海洋国家同士の同盟でしたね。

佐藤　もっと言うと、江戸時代に日本はオランダと外交・通商関係を持っていたというのは、当時オランダが海洋帝国だったからだと思います。ソ連との関係も、本格的に関係が悪くなったのは、一九七〇年代の後半からです。ソ連が海洋帝国としてアジア太平洋地域に出て来ようとしたから。例えば、ウラジオストックに航空母艦を配備した。

我々は大陸に、シベリア出兵といったことをしなければ、また中国やロシアが海洋国家化しなければ、棲み分けとしては上手くできる。

柄谷 日本は帝国の亜周辺であって、古来、帝国についてはよく理解できないままでやってきた。そのことが、近代においても尾を引いています。しかし、近代世界システムでは、陸であれ海洋的であれ、もはや以前の世界帝国のようなものは成立しないでしょう。

佐藤 それはその通りだと思います。要するに過去としての未来、あるいは、過去としての現在であって、過去の帝国の表象を用いながら、交換様式Cを重視したかたちの帝国なのです。

交換様式Aの回帰とD

柄谷 『帝国の構造』では『世界史の構造』で十分に書けていなかったところを書いたと言いましたが、私にとって書き足りていない部分は他にもありました。交換様式Dがそうですし、その前に交換様式Aもそうです。さらに、交換様式Aと交換様式Dの連関という問題をもっと検討する必要があった。

私は、交換様式DはAを高次元で回復したものだと書きました。ただ、交換様式A

(互酬性)は初めからあるわけではなく、ある意味では、それ以前のものの回復です。私はそれを定住後に成立したと考えています。定住後に、蓄積が始まり階級分解が生じる危機があった。それを抑えたのが贈与の互酬性です。が、人々がそれを意識的にやったわけではない。それは、フロイトがいう「抑圧されたものの回帰」として、強迫的に到来したのです。では、何が抑圧されたのか。それを考えると、交換様式A以前に原遊動性みたいなものを考えなければならない。私はそれを「U」と呼ぶことにしました。これはドイツ語の「ur-(ウル、ウア)」から来ていますが、日本語で遊動民の「遊」という意味にもなりますし。

交換様式Aに関して、フロイトの『トーテムとタブー』を参照しましたが、どうもうまくいかない。フロイトは最初に「原父」をもってきますが、そんなものは存在しない。だから、最初に「原遊動性」があった、というべきです。ただ、その点を考えているとき、ラカンが参考になりました。ラカンは、言語的な世界への参入を「象徴界」に入ると考えたのですが、その場合、レヴィ＝ストロースの親族構造論を念頭においていた。私がいう交換様式Aは、その意味では「象徴界」だといえます。そして、原遊動性Uは「現実界」である、と。それはけっして表象できないものですが、存在し続けている。そして、向こうから働きかけてくる。この原遊動性という概念を考えたとき、交換様式Aと交換様式Dが連関する仕組みが見えてきた。むろん、そこのところは『世界史の構造』には一応書いたのですが、もっと明確にしなければいけないと考えました。

佐藤　『遊動論』でも展開していましたよね。

柄谷　はい。『帝国の構造』でも第二章で書いています。遊動性という面だけを見ると、後の時代にも遊動民はいます。例えば、遊牧民。現在も遊動民はいます。例えば、ホームレス。しかし、定住以前の遊動民と、それ以後の遊動民は異質です。遊牧民は定住民と異なるように見えるけれども、根は同じなのです。そもそも牧畜は、農耕と同じく、原都市で創出されたものです。その後に、遊牧民は農耕民と離れたけれども、根本的に持ちつ持たれつの関係にあります。

佐藤　イブン・ハルドゥーンの『歴史序説』になるわけですよね。オアシスの定住民と周辺の牧畜民との支配の交代が起きてくるという。

柄谷　そうです。そのような遊牧民の遊動性よりも根底的な原遊動性がある。それに遡らないといけないのですが、遡ることはできない。マルクスも商品交換以前の貨幣の形成を論じるときに、これは経験的に確かめることはできないので、抽象力によってしか接近できない、と言っています。「価値形態論」がそういうものです。私も原遊動性は抽象力の問題だと思います。いまでも存在する遊動民から、かつてもこうだっただろうと推定することは出来ますが、実際にそうであったかはわからない。ただ、原遊動性を考えないと、それが回帰してくるものとして歴史を見るということができない。

晩年のマルクスは、未来の共産主義を、氏族社会を高次元で回復するものと見ました。しかし、どうしてそれが不可避的に回帰してくるのかを説明できない。生産様式という観点で考えていると、社会の発展は説明できるが、回帰は説明できないのです。また、共産主義の必然性を言うことができない。佐藤さんが言われたように、最晩年の廣松渉が目的論を導入してこざるをえなかったということも、そのせいですね。

佐藤　どうしても外挿的になってしまいますね。

柄谷　交換様式という観点をとれば、そうする必要はない。交換様式Aが残存すること、そして、回帰することは別に不思議ではありません。交換様式Aは抑圧された「原遊動性」の回帰ですが、交換様式Dにおいて、原遊動性が再び回帰してきます。しかし、これは目的論的に歴史を見ることではありません。

佐藤　しかし非常に大雑把に言ってしまうと、回帰していくという発想は一種の疎外論をとるわけですよね。

柄谷　回帰といっても、それは人間の意志・願望をこえた強迫的なものです。一方、疎外論は人間の意志・想像にもとづく考えです。このことを区別するのは難しいですが、私にとって参考になったのは、神学者カール・バルトですね。彼の考えでは、「宗教」は人間中心の考え方であり、批判されなければならない。神がイエスとして開示したことは、人間が願望したり想像するものとは異なる。つまり、イエスの教えは宗教ではない。もちろん、バルトがいうことはキリスト教の護教論とは違います。キリスト教も宗教になってしまっている、というのだから。

佐藤　明らかにバルトの場合は宗教を疎外と見ていますよね。柄谷さんは、「回帰といっても、それは人間の意志・願望をこえた強迫的なものです。一方、疎外論は人間の意志・想像にもとづく考えです」とおっしゃいました。バルトの場合、人間の疎外論ではなく、神の疎外論を考えているのだと思います。

私たち神学をやっていた人間からすると、神学部に入ってドイツ語のテキストを読み始めると、Urbild(原像)とかUrgeschichte(原歴史)とか、このur-(ウア)という接頭辞に悩まされます。目に見えないのだけれども確実に存在するものがあるのだと、徹底的に叩き込まれる。それを軽々に神だとか作業仮説と繋げてはいけない。いま重要なのは、目に見えないのだけれども確実に存在するもの、それに対する感覚を磨くことであり、それがリアリティーなのだと。リアリティーとは目に見えないものなのです。愛のリアリティーといったものは目には見えないものだと、神学生だった頃に神学教師から叩き込まれました。(後略)

(『現代思想』二〇一五年一月臨時増刊号「総特集＝柄谷行人の思想」八－二二頁)

佐藤　優（さとう　まさる）
一九六〇年生まれ。作家。元外務省主任分析官。同志社大学大学院神学研究科修了後、外務省を経て現職。著書に『国家の罠』（新潮社）、『獄中記』（岩波書店）、『自壊する帝国』（新潮社）ほか多数。

韓国語版への序文

　私が「帝国の構造」について考えるようになった動機は幾つかある。しかし、それらはいずれも、私が東アジアで生きて考えてきたという経験に発している。私は西洋の学問を学んだが、そこで常識となっている事柄に疑問を抱いた。たとえば、ヘーゲルの『歴史哲学』では、理念は東(中国・インド)に発し、ペルシアから、ギリシア・ローマを経てヨーロッパにいたって実現されることになっている。彼の観念論が否定されたのちにも、このような見方は根本的には変わっていない。マルクスの史的唯物論では、アジア的生産様式あるいは東洋的専制国家のあとに、古典古代(ギリシア・ローマ)が続くことになっている。マックス・ウェーバーも基本的にヘーゲル的な文明の西漸説に従っている。

　しかし、ここで疑わしいのは、ローマ帝国がギリシアの延長であり、アジアと異質であるかのように見る考えである。ローマ帝国はギリシア文明を摂取したとはいえ、都市国家の延長として生まれたものではない。それはマケドニアの遊牧民アレクサンドロスが築いた帝国を受け継ぐものであった。そして、後者はエジプトとペルシア、すなわち西アジアの帝国を受け継いだものである。そのことは万民法、貨幣制度、幹線道路網などにおいて顕著であるが、それらを貫徹するのは、多民族社会を平和裡に統治する「帝国の原理」である。

そのことを強調したのは、帝国と帝国主義を峻別したハンナ・アーレントである。彼女の考えでは、近代のネーション＝国家以後に帝国はありえない。それが帝国のように振る舞うならば、帝国主義となるほかない。このことは近代だけでなく、古典古代においても明らかであった。たとえば、アテネのような都市国家(ポリス)が勢力を拡張しても、それは帝国主義にしかならず、他のポリスの反発を招いて崩壊するほかなかった。アテネはペルシアのような帝国を築くことができなかった。なぜなら、ポリスには帝国の原理がないからだ。それに対して、もともとポリスであったローマが帝国となったのは、ペルシア帝国の原理を受け継いだからだ。

帝国に関して優れた洞察を与えたにもかかわらず、アーレントはあたかもローマにおいて初めて帝国が生まれたかのように考えた。彼女もヘーゲル以来の西洋的偏見を免れなかったのである。ローマ帝国以前に、ペルシア・エジプトに帝国があり、さらに同時期に中国・インドに帝国があり、またその後のモンゴル帝国は空前絶後の世界帝国であった。しかし、それらがいかにして可能であったのかは検討されることがなかった。それらは東洋的専制国家として片づけられてきた。現在でも、ネグリ＆ハートの『帝国』が示すように、ローマ帝国が帝国の理念として見られている。

しかし、ローマ帝国の理念がヨーロッパ（ゲルマン社会）に受け継がれたと考えるなら、大きな錯覚である。ゲルマン民族はローマ帝国の周辺社会であって、そこでは部族間の抗争が絶え間なく、帝国が形成されることはついになかった。そこにローマ帝国の理念と輪郭が残ったように見えるのは、ローマ教会がそれを維持してきたからである。それが「神の平和」Pax Dei と呼ばれる。しかし、近世における宗教改革はローマ教会の統制を否定し、多数の主権国家がせめぎあう世界をもたらした。そこから生まれた大国はまもなく帝国を名乗るようになったが、当然、それらは帝国主義でしかありえない。

近代の国家論は、フィレンツェ、オランダ、ジュネーブのような都市国家にもとづいて考えられている。マキャベリ、スピノザ、ルソーなどに代表される思想である。しかし、それらは主権国家を超えるものではなかった。つまり、戦争状態を超えるものではなかった。主権国家を超える思想は、都市国家にもとづく思想から生じることはなかった。それは逆に、「帝国の原理」を受け継ぐ思想から生まれたのである。それは、アウグスティヌスの『神の国』に始まり、それを受け継いだ哲学者ライプニッツ、さらにカントの思想である。カントがいう「永遠平和」は「世界共和国」を形成することによって実現される。それは主権国家を揚棄することであるが、それはまた、別の観点からいえば、「帝国」を高次元で回復することである。

具体的に帝国について考えるためには、東アジア、特に中国を見なければならない。というのも、西アジアでは数多くの帝国が絶えず生まれては消え、その史料も十分に残っていないのに対して、中国ではそれが歴史として書き残され、且つ吟味されてきたからだ。さらに、諸子百家の書には帝国をもたらした諸思想が記されている。私が本書で、中国の帝国を中心に考えたのはそのためである。さらに、もう一つの理由がある。

私は一九八〇年代から、それまで支配的であった日本文化・社会論に疑問を抱きはじめた。それは日本文化を、近代以前は中国、近代以後は西洋との比較において考えるものであった。名をあげていえば、竹内好や丸山眞男の理論である。そのとき私が考えたのは、中国との比較だけでなく、韓国との比較が不可欠だということである。そのきっかけは、イー・オリョン『「縮み」志向の日本人』(一九八二年)を読んだことにある。私はこの問題を文字という観点から考えた。その論考は韓国に訳された本でいえば、『〈戦前〉の思考』(一九九四年)にも入っている。

それとともに、私はこの問題を、中国・韓国・日本の範囲を超えて普遍化できないかどうかを考えていた。二一世紀に入って、私はそれを帝国の中心、周辺、亜周辺という構造によって説明できるという考えに達した。そこから見ると、ギリシアやユダヤの文明も西アジアの帝国の亜周辺において生じたものだということがわかる。さらにいえば、ゲルマン社会はローマ帝国の亜周辺であった。本書で、私はこの「帝国の構造」という観点から、あらためて東アジアの文化を見直そうとした。それはたんに過去の問題ではない。

今日、帝国と帝国主義という問題があらためて生じている。現在の世界状況は、一九世紀末の帝国主義的状況を反復している。今や帝国主義は否定されているが、実際は、新自由主義とは新帝国主義である。領土の取り合いはないが、世界の市場をめぐる争いは激烈になっている。むろん、それと一九世紀末との違いはある。それは、かつて帝国主義列強によって支配され分割された旧帝国が、今復活していることである。ただ、それも一様ではない。中国やインドが経済的に発展した一方で、旧オスマン帝国の諸民族は分裂したままであり、再統合の問題に苦しんでいる。しかし、そのいずれにおいても新たな危機が生じている。一方が東アジアの問題、他方が中東の問題である。

二〇世紀末に欧州連合(EU)が結成されたとき、それは近代の主権国家を超える企てだといわれた。ある意味で、それはヨーロッパに帝国主義的でないような「帝国」を実現することを意味した。しかし、近代世界システムの下で「帝国」が可能であろうか。それは事実上、帝国主義に帰結するほかない。実際、EUは単一貨幣による新自由主義の体制であることが明白となった。このように新帝国主義が進展し世界戦争の危機が生じているとき、たんなる国民国家の原理によってそれに抵抗することはできない。われわれはあらためて「帝国の原理」という問題を考えてみる必要がある。

二〇一六年四月

岩波現代文庫版へのあとがき

一九八九年にソ連邦の崩壊とともに、「歴史の終焉」が説かれ、その後世界は安定して平和になるだろうと予測されたとき、私はそのような考えを否定した。実際、私は、経済学者の岩井克人氏と対談して、『終りなき世界』(一九九〇年)という本を出したのである。ゆえに、二〇二二年に始まった戦争についても、驚くことはなかった。とはいえ、それは別に誇るようなことでもなかった。むしろ非力を感じただけである。

前世紀の終わり以来、私は、「交換様式」という観点から世界史を見直す仕事をしてきた。それを包括的に提示したのが、『世界史の構造』(二〇一〇年)であった。本書、『帝国の構造』(二〇一四年)は、そこで十分に展開しきれなかった、国家の問題(交換様式B)に焦点を当てた。思えば、このとき私は、世界戦争の危機を差し迫って感じていたのである。

そのことは、本書に付録として加えた「韓国語版への序文」(二〇一六年)にも述べられている。また、それ以前に、佐藤優氏とおこなった対談「柄谷国家論を検討する」(『現代思想』臨時増刊号「総特集＝柄谷行人の思想」二〇一五年)でも論じられている。特に、ここでは、現在のロシアとウクライナの戦争に繋がることになったウクライナ内戦について、またロシアの歴史と帝国の問題についても語られているので、併せて収録しておきたいと考えた。転載を快諾くださった、佐藤氏ならびに青土社にお礼を申し上げる。
また、岩波現代文庫に入れるにあたってお世話になった、中西沢子氏に感謝する。

二〇二三年八月二一日

柄谷行人

本書は二〇一四年八月、青土社から刊行された。岩波現代文庫版への収録に際し、「韓国語版への序文」(二〇一六年四月)および、佐藤優氏との対談「柄谷国家論を検討する——帝国と世界共和国の可能性」(『現代思想』二〇一五年一月臨時増刊号「総特集＝柄谷行人の思想」)の一部(八—二二頁)を新たに付した。

岩波現代文庫[学術]

G467
コレモ日本語アルカ？
―異人のことばが生まれるとき―
金水 敏

ピジンとして生まれた〈アルヨことば〉は役割語となり、それがまとう中国人イメージを変容させつつ生き延びてきた。〈解説〉内田慶市

G468
東北学／忘れられた東北
赤坂憲雄

驚きと喜びに満ちた野辺歩きから、「いくつもの東北」が姿を現し、日本文化像の転換を迫る。「東北学」という方法のマニフェストともなった著作の、増補決定版。

G469
増補 昭和天皇の戦争
―「昭和天皇実録」に残されたこと・消されたこと―
山田 朗

平和主義者とされる昭和天皇が全軍を統帥する大元帥であったことを「実録」を読み解きながら明らかにする。〈解説〉古川隆久

G470
帝国の構造
―中心・周辺・亜周辺―
柄谷行人

『世界史の構造』では十分に展開できなかった「帝国」の問題を、独自の「交換様式」の観点から解き明かす、柄谷国家論の集大成。佐藤優氏との対談を併載。

2023.11

岩波現代文庫［学術］

G457
現代《いま》を生きる日本史
須田努
清水克行
縄文時代から現代までを、ユニークな題材と最新研究を踏まえた平明な叙述で鮮やかに描く。大学の教養科目の講義から生まれた斬新な日本通史。

G458
小国
―歴史にみる理念と現実―
百瀬宏
大国中心の権力政治を、小国はどのように生き抜いてきたのか。近代以降の小国の実態と変容を辿った出色の国際関係史。

G459
〈共生〉から考える
―倫理学集中講義―
川本隆史
「共生」という言葉に込められたモチーフを現代社会の様々な問題群から考える。やわらかな語り口の講義形式で、倫理学の教科書としても最適。「精選ブックガイド」を付す。

G460
〈個〉の誕生
―キリスト教教理をつくった人びと―
坂口ふみ
「かけがえのなさ」を指し示す新たな存在論が古代末から中世初期の東地中海世界の激動のうちで形成された次第を、哲学・宗教・歴史を横断して描き出す。〈解説〉山本芳久

G461
満蒙開拓団
―国策の虜囚―
加藤聖文
満洲事変を契機とする農業移民は、陸軍主導の強力な国策となり、今なお続く悲劇をもたらした。計画から終局までを辿る初の通史。

岩波現代文庫［学術］

G452
草の根のファシズム
―日本民衆の戦争体験―
吉見義明

戦争を引き起こしたファシズムは民衆が支えていた――従来の戦争観を大きく転換させた名著、待望の文庫化。〈解説〉加藤陽子

G453
日本仏教の社会倫理
―正法を生きる―
島薗進

日本仏教に本来豊かに備わっていた、サッダルマ（正法）を世に現す生き方の系譜を再発見し、新しい日本仏教史像を提示する。

G454
万民の法
ジョン・ロールズ
中山竜一訳

「公正としての正義」の構想を世界に広げ、平和と正義に満ちた国際社会はいかにして実現可能かを追究したロールズ最晩年の主著。

G455
原子・原子核・原子力
―わたしが講義で伝えたかったこと―
山本義隆

原子・原子核について基礎から学び、原子力への理解を深めるための物理入門。予備校での講演に基づきやさしく解説。

G456
ヴァイマル憲法とヒトラー
―戦後民主主義からファシズムへ―
池田浩士

史上最も「民主的」なヴァイマル憲法下で、ヒトラーが合法的に政権を獲得し得たのはなぜなのか。書き下ろしの「後章」を付す。

2023.11

岩波現代文庫創刊二〇年に際して

二一世紀が始まってからすでに二〇年が経とうとしています。この間のグローバル化の急激な進行は世界のあり方を大きく変えました。世界規模で経済や情報の結びつきが強まるとともに、国境を越えた人の移動は日常の光景となり、今やどこに住んでいても、私たちの暮らしは世界中の様々な出来事と無関係ではいられません。しかし、グローバル化の中で否応なくもたらされる「他者」との出会いや交流は、新たな文化や価値観だけではなく、摩擦や衝突、そしてしばしば憎悪までをも生み出しています。グローバル化にともなう副作用は、その恩恵を遥かにこえていると言わざるを得ません。

今私たちに求められているのは、国内、国外にかかわらず、異なる歴史や経験、文化を持つ「他者」と向き合い、よりよい関係を結び直してゆくための想像力、構想力ではないでしょうか。

新世紀の到来を目前にした二〇〇〇年一月に創刊された岩波現代文庫は、この二〇年を通して、哲学や歴史、経済、自然科学から、小説やエッセイ、ルポルタージュにいたるまで幅広いジャンルの書目を刊行してきました。一〇〇〇点を超える書目には、人類が直面してきた様々な課題と、試行錯誤の営みが刻まれています。読書を通した過去の「他者」との出会いから得られる知識や経験は、私たちがよりよい社会を作り上げてゆくために大きな示唆を与えてくれるはずです。

一冊の本が世界を変える大きな力を持つことを信じ、岩波現代文庫はこれからもさらなるラインナップの充実をめざしてゆきます。

（二〇二〇年一月）

帝国の構造——中心・周辺・亜周辺

2023年11月15日　第1刷発行

著　者　柄谷行人《からたにこうじん》

発行者　坂本政謙

発行所　株式会社　岩波書店
〒101-8002 東京都千代田区一ツ橋2-5-5

案内 03-5210-4000　営業部 03-5210-4111
https://www.iwanami.co.jp/

印刷・精興社　製本・中永製本

ISBN 978-4-00-600470-5　Printed in Japan

索　引

I 人名索引

た 行

な 行

は 行

ま 行

や 行

ら 行

わ 行

II　事項索引

あ 行

さ 行

た 行

ら 行

わ 行